HEYNE
BÜCHER

EARL MINDELL

Die Vitamin Bibel

Vitamine – Bausteine für ein gesundes langes Leben

WILHELM HEYNE VERLAG
MÜNCHEN

HEYNE RATGEBER
08/9453

9. Auflage
3. Auflage dieser Ausgabe

Titel der amerikanischen Originalausgabe
EARL MINDELL'S NEW AND REVISED VITAMINBIBEL
erschienen bei Warner Books, Inc., New York
Deutsche Übersetzung von Jutta Hein, M. A.

Printed in Germany 1994
Umschlagfoto: Elmar Kohn, Landshut
Umschlaggestaltung: Adolf Bachmann, Reischach
Satz: VerlagSatz Kort, München
Druck und Bindung: Presse-Druck Augsburg

ISBN 3-453-06650-2

Dieses Buch ist
Gail, Alanna, Evan,
unseren Eltern und Familien und
der Zukunft gewidmet.

Inhalt

Danksagung *12*
Anmerkung für den Leser *13*
Vorwort *15*

I. Lernen Sie die Vitamine kennen

Warum ich sie kennenlernte *16* – Was sind Vitamine? *18* – Was Vitamine nicht sind *19* – Wie sie wirken *19* – Sollten Sie zusätzliche Vitaminpräparate nehmen? *20* – Was sind Nährstoffe? *21* – Der Unterschied zwischen Mikronährstoffen und Makronährstoffen *21* – Wie Nährstoffe wirken *21* – Lernen Sie Ihr Verdauungssystem kennen *22* – Bezeichnung der Vitamine *25* – Bezeichnung der Mineralstoffe und Spurenelemente *26* – Der Körper braucht das Zusammenwirken *26* – Tatsachen über die Ernährung, die Ihnen die Augen öffnen *27* – Noch Fragen zu Kapitel I? *27*

II. Allerlei Wissenswertes über Vitaminpräparate

Warum Vitaminpräparate in verschiedenen Formen angeboten werden *29* – Fettlösliche Vitamine in ›trockener‹ oder wasserlöslicher Form? *29* – Synthetische oder natürliche Vitamine? *30* – Umwandlung *31* – Langzeitwirkung *31* – Füllstoffe, Bindemittel, oder was ist sonst noch dabei? *32* – Lagerung und Haltbarkeit *32* – Wann und wie nimmt man Vitamin- und Mineralstoffpräparate? *33* – Was ist für Sie richtig? *34* – Noch Fragen zu Kapitel II? *34*

III. Vitamine und ihre Steckbriefe

Vitamin A *36* – Vitamin B_1 (Thiamin) *38* – Vitamin B_2 (Riboflavin) *40* – Vitamin B_6 (Pyridoxin) *42* – Vitamin B_{12} (Cobalamin) *44* – Vitamin B_{13} (Orotsäure) *46* – Vitamin B_{15} (Pangamsäure) *47* – Vitamin B_{17} (Laetrile) *48* – Biotin (Koenzym R oder Vitamin H) *49* – Vitamin C (Ascorbinsäure) *51* – Pantothensäure (Vitamin B_5) *54* – Cholin *55* – Vitamin D (Calciferol, ›Sonnenscheinvitamin‹) *57* – Vitamin E (Tocopherol) *59* – Vitamin F (ungesättigte Fettsäuren, Linolsäure, Linolensäure, Arachidonsäure) *61* – Folsäure *62* – Inosit *64* – Vitamin K (Phyllochinon) *65* – Niacin (Nicotinsäure, Niacinamid, Nicotinsäureamid) *67* – Vitamin P (C-Komplex, Zitrus-Bioflavonoide, Hesperidin, Rutin) *69* – PABS (Paraaminobenzoesäure) *71* – Vitamin T *72* – Vitamin U *73* – Noch Fragen zu Kapitel III? *73*

IV. Wichtige Mineralstoffe und Spurenelemente

Calcium *75* – Chlor *77* – Chrom *78* – Kobalt *79* – Kupfer *79* – Fluor *81* – Jod *81* – Eisen *83* – Magnesium *85* – Mangan *86* – Molybdän *88* – Phosphor *88* – Kalium *90* – Selen *91* – Natrium *93* – Schwefel *94* – Vanadium *95* – Wasser *96* – Zink *97* – Noch Fragen zu Kapitel IV? *99*

V. Protein und die erstaunlichen Aminosäuren

Der Zusammenhang zwischen Protein und Aminosäure *100* – Wieviel Protein brauchen Sie wirklich? *101* – Proteinarten – wo liegen die Unterschiede? *102* – Märchen über Proteine *102* – Proteinpräparate *103* – Aminosäurepräparate *103* – Tryptophan *104* – Phenylalanin *105* – DL-Phenylalanin *107* – Lysin *109* – Arginin *110* – Freisetzer des Wachstumhormons *111* – Weitere erstaunliche Aminosäuren *113* – Noch Fragen zu Kapitel V? *116*

VI. Fett und Einflüsse auf das Fett

Lipotrope Verbindungen – was ist das? *119* – Wer braucht sie und warum? *119* – Die Sache mit dem Cholesterin *120* – Wie kann man den Cholesterinspiegel heben oder senken? *121* – Noch Fragen zu Kapitel VI? *122*

VII. Kohlenhydrate und Enzyme

Warum Kohlenhydrate wichtig sind *124* – Die Wahrheit über Enzyme *125* – Die zwölf Gewebesalze und ihre Funktion *126* – Noch Fragen zu Kapitel VII? *128*

VIII. Andere Wundermittel

Acidophilus-Milch *129* – Ginseng *130* – Alfalfa (Luzerne), Knoblauch und Chlorophyll *130* – Faserstoffe und Kleie *132* – Kelp *133* – Hefe *134* – Noch Fragen zu Kapitel VIII? *135*

IX. Kräuter und andere volkstümliche Heilmittel

Was Sie über natürliche Heilmittel wissen sollten *136* – Aloe *136* – Anis (Samen) *137* – Bitterdistel *137* – Eisenhut *138* – Kamille *138* – Minze (Flohkraut) *138* – Nachtkerzenöl *138* – Petersilie (Samen, Blätter) *139* – Pfefferminze (Blätter) *139* – Rosmarin (Blätter) *139* – Schwarzwurz *139* – Süßholzwurzel *140* – Thymian *140* – Wacholder (Beeren) *140* – Gefährliche Pflanzen *140* – Noch Fragen zu Kapitel IX? *143*

X. Wie Sie herausfinden, welche Vitamine Sie wirklich brauchen

Was versteht man unter einer ausgewogenen Ernährung? *144* – Wie Sie testen, ob Sie Mangelerscheinungen haben *145* – Mögliche Warnzeichen *147* – Heißhunger und was er bedeutet *163* – So bekommen Sie ein Maximum an Vitaminen aus Ihrer Kost *166* – Noch Fragen zu Kapitel X? *167*

XI. Lesen Sie das Etikett

Es ist wichtig, die Angaben auf der Verpackung zu verstehen *169* – Maßeinheiten *170* – Deutsche Gesellschaft für Ernährung *170* – Worauf Sie achten müssen *171* – Noch Fragen zu Kapitel XI? *171*

XII. Ihr spezieller Vitaminbedarf

Bestimmen Sie Ihr Programm *172* – Frauen *173* – Männer *173* – Kleinkinder *174* – Kinder *174* – Schwangere Frauen *174* – Stillende Mütter *175* – Läufer *175* – Jogger *175* – Manager *175* – Studenten *176* – Ältere Menschen *176* – Sportler *177* – Nachtarbeiter *178* – Fernlastfahrer *178* – Tänzer *178* – Bauarbeiter *179* – Verkaufspersonal *179* – Schauspieler, Leute von Funk und Fernsehen *179* – Sänger *180* – Ärzte und Krankenpflegepersonal *180* – Behinderte *180* – Golfer *181* – Tennisspieler *181* – Trinker *181* – Squashspieler *182* – Raucher *182* – Menschen mit übermäßigem Fernsehkonsum *182* – Lehrer *183* – Reisende *183* – Noch Fragen zu Kapitel XII? *183*

XIII. Das richtige Vitamin zur richtigen Zeit

Ergänzungen in besonderen Fällen *185* – Akne *185* – Anti-Baby-Pille *186* – Beinschmerzen *186* – Bienenstiche *186* – Entzündungen am Mund und einfache Herpes *186* – Fußpilz *187* – Glatze oder ausfallendes Haar *187* – Hämorrhoiden *187* – Heuschnupfen *188* – Hitzepickel *188* – Jucken *188* – Kalte Füße *188* – Kater *189* – Knochenbrüche *189* – Kopfschmerzen *189* – Krampfadern *189* – Menstruation *190* – Muskelkater *190* – Nachoperative Heilung *190* – Polypen *190* – Prostataleiden *191* – Quetschungen *191* – Rauchen abgewöhnen *191* – Reisekrankheit *192* – Schlaflosigkeit *192* – Schlechter Atem *192* – Schnittwunden *193* – Schuppenflechte *193* – Sodbrennen *193* – Sonnenbrand *193* – Sterilisation *194* – Trockene Haut *194* – Verbrennungen *194* – Verstopfung *195* – Warzen *195* – Wechseljahre *195* – Zähneknirschen *196* – Zahnfleischbluten *196* – Zeitumstellung nach Langstreckenflügen *196* – Noch Fragen zu Kapitel XIII? *197*

XIV. Gesund werden und bleiben

Warum Sie bei einer Krankheit Vitamin- und Mineralstoffpräparate brauchen *198* – Allergien *198* – Arthritis *199* – Asthma *199* – Augenbeschwerden *200* – Blutdruckkrankheiten *200* – Bronchitis *202* – Darmkatarrh *202* – Diabetes *202* – Drüsenfieber *203* – Erkältungen *203* – Geschlechtskrankheiten *204* – Geschwüre *204* – Gürtelrose *205* – Hautausschlag *205* – Herzbeschwerden *206* – Mandelentzündung *207* – Masern *207* – Menstruationsbeschwerden *207* – Mumps *209* – Unterzuckerung des Bluts *209* – Windpocken *210* – Noch Fragen zu Kapitel XIV? *210*

XV. Es ist nicht alles nur Einbildung

Wie Vitamine und Mineralstoffe Ihre Stimmung beeinflussen *211* – Vitamine und Mineralstoffe gegen Depressionen und Angstzustände *212* – Medikamente und Drogen können Ihre Probleme noch verschlimmern *212* – Noch Fragen zu Kapitel XV? *213*

XVI. Aufputschmittel

Beginnen wir mit Koffein *214* – Sie bekommen mehr Koffein als Sie denken *215* – Alternativen zum Koffein *216* – Wie Alkohol dem Körper schadet *216* – Was Sie trinken und wann *217* – Vitamine verringern das Verlangen nach Alkohol *218* – Die Wahrheit über Marihuana und Haschisch *218* – Kokain kostet viel mehr, als Sie denken – in mehr als nur einer Hinsicht *219* – Mittel gegen Kokainsucht *221* – Es gibt natürliche Alternativen zu Medikamenten *221* – Medikamente als Räuber *222* – Noch Fragen zu Kapitel XVI? *225*

XVII. Schlankwerden – Diät pfundweise

Die Atkins-Diät *227* – Die Wasser-Diät *227* – Die Scarsdale-Diät *228* – Weight Watchers *229* – Die Trinker-Diät *229* – Cambridge-Diät *230* – Die Zen-Makrokost-Diät *230* – Die Fruchtzucker-Diät *231* – Earl Mindells Vorschläge für eine Diät *231* – Mindells Diät mit ausgewogenen Vitaminen, bei der Sie abnehmen und mit der Sie leben können *232* – Noch Fragen zu Kapitel XVII? *234*

XVIII. Sie glauben, daß Sie nicht viel Zucker und Salz zu sich nehmen

Zuckerarten *235* – Gefahren bei zu hohem Zuckerverbrauch *235* – Vorsicht vor verborgenem Zucker *236* – Gefahren von zu hohem Salzverzehr *237* – Verborgene Salze *237* – Salzgehalt einiger Lebensmittel *238* – Noch Fragen zu Kapitel XVIII? *238*

XIX. So bleiben Sie schön und attraktiv

Vitamine für eine gesunde Haut *240* – Vitamine für gesundes Haar *242* – Vitamine für Hände und Füße *243* – Natürliche Kosmetika – was ist darin enthalten? *244* – Medikamente können der Schönheit schaden *245* – Noch Fragen zu Kapitel XIX? *245*

XX. Bleiben Sie jung, energiegeladen und sexy

Verzögerung des Alterungsprozesses *247* – So bleiben Sie jung *249* – So erhalten Sie Ihre Energie *249* – Zusätzliche Mittel für die Energie *250* – Vitamine und Sex *251* – Ernährung und Liebesleben *251* – Noch Fragen zu Kapitel XX? *251*

XXI. Auch Haustiere brauchen eine gute Kost

Vitamine für Ihren Hund *253* – Spezielle Kost für Ihren Hund bei Arthritis und Gewebeschwäche *254* – Vitamine für Ihre Katze *255* – Noch Fragen zu Kapitel XXI? *257*

XXII. Vor- und Nachteile von Vitaminen, von denen man wissen sollte

Vorsicht *258*

Nachwort *263*

Glossar *264*

Bibliographie *271*

Register *272*

Danksagung

Ich möchte allen meinen Freunden und Partnern, die mir bei der Vorbereitung dieses Buches geholfen haben, meinen tiefsten Dank aussprechen; besonders J. Kennedy, Ph. D.; Linus Pauling, Ph. D.; Harold Segal, Ph. D.; Bernard Bubman, R. Ph.; Mel Rich, R. Ph.; Sal Messinero, R. Ph.; Arnold Fox, M. D.; Dennis Huddleson, M. D.; Stuart Fisher, M. D.; Robert Mendelson, M. D.; Gershon Lesser, M. D.; David Velkoff, M. D.; Rory Jaffee, M. D.; Vickie Hufnagel, M. D.; Donald Cruden, O. D.; Joel Strom, D. D. S.; Nathan Sperling, D. D. S.; Peter Mallory; Hester Mundis.

Mein Dank auch an die Nutrition Foundation, das International College of Applied Nutrition, die American Medical Association, das New York Blood Center, die American Academy of Pediatrics, die American Dietetic Association, die National Academy of Sciences, den National Dairy Council, die Society for Nutrition Education, die United Fresh Fruit and Vegetable Association, das Albany College of Pharmacy, Edward Leavitt, D. V. M. Jane Bix, D. V. M., Betty Haskins, Stephanie Marco, Susan Towison, Ronald Borenstein; Laura Borenstein und Richard Curtis, ohne die ein Werk in diesem Umfang nie zustande gekommen wäre.

Anmerkung für den Leser

Die erste Auflage dieses Buches erschien 1979 in den Vereinigten Staaten. Seither hat es in dem Bereich Vitamine und Nährstoffe eine wahre Explosion gegeben. Mehr Menschen als je zuvor nehmen ergänzend zur Nahrung Tabletten ein, und jeden Tag werden aufregende neue Entdeckungen über die Wechselbeziehung zwischen Vitaminen, Arzneimitteln, natürlichen Nährstoffen und Gesundheit gemacht. Vorbeugende Medizin gilt nicht mehr länger als eine etwas verrückte Laune, sondern sie ist eine Tatsache – selbst die konservative amerikanische Nationalakademie für Naturwissenschaften hat kürzlich festgestellt, daß achtzig bis fünfundachtzig Prozent der Krebserkrankungen beim Menschen durch eine bessere Ernährung verhindert werden könnten.

Weitere neue Erkenntnisse werden in dieser überarbeiteten Auflage berücksichtigt, beispielsweise wie die richtige Kost zusammen mit zusätzlichen Präparaten Suchtmittel ersetzen, Beschwerden vor dem Einsetzen der Menstruation erleichtern, das Risiko von Herzerkrankungen verringern, als natürliches Schmerzmittel wirken, Erschöpfungszustände lindern kann und vieles mehr. Auch ein Abschnitt über Aminosäuren, Kräuter und Warnungen zur Vorsicht ist dazugekommen.

Eine wichtige Anmerkung

Die Ernährungsvorschläge in diesem Buch sind wirklich nur Vorschläge, keine Vorschriften, und sie sind auch nicht als medizinische Beratung gedacht. Wenn Sie mit einem neuen Ernährungsprogramm anfangen wollen, besprechen Sie sich vorher mit Ihrem Arzt, vor allem, wenn Sie spezielle körperliche Probleme haben oder Medikamente einnehmen müssen.

»Der größte Reichtum ist die Gesundheit.«

Ralph Waldo Emerson

Vorwort

Dieses Buch ist für Sie geschrieben worden – für die unzähligen Legionen von Männern und Frauen, die ewig versuchen, sich den statistischen Normen anzupassen und dann nur herausfinden, daß die Tabellen auf irgendeinen geheimnisvollen Durchschnittsmenschen zugeschnitten sind, der größer, kleiner, dünner, dicker, aktiver oder weniger aktiv ist, als Sie es je sein werden. Das Buch ist eine Anleitung zum gesunden Leben für den einzelnen Menschen, nicht für die statistische Größe. Wo immer es machbar war, habe ich persönliche Ratschläge eingefügt, denn ich glaube, das ist der einzige Weg, um jemanden zu einer optimalen Gesundheit hinzuführen, und das ist ja die Absicht dieses Buches.

Ich habe meine Kenntnisse der Pharmazie und der Ernährungswissenschaft genutzt, um die verwirrende, oft gefährliche Wechselwirkung von Medikamenten und Vitaminen so gut wie möglich zu erklären. Ich habe versucht, sehr konkret und auf den Einzelfall bezogen zu schreiben, um die Verunsicherungen in bezug auf die Vitamine zu beseitigen, die durch Verallgemeinerungen entstanden sind.

Bei der Benutzung dieses Buches werden Sie manchmal feststellen, daß Ihr Vitaminbedarf in verschiedene Kategorien gehört. In dem Fall lassen Sie sich bei der Dosierung von Ihrem gesunden Menschenverstand leiten. Wenn sie beispielsweise schon Vitamin B_6 nehmen, müssen Sie nicht noch etwas drauflegen, es sei denn, eine höhere Dosierung ist notwendig.

Meine Empfehlungen sind nicht als Vorschriften gedacht, sie können aber gut als Grundlage benutzt werden, wenn Sie sich mit Ihrem Arzt besprechen. Kein Buch kann die ärztliche Versorgung und Beratung ersetzen.

Ich hoffe von ganzem Herzen, daß ich Ihnen die Informationen liefere, die Ihnen zu einem längeren, glücklicheren und gesünderen Leben verhelfen.

Earl Mindell, R. Ph., Ph. D.

I
Lernen Sie die Vitamine kennen

Warum ich sie kennenlernte

Meine berufliche Ausbildung war ganz und gar konventionell, soweit es die Vitamine anging. Mein Unterricht in Pharmakologie, Biochemie, organischer und anorganischer Chemie und allgemeiner Gesundheitslehre befaßte sich kaum mit Vitaminen – außer im Zusammenhang mit Mangelerkrankungen. Mangel an Vitamin C? Skorbut. Kein B_1? Beri-Beri. Nicht genügend Vitamin D? Rachitis. Meine Vorlesungen verliefen wie üblich, mit den gängigen Hinweisen auf die ›richtige Ernährung‹ – wenig appetitanregend illustriert durch Tabellen auf billigem Papier.

Es gab keinerlei Hinweise darauf, daß man Vitamine zur Vorbeugung gegen Krankheiten oder als Mittel für die beste Gesundheit einsetzen kann.

1965 eröffnete ich meine erste Apotheke. Bis dahin hatte ich nie bemerkt, wieviele Medikamente die Menschen nahmen, und zwar nicht wegen irgendwelcher Krankheiten, sondern ganz einfach, um den Tag zu überstehen. (Ich hatte einen Stammkunden, der Tabletten verschrieben bekam, und zwar für buchstäblich alle seine Körperfunktionen, und er war nicht einmal krank!) Mein damaliger Partner hielt sehr viel von Vitaminen. Wir arbeiteten beide täglich 15 Stunden, aber nur ich sah danach aus und fühlte mich so. Als ich ihn nach seinem Geheimnis fragte, antwortete er, daß es keins gäbe. Aber es gab die Vitamine. Ich merkte, daß das, was er sagte, nur wenig mit Skorbut und Beri-Beri, aber sehr viel mit mir zu tun hatte. Ich wurde sofort zum eifrigen Schüler und habe das seither nie bereut. Mein Partner von damals brachte mir bei, welche Segnungen wir aus den Nahrungsmitteln der Natur selbst in Form von Vitaminen bekommen, wie der Vitamin-B-Komplex und das Vitamin C Streß abbauen konnten, wie Vitamin E meine Ausdauer und mein Durchhaltevermögen steigern und wie Vitamin B_{12} Erschöpfungszustände lindern konnte. Nachdem ich die einfachsten, grundlegenden Vitamine zu mir genommen hatte, war ich nicht nur überzeugt. Ich war bekehrt.

Auf einmal wurde die Ernährung das Wichtigste in meinem Leben. Ich las jedes Buch, das ich zu diesem Thema finden konnte, schnitt Zeitungsartikel aus und ging ihnen genauer nach. Ich grub die Bücher aus meiner Ausbildungszeit zum Apotheker wieder aus und entdeckte die erstaunlich enge Beziehung, die tatsächlich zwischen Biochemie und Ernährung bestand. Ich ging zu allen Vorträgen über Gesundheit, von denen ich erfuhr. Und so lernte ich bei einem Vortrag den ganzen Komplex der Nukleinsäuren kennen und erfuhr von ihrem positiven Einfluß auf den Alterungsprozeß. Ich habe RNS-DNS-Präparate (RNS = Ribonukleinsäure, DNS = Desoxiribonukleinsäure) genommen, gleichzeitig andere natürliche Mittel gegen Dickwerden und vorzeitiges Altern. Heute schätzen mich die meisten Leute fünf bis zehn Jahre jünger, als ich wirklich bin. Jede neue Entdeckung auf diesem Gebiet fand ich aufregend, und das hatte Folgen.

Eine ganz neue Welt hatte sich mir eröffnet, und ich wollte, daß auch andere daran teilhatten. Mein Partner verstand mich vollkommen. Wir begannen, an unsere Kunden Proben aus dem Vitamin-B-Komplex und Vitamin-B_{12}-Tabletten zu verteilen, weil wir vermuteten, daß wir deren Abhängigkeit von Beruhigungsmitteln, Aufputschmitteln und Tranquilizern mit Vitaminen und vitaminreicher Kost abbauen konnten.

Die Ergebnisse waren bemerkenswert! Die Leute erzählten uns immer wieder, wieviel besser und tatkräftiger sie sich fühlten. Statt der negativen Einstellung und Resignation, die oft die Behandlung mit Medikamenten begleiten, stellten wir eine überwältigende positive Haltung fest. Da war eine Frau, die fast ihr ganzes Erwachsenenleben lang Librium genommen hatte, sie war vom Arzt zum Psychotherapeuten gelaufen, und wieder zurück zum Arzt; sie wurde nun zu einem glücklichen und gesunden Menschen, der ohne Medikamente auskam. Da war ein sechzigjähriger Architekt, der wegen schlechter Gesundheit an den Ruhestand dachte; er wurde wieder gesund und nahm sogar den Auftrag an, ein Bürohaus zu bauen, das heute zu den schönsten in Los Angeles gehört; ein tablettensüchtiger Schauspieler mittleren Alters kam von seiner Abhängigkeit los und erhielt die begehrte Hauptrolle in einer Fernsehserie, die ihm heute noch einiges einbringt.

Etwa 1970 hatte ich mich ganz der Ernährung und der vorbeugenden Medizin verschrieben. Als ich sah, wieviel Unwissen in diesem Bereich herrschte, schloß ich mich mit einem anderen Apotheker zu einer Partnerschaft zusammen; unser erklärtes Ziel war es, der Öffentlichkeit genaue Informationen über natürliche Vitamine und gesunde Ernährung zugänglich zu machen.

Heute, als Ernährungswissenschaftler, Dozent und Autor, bin ich immer noch ganz erstaunt angesichts dieser Welt, die sich mir vor mehr als zwanzig Jahren eröffnet hat – einer Welt, die täglich durch neue Erkenntnisse größer wird; und ich bin versessen darauf, an ihr teilzuhaben.

Was sind Vitamine?

> Wir müssen durch natürliche Ernährung
> oder die Einnahme zusätzlicher Mittel
> Vitamine beziehen, um das Leben zu erhalten.

Wenn ich das Wort ›Vitamine‹ nenne, denken die meisten Leute ›Tablette‹. Und der Gedanke an die Tablette führt zu verwirrenden Vorstellungen von Medizin und Medikamenten. Obwohl Vitamine sicherlich die Arbeit von medizinischen Tropfen und Tabletten übernehmen können, sind sie weder das eine noch das andere.

- Es ist ganz einfach, Vitamine sind organische Substanzen, die lebenswichtig sind. Vitamine sind wichtig für das normale Funktionieren unseres Körpers, und bis auf wenige Ausnahmen können sie nicht vom Körper hergestellt oder innerlich synthetisiert werden. Sie sind für unser Wachstum, unsere Vitalität und unser allgemeines Wohlbefinden notwendig, und man findet sie in winzigen Mengen in allen natürlichen Nahrungsmitteln. Wir müssen durch natürliche Ernährung oder durch die Einnahme zusätzlicher Mittel Vitamine aufnehmen.

Denken Sie daran, daß die zusätzlichen Präparate, die es als Tabletten, Kapseln, Flüssigkeit, Pulver oder auch Spritzen gibt, immer noch Nahrungssubstanzen sind und auch – wenn sie nicht synthetisch sind – von lebendigen Pflanzen und Tieren gewonnen werden.

● Man kann nicht leben, wenn man nicht *alle* wesentlichen Vitamine bekommt.

Was Vitamine nicht sind

Vitamine sind weder Aufputschmittel noch Nahrungsersatz.

Viele Menschen meinen, Vitamine könnten die Nahrung ersetzen. Das können sie nicht! Tatsache ist, daß Vitamine nicht ohne Nahrung aufgenommen werden können. Es gibt falsche Meinungen über die Vitamine, und ich hoffe, dieses Buch kann mit den meisten davon aufräumen.

● Vitamine sind keine Aufputschmittel und haben keinen eigenen Wert, was Kalorien und Energie angeht.

● Vitamine sind kein Ersatz für Proteine oder irgendwelche anderen Nahrungsmittel wie Mineralstoffe, Fette, Kohlenhydrate und Wasser.

● Die Vitamine selbst sind kein Bestandteil unserer Körperstruktur.

● Man kann nicht Vitamine schlucken, mit dem Essen aufhören und erwarten, daß man gesund bleibt.

Wie sie wirken

Wenn Sie sich den Körper als den Verbrennungsmotor eines Autos und die Vitamine als Zündkerzen vorstellen, wissen Sie schon ziemlich genau, wie diese erstaunlichen, winzigen Nahrungsbestandteile für uns arbeiten.

Vitamine regeln unseren Stoffwechsel durch Steuerungssysteme. Ein einziger Mangel kann den ganzen Körper gefährden.

Vitamine sind Bestandteile unserer Enzymsysteme, die, wie Zündkerzen, unseren Stoffwechsel antreiben und regulieren; sie sorgen dafür, daß wir in Schwung bleiben und gut funktionieren.

Verglichen mit der Aufnahme von anderen Nährstoffen wie Proteinen, Fetten und Kohlenhydraten, ist unsere Vitaminzufuhr winzig, selbst bei bestimmten Behandlungen mit Megadosierungen.

Aber ein Mangel an einem einzigen Vitamin kann den gesamten menschlichen Körper gefährden.

Sollten Sie zusätzliche Vitaminpräparate nehmen?

> »Jeder, der in der Vergangenheit zu viel Zucker, weißes Mehl oder Kost aus der Konserve gegessen hat, hat irgendeine Mangelerkrankung.«

Da Vitamine in allen organischen Stoffen vorkommen, wobei einige mehr von einem bestimmten Vitamin enthalten als andere und auch die Mengen unterschiedlich sind, könnte man sagen, daß man alle notwendigen Vitamine bekommt, wenn man die ›richtige Kost‹ nach einem ausgewogenen Speiseplan ißt. Das stimmt vermutlich. Das Problem liegt aber darin, daß nur wenige von uns in der Lage sind, diese sagenhafte Kost auch richtig hinzukriegen. »Jeder, der in der Vergangenheit zu viel Zucker, weißes Mehl oder Kost aus der Konserve gegessen hat, hat irgendeine Mangelerkrankung«, schreibt Dr. Daniel T. Quigley in seinem Buch über die falschen Ernährungsweisen in den Vereinigten Staaten.

Viele Restaurants wärmen Speisen wieder auf oder halten sie warm; wenn Sie also häufig außer Haus essen, laufen Sie Gefahr, zu wenig Vitamin A, B_1 und C zu bekommen. Und wenn Sie eine Frau zwischen dreizehn und vierzig Jahren sind, kostet Sie diese Art des arbeitsparenden Essens vermutlich unschätzbares Calcium und Eisen.

Die meisten Nahrungsmittel, die wir essen, sind bearbeitet worden und haben Nährstoffe verloren. Ich glaube, es ist jetzt klar, warum Sie zusätzliche Mittel nehmen sollten.

Was sind Nährstoffe?

Sie sind mehr als Vitamine, obwohl die Leute oft glauben, sie seien dasselbe.

Sechs wichtige Nährstoffe
Kohlenhydrate, Proteine (die aus Aminosäuren zusammengesetzt sind – s. dazu Seite 103–116), Fette, Mineralstoffe, Vitamine und Wasser sind alles Nährstoffe, die aus den Nahrungsmitteln herausgezogen und absorbiert werden und für eine gute Gesundheit notwendig sind. Nährstoffe sind wichtig für die Energie, das Funktionieren der Organe, die Ausnutzung und Verwertung der Nahrungsmittel und das Zellenwachstum.

Der Unterschied zwischen Mikronährstoffen und Makronährstoffen

Mikronährstoffe wie Vitamine und Mineralstoffe liefern selbst keine Energie. Die Makronährstoffe wie Kohlenhydrate, Fette und Proteine tun das, aber nur wenn sie ausreichend Mikronährstoffe bekommen, die die Energie freisetzen.

Bei Nährstoffen ist weniger oft gleichbedeutend mit mehr.

Die Menge an Mikronährstoffen und Makronährstoffen, die Sie für gute Gesundheit brauchen, ist sehr unterschiedlich, aber jede Menge für sich ist wichtig. (S. Seite 100, ›Der Zusammenhang zwischen Protein und Aminosäure‹.)

Wie Nährstoffe wirken

Der Körper vereinfacht die Nährstoffe, um sie zu verwerten.

Nährstoffe wirken hauptsächlich durch die Verdauung. Die Verdauung ist ein Prozeß ständiger chemischer Vereinfachung der Stoffe, die durch den Mund in den Körper gelangen. Die

Stoffe werden durch Enzyme in kleinere und einfachere chemische Teilchen gespalten, die durch die Wände des Verdauungstrakts – eine am Ende offene muskulöse Röhre von mehreren Metern Länge, die sich durch den Körper zieht – aufgenommen werden und schließlich in das Blut übergehen.

Lernen Sie Ihr Verdauungssystem kennen

Wenn Sie wissen, wie Ihr Verdauungssystem arbeitet, werden gleich am Anfang einige der gängigen Unsicherheiten darüber, wann und wo Nährstoffe am Werk sind, beseitigt.

Mund und Speiseröhre
Die Verdauung beginnt im Mund mit dem Zerkauen der Nahrung und mit dem Einspeicheln. Ein Enzym mit Namen Ptyöin, das im Speichel enthalten ist, beginnt bereits hier, Stärke in Einfachzucker zu spalten. Dann gelangt die Nahrung in die Speiseröhre. Dort fängt die Peristaltik an, ein knetendes, ›melkendes‹ Zusammenziehen und Entspannen der Muskeln, durch das die Nahrung durch das Verdauungssystem transportiert wird. Damit die Nahrung nicht zurückfließt und die richtigen Enzyme rechtzeitig freigesetzt werden – denn kein Enzym kann die Arbeit eines anderen übernehmen –, ist der Verdauungstrakt an wichtigen Punkten mit Absperrvorrichtungen ausgestattet.

Magen
Er ist die größte Ausbuchtung im Verdauungstrakt, wie die meisten von uns wissen. Aber er liegt höher, als Sie vielleicht annehmen, hauptsächlich hinter den unteren Rippen, nicht unter dem Nabel, und er füllt nicht die Bauchhöhle aus. Der Magen ist eine geschmeidige Tasche, die von rastlosen Muskeln umgeben ist und die ständig ihre Form ändert.

- Buchstäblich nichts außer Alkohol wird von den Magenwänden absorbiert.

Eine gewöhnliche Mahlzeit verläßt den Magen in drei bis fünf Stunden.

Wäßrige Substanzen wie Suppe verlassen den Magen ziemlich schnell. Fette verweilen beachtlich länger. Eine gewöhnliche Mahlzeit mit Kohlenhydraten, Proteinen und Fetten ist nach drei bis fünf Stunden wieder aus dem Magen heraus. Magendrüsen und spezialisierte Zellen produzieren Schleim, Enzyme, Magensaft und einen Stoff, der es möglich macht, daß Vitamin B_{12} durch die Wände des Verdauungssystems ins Blut übergeht. Ein normaler Magen hat ein saures Milieu, und der Verdauungssaft, die besondere Mischung des Magens, besteht aus vielerlei Substanzen:

Pepsin: Das Hauptenzym des Magens, ein kräftiges Verdauungsmittel für Fleisch und andere Proteine. Es wirkt nur in saurer Umgebung.

Renin (Labenzym): läßt Milch gerinnen.

Salzsäure: wird von den Magenzellen hergestellt und sorgt für den Säuregehalt.

Der Magen ist nicht absolut unentbehrlich für die Verdauung, denn der größte Teil des Verdauungsprozesses findet außerhalb des Magens statt.

Dünndarm

Buchstäblich die gesamte Aufnahme von Nährstoffen findet im Dünndarm statt.

Hier wird die Verdauung vollendet, und buchstäblich die gesamte Aufnahme von Nährstoffen findet hier statt. Der Dünndarm hat ein alkalisches Milieu, verursacht durch die stark alkalische Gallenflüssigkeit, den Saft der Bauchspeicheldrüse und die Absonderungen der Darmwände. Das alkalische Milieu ist für die wichtigsten Vorgänge der Verdauung und der Absorption notwendig. Der Zwölffingerdarm, der an der Magenöffnung beginnt, ist der erste Teil des Dünndarms. Er geht über in den Leerdarm, auf den wiederum der Krummdarm folgt.

Wenn halbflüssige Inhalte des Dünndarms durch die peristaltischen Bewegungen transportiert werden, sagen wir oft, daß unser Magen ›knurrt‹, obwohl dieser über dem Ursprung der Geräusche liegt.

Dickdarm

> Der Speisebrei braucht zwölf bis vierzehn Stunden, um seinen Weg durch den Dickdarm zu nehmen.

Alles Material, das den Krummdarm verläßt und in den Blinddarm übergeht (wo Dünndarm und Dickdarm zusammenkommen), ist ziemlich wäßrig. An diesem Punkt wird ein Zurückfließen durch einen Muskel verhindert.

Der Dickdarm ist in erster Linie zur Lagerung und Eindikkung des Speisebreis da. Außer Wasser wird vom Dickdarm sehr wenig aufgenommen. Substanzen, die in flüssigem Zustand ankommen, werden halbfest, wenn das Wasser absorbiert wird. Der Inhalt braucht zwölf bis vierzehn Stunden, um seinen Weg durch den Dickdarm zu nehmen.

Im Gegensatz zum keimfreien Magen ist der Dickdarm reichlich mit Bakterien und normaler Darmflora bevölkert. Ein großer Teil des Stuhls setzt sich aus Bakterien zusammen, dazu kommen die unverdaulichen Stoffe, vorwiegend Zellulose, und dem Blut entzogene Substanzen, die die Darmwände abgeben.

Leber

> Das hauptsächliche Speicherorgan für fettlösliche Vitamine.

Die Leber ist das größte feste Organ des Körpers und wiegt fast vier Pfund. Sie ist eine unvergleichliche Chemiefabrik. Fast jede chemische Struktur kann sie verändern. Sie ist ein wirkungsvolles entgiftendes Organ und kann eine ganze Reihe von giftigen Molekülen aufbrechen und harmlos machen. Sie ist auch ein Blutreservoir und ein Speicherorgan für Vitamine wie A und D und für verdaute Kohlenhydrate (Glykogen), die freigesetzt werden, um den Blutzuckerspiegel zu erhalten. Die Leber stellt Enzyme, Cholesterin, Proteine, Vitamin A (aus Karotin) und Stoffe für die Blutgerinnung her.

Eine der Hauptfunktionen der Leber ist es, Gallensaft zu produzieren. Gallensaft enthält Salze, die die richtige Verdauung von Fetten fördern, wobei Fettstoffe gespalten werden.

Gallenblase

Selbst der bloße Anblick von Essen kann zur Leerung der Gallenblase führen.

Sie ist ein sackähnliches Speicherorgan von etwa zehn Zentimeter Länge. Sie enthält den Gallensaft, verändert ihn chemisch und konzentriert ihn zehnfach. Der Geschmack oder manchmal nur der Anblick von Essen kann ausreichen, daß die Gallenblase sich entleert. Bestandteile der Gallenflüssigkeit kristallieren manchmal und bilden Gallensteine.

Bauchspeicheldrüse

Die Bauchspeicheldrüse liefert die wichtigsten Enzyme für den Körper.

Diese Drüse ist etwa 18 Zentimeter lang und mündet in den Zwölffingerdarm. Ihre Zellen geben Insulin ab, das die Verbrennung von Zucker im Körper beschleunigt. Insulin kommt direkt ins Blut, nicht in den Verdauungstrakt. Der größere Teil der Bauchspeicheldrüse produziert und sondert einen Saft ab, der einige der wichtigsten Verdauungsenzyme enthält: Lipasen, die Fette zerlegen, Trypsine, die Eiweißstoffe (Proteine) in Aminosäuren abbauen, und Amylasen, die Kohlenhydrate spalten.

Bezeichnung der Vitamine

Weil früher niemand die chemische Struktur der Vitamine kannte und sie darum nicht wissenschaftlich benannt werden konnten, haben die meisten einen Buchstaben als Bezeichnung. Die folgenden Vitamine sind heute bekannt, und viele warten noch auf die Entdeckung.

Bekannte Vitamine
Vitamin A (Retinol); Gruppe des Vitamin-B-Komplexes: B_1 (Thiamin), B_2 (Riboflavin), B_3 (Niacin, Nicotinsäure, Niacin-

amid), B_4 (Adenin), B_5 (Pantothensäure), B_6 (Pyridoxin), B_{10}, B_{11} (Wachstumsfaktoren), B_{12} (Cobalamin), B_{13} (Orotsäure), B_{15} (Pangamsäure), B_{17} (Amygdalin), B_c (Folsäure), B_T (Carnitin), B_x oder PABS (Paraaminobenzoesäure); Cholin; Inosit; Vitamin C (Ascorbinsäure); Vitamin D (Calciferol); Vitamin E (Tocopherol); Vitamin F (ungesättigte Fettsäuren); Vitamin G (Riboflavin); Vitamin H (Biotin); Vitamin K (Menadion); Vitamin L (notwendig beim Stillen); Vitamin M (Folsäure); Vitamin P (Bioflavonoide); Vitamin PP (Niacinamid); Vitamin P_4; Vitamin T (wachstumfördernde Substanzen); Vitamin U (Extrakt aus Kohlsaft).

Bezeichnung der Mineralstoffe und Spurenelemente

Die sechs Hauptmineralstoffe sind
Calcium, Jod, Eisen, Magnesium, Phosphor und Zink.

Obwohl etwa 18 bekannte Mineralstoffe für den Körper und seine Funktionen erforderlich sind, gibt es erst für acht Empfehlungen der DGE (Deutsche Gesellschaft für Ernährung) für die Tagesmenge:

Natrium, Kalium, Calcium, Phosphor, Magnesium, Eisen, Jod und Fluor.

Der Körper braucht das Zusammenwirken

Vitamine allein reichen nicht.

So wichtig Vitamine auch sind, ohne Mineralstoffe können sie gar nichts ausrichten. Ich nenne die Mineralstoffe gern die Aschenputtel in der Welt der Ernährung, weil – was nur wenige Leute wissen – Vitamine ohne die Hilfe der Mineralstoffe nicht funktionieren, nicht absorbiert werden können. Und obwohl der Körper nur Vitamin K (andere Vitamine sind umstritten) synthetisieren kann, ist er nicht in der Lage, einen einzigen Mineralstoff herzustellen.

Tatsachen über die Ernährung, die Ihnen die Augen öffnen

- Eine Zigarette zerstört 25 bis 100 mg Vitamin C.
- Leute, die in dunstigen Städten leben, bekommen nicht dieselbe Menge an Vitamin D wie ihre Verwandten auf dem Land, weil der Dunst über der Stadt die ultravioletten Sonnenstrahlen schluckt.
- Täglich eine ›fröhliche Lokalrunde‹ mit etwas zuviel Alkohol kann dem Körper die Vitamine B_1, B_6 und Folsäure entziehen.
- Millionen von Frauen nehmen die Pille als Verhütungsmittel, und die meisten ahnen nicht, daß sie einen negativen Einfluß auf die Verfügbarkeit von Vitamin B_6, B_{12}, Folsäure und Vitamin C haben kann.
- Kinder brauchen eineinhalbmal mehr Protein pro Pfund Körpergewicht als Erwachsene, und Babys brauchen das Dreifache.
- Vitamin B_1 kann gegen Reisekrankheit helfen.
- Wenn Sie eine Diät mit hohem Eiweißanteil machen, brauchen Sie mehr Vitamin B_6.
- Zwiebeln, Knoblauch, Rettich und Lauch enthalten ein natürliches Antibiotikum mit Namen Allicin, das Krankheitskeime zerstören kann, ohne die gutartigen Darmbakterien zu beseitigen.
- Aspirin kann die Ausscheidung von Vitamin C verdreifachen.

Noch Fragen zu Kapitel I?

»Ich habe gehört, Aminosäuren seien Nährstoffe und genauso wichtig für den Körper wie Vitamine. Stimmt das?«

Ja, mit Nachdruck ja! Aminosäuren (s. Seite 100 und 103) sind die Bausteine für einen unserer wichtigsten Nährstoffe – das Protein.

Jede Zelle im Körper enthält (und braucht) Protein. Es wird benötigt, um neues Gewebe zu bilden und beschädigte Zellen zu reparieren, außerdem für die Bildung von Hormonen und Enzymen, für die Ausgeglichenheit des Alkali-Säure-Haushalts im Blut und zur Beseitigung unerwünschter Blutschlacken.

Wenn Protein verdaut wird, wird es in kleine Bestandteile, die Aminosäuren, gespalten. Wenn diese Aminosäuren die Körperzellen erreichen, werden sie wieder zu Protein umgewandelt. Das ist ein wunderbarer Kreislauf.

Vitamine und Aminosäuren sind in der Ernährung gleich wichtig, denn Sie haben keinen Nutzen von dem einen, wenn das andere nicht in ausreichender Menge vorhanden ist.

»Man hört immer wieder, wie gefährlich viele Berufe durch den Umgang mit bestimmten Schadstoffen geworden sind. Welche Berufe sind das speziell?«

Ich kann hier nicht alle Berufe nennen, in denen Menschen durch Schadstoffe, durch das Einatmen giftiger Substanzen oder Staub gefährdet sind. Am besten wenden Sie sich wegen genauer Auskünfte an Ihren Arzt, an die Gesundheitsbehörden oder die jeweilige Berufsgenossenschaft.

Wenn Sie durch Schadstoffe am Arbeitsplatz gefährdet sind, können Sie zusätzlich die Vitamine A, C und E und Selen nehmen.

II
Allerlei Wissenswertes über Vitaminpräparate

Warum Vitaminpräparate in verschiedenen Formen angeboten werden

Die Bedürfnisse jedes einzelnen Menschen sind unterschiedlich, daher werden die Vitamine von den Herstellern in verschiedenen Formen angeboten.

> Vitamine kommen in verschiedenen Formen vor, weil die Bedürfnisse der Menschen unterschiedlich sind.

Tabletten sind die häufigste und praktischste Form. Sie sind leicht aufzubewahren und zu transportieren, und sie haben eine längere Haltbarkeit als Pulver und Flüssigkeiten.

Kapseln sind wie Tabletten praktisch und leicht zu lagern. Meistens gibt es die fettlöslichen Vitamine A, D und E in Kapseln oder als Dragées.

Pulver haben den Vorteil, daß keine Füllstoffe, Bindemittel oder andere Substanzen zugesetzt sind, was für Menschen mit irgendwelchen Allergien wichtig sein kann.

Tropfen kann man leicht mit anderen Getränken mischen. Und sie sind für Leute geeignet, die keine Kapseln oder Tabletten schlucken können.

Fettlösliche Vitamine in ›trockener‹ oder wasserlöslicher Form?

Die fettlöslichen Vitamine A, D, E und K sind in ›trockener‹ oder wasserlöslicher Form für die Menschen anzuraten, die unter Akne leiden oder unreine Haut haben, außerdem für Leute, die eine fettarme Diät einhalten. Fettlösliche Vitamine brauchen Fett, damit sie richtig absorbiert werden. Wenn Sie also eine fettarme Diät machen und zusätzlich Vitamin A, D, E oder K nehmen, rate ich zur trockenen Form.

Synthetische oder natürliche Vitamine?

Wenn ich gefragt werde, ob Unterschiede zwischen synthetischen und natürlichen Vitaminen bestehen, nenne ich im allgemeinen nur einen – und der liegt in ihrer Wirkung auf den Menschen. Obwohl synthetische Vitamine und Mineralstoffe zu befriedigenden Ergebnissen geführt haben, sind ihnen die natürlichen Vitamine mit ihren Vorzügen auf mehreren Ebenen überlegen. Die chemische Analyse mag bei beiden gleich erscheinen, aber natürliche Vitamine haben mehr, weil die Substanzen in der Natur mehr haben.

Synthetisches Vitamin C ist nur das: Ascorbinsäure und nichts weiter. Natürliches Vitamin C aus Hagebutten enthält Bioflavonoide, den gesamten C-Komplex, wodurch das Vitamin sehr viel wirksamer wird.

Natürliches Vitamin E, das alle Tocopherole enthalten kann, ist wirksamer als sein synthetischer Doppelgänger.

Dr. Theron G. Randolph ist Fachmann für Allergien, und er stellt fest: »Eine synthetisch hergestellte Substanz kann bei Menschen, die gegenüber chemischen Stoffen empfindlich sind, Reaktionen hervorrufen, während dieselbe Substanz natürlichen Ursprungs gut vertragen wird, obwohl beide Stoffe dieselbe chemische Struktur haben.«

Dagegen können Menschen, die gegen Pollen allergisch sind, eine unerwünschte Reaktion auf natürliches Vitamin C zeigen, wenn es möglicherweise durch Pollen verunreinigt ist.

Auf alle Fälle kommt es bei natürlichen Mitteln seltener zu Magenbeschwerden und zu weit weniger toxischen Reaktionen, wenn eine überhöhte Dosis eingenommen wird.

Der Unterschied zwischen anorganisch und organisch ist nicht derselbe wie zwischen synthetisch und natürlich, obwohl dieses Mißverständnis weit verbreitet ist. Alle Vitamine sind organisch, d.h. sie sind Substanzen, die Kohlenstoff enthalten.

Umwandlung

> Nur zwei bis zehn Prozent des anorganischen Eisens, das der Körper bekommt, werden auch absorbiert.

Manche der üblichen Mineralstoffe, die zusätzlich eingenommen werden, müssen im Verdauungsprozeß erst bearbeitet werden, damit sie Chelate (Ringsysteme bei chemischen Verbindungen) bilden, die für den Körper verwertbar sind. Dieser natürliche Prozeß findet bei vielen Menschen nur unzureichend statt, weshalb ein großer Teil der eingenommenen Mineralstoffe nicht sonderlich von Nutzen ist.

Wenn Sie bedenken, daß der Körper nicht alles verwertet, was er aufnimmt, daß die meisten von uns die Nahrungsmittel nicht ausreichend verdauen, daß nur zwei bis zehn Prozent des aufgenommenen anorganischen Eisens vom Körper absorbiert werden und daß bei dem kleinen Prozentsatz auch noch die Hälfte wieder ausgeschieden wird, dann erkennen Sie, wie wichtig es ist, Mineralstoffe als Chelate zu sich zu nehmen. Wenn sie mit Aminosäure gebunden sind, wird ihre Assimilation drei- bis zehnmal größer.

Langzeitwirkung

Ein großer Schritt nach vorn bei der Herstellung von Vitaminpräparaten war die Einführung der Kapseln mit Langzeitwirkung. Dabei werden die Vitamine in winzige Kügelchen eingehüllt, und dann wird alles so aufeinander abgestimmt, daß sechs bis zwölf Stunden lang Vitamine abgegeben und absorbiert werden. Die meisten Vitamine sind wasserlöslich und können nicht im Körper gespeichert werden. Ohne die Langzeitwirkung werden sie schnell vom Blutkreislauf aufgenommen und – ganz gleich, wie hoch die Dosis ist – mit dem Urin innerhalb von zwei oder drei Stunden ausgeschieden.

> Ein Weg zur Vitaminversorgung rund um die Uhr.

Mittel mit Langzeitwirkung können für die größte Wirksamkeit, den geringsten Verlust durch Ausscheidung und für stabile Blutwerte bei Tag und Nacht sorgen.

Füllstoffe, Bindemittel, oder was ist sonst noch dabei?

Ein Vitaminpräparat ist mehr, als man mit dem Auge sieht, weil auch noch Füllstoffe, Bindemittel und ähnliches vorhanden sind.

Füllstoffe oder *Verdünnungsmittel:* Das sind unwirksame Substanzen, die der Tablette zugefügt werden, damit sie größer wird und einen praktischeren Umfang für das Pressen bekommt.

Bindemittel: Wie der Name sagt, sorgen diese Substanzen für Bindung bei Präparaten in Pulverform, oder Bindemittel oder Granulatoren halten die Tablette zusammen. Meistens wird dazu Zellulose verwendet, die der Hauptbestandteil von Pflanzenfasern ist. Auch andere Mittel wie Lecithin können dazu genommen werden.

Schmiermittel: Eine Gleitsubstanz, die verhindert, daß die Tablette an der Maschine beim Ausstanzen festklebt. Dazu werden häufig natürliche pflanzliche Stoffe benutzt.

Auflösungsmittel: Die Tablette bekommt natürliche Stoffe zugesetzt, damit sie sich nach dem Einnehmen leichter auflöst.

Farben: Dadurch sehen die Tabletten freundlicher aus. Farben aus natürlichen Stoffen wie Chlorophyll sind am besten.

Geschmackszusätze: Dabei handelt es sich meist um Zusätze bei Tabletten, die gekaut werden sollen. Meistens ist es Fruchtzucker, Malz, sehr selten reiner Zucker.

Glasuren: Diese Substanzen schützen die Tablette vor Feuchtigkeit. Sie verdecken auch unangenehmen Geruch oder Geschmack und erleichtern das Einnehmen.

Trockenmittel: Verhindern bei wasseranziehenden Stoffen, daß Feuchtigkeit aufgenommen wird.

Lagerung und Haltbarkeit

Vitamin- und Mineralstoffpräparate sollten an einem kühlen, dunklen Platz gelagert werden, nicht direkter Sonneneinstrahlung ausgesetzt sein und am besten in einem festschließenden, undurchsichtigen Behälter aufbewahrt werden. Sie brauchen nicht in den Kühlschrank, wenn Sie nicht gerade in einem Wüstenklima leben.

Als Schutz gegen die überschüssige Feuchtigkeit legen Sie ein paar Reiskörner mit in den Behälter. Der Reis nimmt die Feuchtigkeit auf natürliche Weise auf.

> In einem gut verschlossenen Behälter können Vitamine zwei bis drei Jahre haltbar bleiben.

Wenn Vitamine kühl, dunkel und gut verschlossen aufbewahrt werden, sollten sie zwei bis drei Jahre halten. Um sicherzugehen, daß sie frisch sind, achten Sie darauf, ob ein Verfalldatum angegeben ist, oder lassen Sie sich vom Apotheker darüber informieren.

Unser Körper scheidet mit dem Urin Substanzen aus, die wir etwa vier Stunden zuvor zu uns genommen haben. Das gilt besonders für die wasserlöslichen Vitamine wie B und C. Auf leeren Magen genommen, können die Vitamine B und C sogar nach zwei Stunden den Körper schon wieder verlassen.

Die fettlöslichen Vitamine A, D, E und K bleiben ungefähr vierundzwanzig Stunden im Körper, und überschüssige Mengen können noch länger in der Leber gespeichert werden.

Wann und wie nimmt man Vitamin- und Mineralstoffpräparate?

Der menschliche Körper arbeitet in einem Rhythmus von vierundzwanzig Stunden. Ihre Zellen legen sich nicht zur Ruhe, wenn Sie schlafen gehen, sie können auch nicht ohne ständige Sauerstoffzufuhr und Nährstoffe auskommen. Deswegen ist es am besten, wenn Sie Ihre Präparate so gleichmäßig wie möglich über den Tag verteilen.

> Wenn Sie Ihre zusätzlichen Präparate auf einmal nehmen, tun Sie das nach der größten Tagesmahlzeit.

Die beste Zeit für die Einnahme der Präparate ist nach den Mahlzeiten. Vitamine sind organische Substanzen und sollten zusammen mit anderen Nahrungsmitteln und Mineralstoffen genommen werden, damit sie richtig absorbiert werden. Weil die wasserlöslichen Vitamine, besonders der B-Komplex und C, mit dem Urin ziemlich schnell wieder ausgeschieden werden, ist es am besten, wenn Sie sie nach dem Frühstück, nach dem Mittag- und nach dem Abendessen nehmen. Wenn das aus irgendwelchen Gründen nicht geht, nehmen Sie die Hälfte nach dem Frühstück und die andere Hälfte nach dem Abendessen.

Wenn Sie alle Vitamine auf einmal nehmen müssen, dann tun Sie das nach der größten Mahlzeit am Tag.

Und denken Sie daran, daß Sie Mineralstoffe brauchen, damit die Vitamine gut absorbiert werden, und nehmen Sie beides zusammen ein.

Was ist für Sie richtig?

Wenn Sie unsicher sind, ob Sie mit einem Pulver, einer Flüssigkeit oder einer Tablette am besten zurechtkommen, ob Sie die Präparate dreimal täglich oder als Kapsel mit Langzeitwirkung nehmen sollen, dann rate ich Ihnen, das doch einfach auszuprobieren. Wenn Ihnen ein Präparat nicht bekommt, versuchen Sie es in einer anderen Form. Vitamin-C-Pulver in ein Getränk gerührt, ist vielleicht einfacher zu nehmen als mehrere größere Tabletten, wenn Sie einer Erkältung vorbeugen wollen. Lesen Sie die Abschnitte auf Seite 36 – 97 und die Anmerkungen zur Vorsicht auf Seite 258 genau durch, damit Sie alles über Ihr Präparat wissen.

Noch Fragen zu Kapitel II?

»Ich bemerke manchmal einen Hauch von Alkoholgeruch in Vitaminpackungen. Weist das darauf hin, daß sie irgendwie verdorben sind, oder kann ich diese Vitamine weiterhin unbesorgt nehmen?«

Nein, das ist kein Hinweis, daß die Vitamine verdorben sind; ja, Sie können sie ohne Sorge nehmen. Alkohol wird manchmal dazu benutzt, um Beschädigung durch Feuchtigkeit zu verhindern. Wenn das Präparat zu schnell verpackt wird, bleibt gelegentlich ein Hauch von Alkoholgeruch zurück. Ich rate Ihnen, ein paar Reiskörner in den Behälter zu legen. Die saugen die Feuchtigkeit und den Geruch auf.

»Manchmal sind ein paar meiner Vitamin-B-Tabletten zerbrochen. Kann ich sie dennoch nehmen?«

Ja, das können Sie. Es ist ja nur die Glasur kaputt, die Vitamine selbst sind weiterhin wirksam und gut.

III
Vitamine und ihre Steckbriefe

Vitamin A

Beschreibung
Vitamin A ist fettlöslich. Fette und Mineralstoffe sind notwendig, damit es im Verdauungstrakt gut absorbiert wird.

Es kann im Körper gespeichert werden und muß nicht jeden Tag neu ergänzt werden.

Es kommt in zwei Formen vor – als Vitamin A, Retinol genannt (ist nur in Nahrungsmitteln tierischen Ursprungs enthalten), und als Provitamin A, bekannt als Karotin (ist in Nahrungsmitteln pflanzlichen und tierischen Ursprungs enthalten).

Vitamin A wird in I.E. (Internationalen Einheiten) gemessen, seit kurzem auch nach R.E. (Retinoleinheiten). (S. Seite 170.)

Eine Tagesmenge von 1000 R.E. (oder 5000 I.E.) wird für erwachsene Männer empfohlen, um Mangelerscheinungen zu vermeiden. Bei Frauen sind es 800 R.E. (4000 I.E.). Bei einer Schwangerschaft sind zusätzlich 200 R.E. (1000 I.E.) notwendig, und stillenden Müttern werden weitere 400 R.E. (2000 I.E.) empfohlen.

Was es leisten kann
Wirkt gegen Nachtblindheit, schlechtes Sehen und hilft bei der Behandlung von vielen Augenkrankheiten. Es macht die Bildung von Sehpurpur im Auge möglich.

Sorgt für Widerstandskraft gegen Erkrankungen der Atemwege.

Verkürzt die Krankheitsdauer.

Hält die äußeren Schichten des Gewebes und der Organe gesund.

Hilft bei der Beseitigung von Altersflecken.

Steigert das Wachstum, sorgt für kräftige Knochen, gesunde Haut, gesundes Haar, gesunde Zähne und Zahnfleisch.

Hilft bei der Behandlung von Akne, Geschwüren und Furunkeln; äußerlich angewendet öffnet es Eiterstellen.

Hilft bei der Behandlung von Emphysemen und Schilddrüsenüberfunktion.

Mangelerkrankungen
Xerophthalmie (Erkrankung der Bindehaut), Nachtblindheit (zu den Anzeichen für Mangelerscheinungen s. Seite 147).

Beste natürliche Quellen
Lebertran, Leber, Karotten, grüne und gelbe Gemüsesorten, Eier, Milch, Milchprodukte, Margarine und gelbes Obst wie Aprikosen.

Zusätzliche Präparate
Im allgemeinen in zwei Formen erhältlich, einmal natürlich aus Lebertran gewonnen, zum anderen wasserlöslich. Wasserlösliche Präparate sind für diejenigen zu empfehlen, die Fett nicht vertragen, vor allem für Leute mit Akne.

Vitamin-A-Säure wird manchmal bei Akne verschrieben. Die übliche Dosierung liegt zwischen 10000 und 25000 I.E.

Giftigkeit
Mehr als 50000 I.E. täglich können, wenn sie über längere Zeit genommen werden, bei Erwachsenen zu Vergiftungserscheinungen führen.

Mehr als 5000 I.E. täglich können bei Kleinkindern zu Vergiftungserscheinungen führen (eine Tasse gekochte, zerkleinerte Karotten kann 15000 I.E. an Vitamin A enthalten).

Zu den Anzeichen einer Vergiftung gehören Haarausfall, Übelkeit, Erbrechen, Durchfall, schuppige Haut, verschwommenes Sehen, Hautausschlag, Knochenschmerzen, unregelmäßige Menstruation, Erschöpfung, Kopfschmerzen und Lebervergrößerung (s. Seite 258, ›Vorsicht‹).

Feinde
Mehrfach ungesättigte Fettsäuren mit Karotin wirken gegen das Vitamin A, es sei denn, es sind Antioxidantien vorhanden. (S. Seite 73 zum Thema Antioxidantien und Seite 222 zum Thema Medikamente, die den Vitaminen schaden.)

Persönlicher Ratschlag
Sie brauchen mindestens 10000 I.E. Vitamin A, wenn Sie mehr als 400 I.E. an Vitamin E täglich nehmen.

Wenn Sie die Pille nehmen, steigt Ihr Bedarf an Vitamin A.

Wenn Ihr wöchentlicher Speiseplan reichlich Leber, Karotten, Spinat und Feldsalat enthält, brauchen Sie wahrscheinlich kein Vitamin A zusätzlich.

Vitamin A wirkt am besten mit dem B-Komplex, Vitamin D, Vitamin E, Calcium, Phosphor und Zink zusammen (Zink ist notwendig, damit die Leber das gespeicherte Vitamin A freisetzen kann).

Vitamin A hindert auch Vitamin C am Oxidieren.

Setzen Sie dem Futter Ihres Hundes oder Ihrer Katze kein Vitamin A zu, wenn der Tierarzt das nicht ausdrücklich angeordnet hat.

Wenn Sie Medikamente zur Senkung des Cholesterinspiegels im Blut nehmen, wird Vitamin A schneller absorbiert, und vermutlich brauchen Sie dann zusätzliche Mengen.

Um eine zu große Speicherung im Körper zu vermeiden, nehmen Sie ein zusätzliches Präparat nur an fünf Tagen in der Woche, dann setzen Sie zwei Tage aus.

Vitamin B_1 (Thiamin)

Beschreibung
Wasserlöslich. Wie bei allen Vitaminen aus der B-Gruppe wird der Überschuß ausgeschieden und nicht im Körper gespeichert. Muß täglich wieder ersetzt werden.

Wird in Milligramm (mg) gemessen.

Da sie zusammenwirken, sind die Vitamine der B-Gruppe effektiver, wenn sie kombiniert statt einzeln genommen werden. B_1, B_2 und B_6 sollten in ausgeglichenem Verhältnis stehen (beispielsweise 50 mg B_1, 50 mg B_2 und 50 mg B_6), damit sie richtig wirken.

Die empfohlene Tagesmenge für den Erwachsenen liegt bei 1,0 bis 1,5 mg. (In der Schwangerschaft und während des Stillens sind 1,4 bis 1,6 mg empfehlenswert).

Der Bedarf steigt bei Krankheit, Streß und nach Operationen.

Man nennt es auch das ›Moral-Vitamin‹, weil es einen guten Einfluß auf das Nervensystem und die geistige Einstellung hat.

Hat eine leicht harntreibende Wirkung.

Was es leisten kann

Steigert das Wachstum.

Hilft bei der Verdauung, besonders der Kohlenhydrate.

Verbessert die geistige Einstellung.

Sorgt für normale Funktion des Nervensystems, der Muskeln und des Herzens.

Hilft gegen Reisekrankheit.

Lindert Schmerzen nach Eingriffen an den Zähnen.

Hilft bei der Behandlung von Gürtelrose.

Mangelerkrankungen

Beri-Beri (zu den Anzeichen von Mangelerscheinungen s. Seite 147).

Beste natürliche Quellen

Trockenhefe, Reishülsen, Vollkorn, Haferflocken, Erdnüsse, Schweinefleisch, die meisten Gemüsesorten, Weizenkleie, Milch.

Zusätzliche Präparate

Erhältlich in verschiedenen Dosierungen, im allgemeinen zu 50 mg, 100 mg und 500 mg. Am wirksamsten in Verbindung mit anderen Vitaminen aus der B-Gruppe, zusammen mit B_2 und B_6 zu gleichen Teilen.

Noch wirksamer, wenn in der Zusammensetzung Pantothensäure, Folsäure und B_{12} enthalten sind. Die üblichen Dosierungen liegen zwischen 100 und 300 mg.

Giftigkeit

Giftigkeit ist bei diesem wasserlöslichen Vitamin nicht bekannt. Überdosierungen werden mit dem Urin ausgeschieden und nicht im Gewebe oder in den Organen gespeichert.

Zu den seltenen Anzeichen einer Überdosis gehören Zittern, Herpes, Ödeme, Nervosität, Herzklopfen und Allergien. (S. Seite 258, ›Vorsicht‹.)

Feinde
Die Hitze beim Kochen zerstört dieses Vitamin schnell. Andere Feinde von Vitamin B_1 sind Koffein, Alkohol, Konservierung von Nahrungsmitteln, Luft, Wasser, Östrogen, Mittel gegen Magensäure und schwefelhaltige Medikamente. (S. Seite 222 zum Thema Medikamente, die den Vitaminen schaden.)

Persönlicher Ratschlag
Wenn Sie viel rauchen, trinken oder Süßigkeiten essen, brauchen Sie mehr Vitamin B_1.

Wenn Sie schwanger sind, stillen oder die Pille nehmen, ist Ihr Bedarf höher.

Wenn Sie nach dem Essen immer ein Mittel gegen Sodbrennen nehmen, verlieren Sie das Thiamin wieder, das Sie vielleicht mit dem Essen aufgenommen haben.

Bei allen belastenden Situationen – Krankheit, Angst, Trauma, nach Operationen – sollten Sie verstärkt Vitamine aus der B-Gruppe nehmen, und dazu gehört auch das Thiamin.

Vitamin B_2 (Riboflavin)

Beschreibung
Wasserlöslich. Wird leicht absorbiert. Die wieder ausgeschiedene Menge hängt von den Bedürfnissen des Körpers ab; gleichzeitig kann es zu Verlust an Proteinen kommen. Wie die anderen Vitamine der B-Gruppe wird es nicht gespeichert und muß regelmäßig durch die Nahrung oder durch zusätzliche Mittel ergänzt werden.

Wird in Milligramm (mg) gemessen.

Anders als Thiamin wird Riboflavin nicht durch Hitze, Oxidation oder Säure zerstört.

Für den Durchschnittserwachsenen sind 1,2 bis 1,7 mg die empfohlene Tagesmenge. Während der Schwangerschaft und des Stillens ist eine etwas höhere Dosierung anzuraten.

Verstärkter Bedarf in Streß-Situationen.

Was es leisten kann
Hilft bei Wachstum und Fortpflanzung.

Gut für gesunde Haut, feste Fingernägel und gesundes Haar.

Hilft bei der Heilung von spröden Lippen, sprödem Mund und angeschwollener Zunge.

Gut für das Sehvermögen; hilft bei ermüdeten Augen.

Wirkt mit anderen Substanzen beim Abbau von Kohlenhydraten, Fetten und Proteinen.

Mangelerkrankungen

Mund, Lippen, Haut und Genitalien sind spröde und rissig. (Zu den Anzeichen für Mangelerscheinungen s. Seite 147.)

Beste natürliche Quellen

Milch, Leber, Niere, Hefe, Käse, grünes Blattgemüse, Eier, Fisch.

Zusätzliche Präparate

In hohen und niedrigen Dosierungen erhältlich, meistens in 100-mg-Dosierung. Wie die meisten aus dem B-Komplex ist dieses Vitamin am wirksamsten, wenn es mit anderen in einem ausgeglichenen Verhältnis steht.

Die üblichen Tagesmengen liegen bei 100 bis 300 mg.

Giftigkeit

Keine giftigen Wirkungen bekannt.

Zu den möglichen Anzeichen für eine zu hohe Einnahme gehören Jucken, Benommenheit, das Gefühl von Brennen oder Kribbeln. (S. Seite 258, ›Vorsicht‹.)

Feinde

Licht – besonders ultraviolette Strahlen – und alkalische Stoffe zerstören Riboflavin. (Die undurchsichtigen Milchkartons schützen jetzt das Riboflavin, in den durchsichtigen Glasflaschen wurde es früher zerstört.) Andere natürliche Feinde sind Wasser (B_2 löst sich in kochender Flüssigkeit auf), schwefelhaltige Medikamente, Östrogen und Alkohol.

Persönlicher Ratschlag

Wenn Sie die Pille nehmen, schwanger sind oder stillen, brauchen Sie mehr Vitamin B_2.

Wenn Sie wenig rotes Fleisch oder Milchprodukte essen, sollten Sie mehr Vitamin B_2 zu sich nehmen.

Sehr wahrscheinlich wird Ihnen dieses Vitamin fehlen oder nur unzureichend vorhanden sein, wenn Sie über längere Zeit eine Diät einhalten müssen, beispielsweise bei Geschwüren oder Diabetes. (Werden Sie mit Medikamenten behandelt, sprechen Sie in jedem Fall mit Ihrem Arzt, wenn Sie Ihre gegenwärtige Kost umstellen wollen.)

In allen Streß-Situationen brauchen Sie mehr von der Vitamin-B-Gruppe.

Dieses Vitamin wirkt am besten zusammen mit B_6, Vitamin C und Niacin.

Wenn Sie ein Antikrebsmittel nehmen müssen, kann zuviel Vitamin B_2 die Wirkung des Medikaments einschränken.

Vitamin B_6 (Pyridoxin)

Beschreibung

Wasserlöslich. Wird wie die anderen Vitamine der B-Gruppe innerhalb von acht Stunden nach der Einnahme wieder ausgeschieden. Muß durch Nahrungsmittel oder zusätzliche Präparate immer wieder ergänzt werden.

B_6 ist in Wirklichkeit eine Gruppe von Substanzen – Pyridoxin, Pyridoxal und Pyridoxamin –, die in enger Verbindung zueinander stehen und zusammenwirken.

Wird in Milligramm (mg) gemessen.

Der Bedarf steigt bei einer Ernährung mit hohem Anteil an Proteinen.

Muß für die Produktion von Antikörpern und roten Blutkörperchen vorhanden sein.

Es scheint, daß es sich mit Darmbakterien verbindet und daß der Verzehr von Gemüse mit Zellulose dazu beiträgt.

Die empfohlene Tagesmenge für einen Erwachsenen liegt bei 1,8 bis 2,2 mg. Höhere Dosierungen sind bei Schwangerschaft und während der Stillzeit empfehlenswert.

Notwendig für die richtige Aufnahme von Vitamin B_{12}.

Erforderlich für die Produktion von Salzsäure und Magnesium.

Was es leisten kann

Ist wichtig für die Aufnahme von Protein und Fett.

Hilft bei der Umwandlung von Tryptophan, einer essentiellen Fettsäure, in Niacin. Lindert Übelkeit (viele Präparate gegen morgendliche Übelkeit enthalten Vitamin B_6).

Fördert die richtige Synthese der Nukleinsäuren, die gegen das Altern wirken.

Hilft gegen trockenen Mund und Probleme beim Wasserlassen, die durch bestimmte trizyklische Antidepressiva (Psychoaufheller) verursacht werden.

Verringert nächtliche Muskelkrämpfe, Krämpfe in den Beinen, Kribbeln in den Händen und bestimmte Formen von Nervenentzündung an den Gliedmaßen.

Wirkt als natürliches harntreibendes Mittel.

Mangelerkrankungen

Anämie, übermäßige Talgabsonderung der Haut. (Zu den Anzeichen von Mangelerscheinungen s. Seite 147.)

Die besten natürlichen Quellen

Bierhefe, Weizenkleie, Weizenkeime, Leber, Niere, Herz, Zuckermelone, Kohl, Sojabohnen, Milch, Eier, Rindfleisch.

Zusätzliche Präparate

Erhältlich in sehr unterschiedlichen Dosierungen von 50 bis 500 mg, einzeln und auch als Vitamin-B-Komplex oder Multivitaminpräparat.

Damit es nicht zu einem Mangel an anderem Vitamin B kommt, sollte Pyridoxin zusammen mit B_1 und B_2 zu gleichen Teilen genommen werden.

Giftigkeit

Tägliche Mengen von zwei bis zehn Gramm können neurologische Störungen verursachen.

Ein mögliches Anzeichen für ein Zuviel an B_6 ist nächtliche Unruhe mit lebhaften Träumen. (S. Seite 258, ›Vorsicht‹.)

Dosierungen von mehr als 500 mg sind nicht zu empfehlen.

Feinde

Lange Lagerung der Lebensmittel, Braten und Kochen von Fleisch, Wässern, Konservierungsstoffe, Alkohol, Östrogen (s. Seite 222).

Persönlicher Ratschlag
Wenn Sie die Pille nehmen, brauchen Sie wahrscheinlich mehr Vitamin B_6.

Wer viel Proteine zu sich nimmt, braucht zusätzliche Mengen von diesem Vitamin.

Vitamin B_6 kann den Insulinbedarf eines Diabetikers senken, und wenn die Dosierung nicht angepaßt wird, kann es zu einer Reaktion mit niedrigem Blutzucker kommen.

Menschen, die unter Arthritis leiden und mit Penicillaminen behandelt werden, sollten zusätzlich dieses Vitamin nehmen.

Dieses Vitamin wirkt am besten zusammen mit Vitamin B_1, Vitamin B_2, Pantothensäure, Vitamin C und Magnesium.

Bei Schüttellähmung (Parkinson) können hohe Dosierungen von Vitamin B_6 das Leiden lindern. (Sprechen Sie mit Ihrem Arzt!)

Vitamin B_{12} (Cobalamin)

Beschreibung
Wasserlöslich und schon in sehr kleinen Mengen wirksam.

Wird auch als ›rotes Vitamin‹ und Cyanocobalamin bezeichnet.

Wird in Mikrogramm (= 0,001 mg) gemessen.

Das einzige Vitamin mit Spuren von essentiellen Mineralstoffen.

Wird durch den Magen nicht gut aufgenommen. Muß bei der Absorption mit Calcium zusammenkommen, damit es dem Körper auch richtig nützt.

Empfohlene Tagesmenge für Erwachsene 3 Mikrogramm. Bei schwangeren und stillenden Frauen ist eine höhere Dosis ratsam.

Bei einer Ernährung mit wenig Vitamin B und viel Folsäure (wie beispielsweise bei Vegetariern) kommt es oft zu einem Mangel an Vitamin B_{12}.

Eine richtig funktionierende Schilddrüse hilft bei der Aufnahme von Vitamin B_{12}.

Die Anzeichen für einen Mangel an Vitamin B_{12} können erst fünf und mehr Jahre später auftreten, wenn die Speicher im Körper leer sind.

Was es leisten kann

Bildet und regeneriert rote Blutkörperchen und hilft damit vorbeugend gegen Anämie.

Steigert Wachstum und Appetit bei Kindern.

Gibt neuen Schwung.

Erhält ein gesundes Nervensystem.

Hilft Fette, Kohlenhydrate und Proteine richtig verwerten.

Mildert Reizbarkeit. Konzentration, Gedächtnis und Gleichgewicht werden verbessert.

Mangelerkrankungen

Bösartige Anämie, Hirnschaden. (Zu den Anzeichen von Mangelerscheinungen s. Seite 147.)

Beste natürliche Quellen

Leber, Rindfleisch, Schweinefleisch, Eier, Milch, Käse, Niere.

Zusätzliche Präparate

Da das Vitamin B_{12} vom Magen nicht gut assimiliert wird, empfehle ich die Form, die unter der Zunge behalten wird, damit es im Dünndarm aufgenommen werden kann.

Es gibt Dosierungen von 50 bis 2000 Mikrogramm.

Ärzte spritzen auch Vitamin B_{12}. Wenn es ernsthafte Anzeichen für einen Mangel gibt oder wenn große Erschöpfung vorliegt, ist dies vermutlich die angemessene Behandlung.

Die Tagesdosis liegt meistens zwischen 5 und 100 Mikrogramm.

Giftigkeit

Es gibt keine bekannten Fälle von Vitamin-B_{12}-Vergiftungen, selbst bei Behandlungen mit Megadosierungen nicht. (S. Seite 258, ›Vorsicht‹.)

Feinde

Säuren und alkalische Stoffe, Wasser, Sonnenlicht, Alkohol, Östrogen, Schlaftabletten. (S. Seite 222.)

Persönlicher Ratschlag

Wenn Sie Vegetarier sind und auch keine Eier und Milchprodukte essen, brauchen Sie zusätzlich Vitamin B_{12}.

Wenn Sie regelmäßig viel Alkohol trinken, dann ist zusätzliches Vitamin B_{12} wichtig.

Zusammen mit Folsäure kann Vitamin B_{12} sehr wirkungsvoll für neuen Schwung sorgen.

Erstaunlicherweise brauchen Leute, die viel Proteine essen, auch zusätzliche Mengen von diesem Vitamin, das mit allen anderen Vitaminen der B-Gruppe und den Vitaminen A, E und C zusammenwirkt.

Für Frauen kann B_{12} als ein Bestandteil des B-Komplexes während oder kurz vor der Menstruation nützlich sein.

Vitamin B_{13} (Orotsäure)

Beschreibung
Wird nicht selten anderen Vitaminpräparaten zugefügt.

Sorgt für die Verwertung von Folsäure und Vitamin B_{12}.

Tagesbedarf ist nicht genau bekannt.

Was es leisten kann
Beugt vermutlich bestimmten Leberproblemen und vorzeitigem Altern vor.

Hilft bei der Behandlung von multipler Sklerose.

Mangelerkrankungen
Anzeichen für Mangelerscheinungen und -erkrankungen im Zusammenhang mit diesem Vitamin sind noch nicht sicher festgestellt worden.

Beste natürliche Quellen
Wurzelgemüse, Molke.

Zusätzliche Präparate
Vielen anderen Vitaminpräparaten zugesetzt.

Giftigkeit
Über die Orotsäure ist zu wenig bekannt, als daß man genaue Angaben machen könnte. (S. Seite 258, ›Vorsicht‹.)

Feinde
Wasser und Sonnenlicht.

Persönlicher Ratschlag
Die Forschung ist hier noch nicht so weit, als das man Empfehlungen geben könnte.

Vitamin B_{15} (Pangamsäure)

Beschreibung
Wasserlöslich.

Noch ist umstritten, ob B_{15} wesentlich für die Ernährung ist und ob es sich wirklich um ein Vitamin handelt.

Wird in Milligramm (mg) gemessen.

Wirkt sehr ähnlich wie Vitamin E, das ein Antioxidans ist.

Es gibt noch keine offiziellen Nahrungsmittelanalysen.

Wirkung wird oft gesteigert, wenn es mit Vitamin A und E genommen wird.

Was es leisten kann
(Da die Forschung in den Vereinigten Staaten noch nicht sehr weit vorangekommen ist, beziehe ich mich im folgenden auf Testergebnisse aus der Sowjetunion.)

Verlängert die Lebensdauer der Zelle.
Schränkt die Sucht nach Alkohol ein.
Beschleunigt die Erholung nach Erschöpfungszuständen.
Sorgt für einen niedrigen Cholesterinspiegel im Blut.
Schützt gegen Schadstoffe.
Schafft Erleichterung bei Angina pectoris und Asthma.
Schützt gegen Leberzirrhose.
Bekämpft den Kater nach zu reichlichem Trinken.
Regt das Immunsystem an.
Hilft bei der Synthese von Protein.

Mangelerkrankungen
Auch hier ist die Forschung noch nicht besonders weit, aber es gibt Hinweise auf Störungen der Drüsen und Nerven, auf Herzerkrankungen und verringerte Sauerstoffaufnahme des Gewebes.

Beste natürliche Quellen
Bierhefe, unpolierter Reis, Vollkorn, Kürbiskeime, Sesamkeime.

Zusätzliche Präparate
Im allgemeinen erhältlich in einer Dosierung von 50 mg.
Die üblichen Tagesdosierungen liegen bei 50 bis 150 mg.

Giftigkeit
Es sind keine Fälle von Vergiftungen bekannt. Manche Leute geben an, es sei ihnen am Beginn einer B_{15}-Kur schlecht geworden, aber das verschwindet im allgemeinen nach ein paar Tagen und kann abgemildert werden, wenn man das Vitamin-B_{15}-Präparat nach der größten Mahlzeit am Tag nimmt. (S. Seite 258, ›Vorsicht‹.)

Feinde
Wasser und Sonnenlicht.

Persönlicher Ratschlag
Trotz aller Kontroversen um dieses Vitamin habe ich festgestellt, daß B_{15} wirksam ist, und ich glaube, daß es bei den meisten Ernährungsformen als Zusatzpräparat von Nutzen und Vorteil wäre.
Dr. Atkins verordnet es allen, die seine Diät machen.
Wenn Sie Sportler sind oder sich wie einer fühlen wollen, dann empfehle ich 50 mg morgens zum Frühstück und abends zum Essen.
Ein wichtiges Zusatzpräparat für die Bewohner von Großstädten und Gegenden mit großer Umweltbelastung.

Vitamin B_{17} (Laetrile)

Beschreibung
Eines der umstrittensten ›Vitamine‹ unseres Jahrhunderts.
Chemisch eine Verbindung von zwei Zuckermolekülen (Benzaldehyd und Zyanid), Amygdalin genannt.
In medizinischen Dosierungen als Nitrolosid bekannt.
Kommt in Aprikosenkernen und anderen Obstkernen vor.
Möglicherweise giftig wegen des Blausäuregehalts.

Was es leisten kann
Manche Leute behaupten, daß es hemmend und vorbeugend gegen Krebs wirkt.

Mangelerkrankungen
Kann zu geschwächtem Widerstand gegen Krebs führen.

Beste natürliche Quellen
Eine kleine Menge kommt in den Kernen von Aprikosen, Äpfeln, Kirschen, Pfirsichen, Pflaumen, Nektarinen und bitteren Mandeln vor.

Zusätzliche Präparate
Am gängigsten sind Tagesmengen von 0,25 bis 1,0 Gramm.

Giftigkeit
Obwohl die Grenze der Vergiftung noch nicht festgesetzt worden ist, kann die übermäßige Einnahme von Vitamin B_{17} gefährlich sein. Die Menge kann bis auf über 3,0 Gramm erhöht werden, aber man sollte nie mehr als 1,0 Gramm auf einmal einnehmen. (S. Seite 258, ›Vorsicht‹.)

Persönlicher Ratschlag
Wenn Sie sich für Vitamin B_{17} als Vorbeugung oder Behandlung bei Krebs interessieren, beraten Sie sich mit einem Arzt, der sich speziell mit Ernährungswissenschaften befaßt. Die Ärztekammer wird Ihnen solche Fachmediziner nennen können.

Ich rate mit allem Nachdruck dazu, daß Sie sich sehr genau umhören und sich mit dem Arzt beraten, bevor Sie zu Vitamin B_{17} greifen.

Biotin (Koenzym R oder Vitamin H)

Beschreibung
Wasserlöslich und ein weiteres ziemlich neues Mitglied in der Familie des Vitamin-B-Komplexes.

Wird im allgemeinen in Mikrogramm gemessen.

Die Synthese der Ascorbinsäure erfordert Biotin.

Wichtig für den normalen Stoffwechsel bei Fett und Protein.

Der Tagesbedarf bei Erwachsenen liegt bei 150 bis 300 Mikrogramm (oder 1,7 bis 4,3 Mikrogramm pro Kilogramm Körpergewicht).

Synthese durch Darmbakterien möglich.

Rohe Eier verhindern die Aufnahme durch den Körper.

Wirkt zusammen mit B_2, B_6, Niacin und A trägt zur Erhaltung einer gesunden Haut bei.

Was es leisten kann

Hilft, daß das Haar nicht vorzeitig grau wird.

Hilft bei vorbeugenden Maßnahmen gegen Glatze.

Lindert Muskelschmerzen.

Lindert Ekzeme und Hautausschlag.

Mangelerkrankungen

Ekzeme an Gesicht und Körper, außergewöhnliche Erschöpfungszustände, Beeinträchtigung des Fett-Stoffwechsels. (Zu den Anzeichen von Mangelerscheinungen s. Seite 147.)

Beste natürliche Quellen

Nüsse, Obst, Bierhefe, Rinderleber, Eigelb, Milch, Niere, unpolierter Reis.

Zusätzliche Präparate

Biotin ist im allgemeinen in den Präparaten des B-Komplexes und in Multivitamin-Tabletten enthalten.

Die üblichen Tagesmengen liegen zwischen 25 und 300 Mikrogramm.

Giftigkeit

Es gibt keine bekannten Fälle von Biotin-Vergiftung. (S. Seite 258, ›Vorsicht‹.)

Feinde

Rohes Eiweiß (das Avidin enthält, ein Protein, das die Aufnahme von Biotin verhindert), Wasser, schwefelhaltige Medikamente, Östrogen, Konservierungsstoffe und Alkohol (s. Seite 222).

Persönlicher Ratschlag

Sorgen Sie dafür, daß Sie täglich mindestens 25 Mikrogramm bekommen, wenn Sie Antibiotika oder schwefelhaltige Medikamente nehmen.

Männer, denen die Haare ausgehen, machen vielleicht die Erfahrung, daß ihnen ein zusätzliches Biotin-Präparat das Haar länger erhält.

Denken Sie daran, daß Biotin wirksamer mit B_2, B_6, Niacin und A zusammenarbeitet.

Vitamin C (Ascorbinsäure)

Beschreibung

Wasserlöslich.

Die meisten Tiere stellen ihr Vitamin C selbst her, aber Menschen, Affen und Meerschweinchen müssen auf Quellen in der Ernährung zugreifen.

Spielt eine grundlegende Rolle bei der Bildung von Kollagen, das wichtig ist für das Wachstum und die Reparatur von Körperzellen, Zahnfleisch, Blutgefäßen, Knochen und Zähnen.

Hilft bei der Aufnahme von Eisen durch den Körper.

Wird in Milligramm (mg) gemessen.

Wird unter Streßbedingungen schneller verbraucht.

Der Tagesbedarf bei Erwachsenen liegt bei etwa 75 mg (höhere Dosierungen während der Schwangerschaft und der Stillzeit 80 bis 120 mg).

Raucher und ältere Menschen haben einen erhöhten Bedarf an Vitamin C (jede Zigarette zerstört 25 bis 100 mg).

Was es leisten kann

Heilt Wunden, Verbrennungen und Zahnfleischbluten.

Steigert die Wirkung von Medikamenten, die zur Behandlung von Erkrankungen der Harnwege verabreicht werden.

Beschleunigt die Heilung nach Operationen.

Hilft, den Cholesterinspiegel im Blut zu senken.

Hilft bei der Vorbeugung gegen viele Virus- oder Bakterieninfektionen und steigert ganz allgemein das Abwehrsystem.

Gibt Schutz gegen krebserregende Stoffe.

Hilft, der Bildung von Nitrosaminen (krebserregenden Stoffen) entgegenzuwirken.

Wirkt als natürliches Abführmittel.

Führt zu weniger Blutgerinnseln in den Adern.

Hilft als Behandlung und Vorbeugung bei ganz normalen Erkältungen.

Verlängert das Leben, indem es ermöglicht, daß die Kollagenzellen zusammenhalten.

Schwächt die Wirkung von vielen Substanzen, die zu Allergien führen, ab.

Mangelerkrankungen
Skorbut. (Zu den Anzeichen von Mangelerscheinungen s. Seite 147.)

Beste natürliche Quellen
Zitrusfrüchte, Beeren, grünes Blattgemüse, Tomaten, Blumenkohl, Kartoffeln, Paprikaschoten.

Zusätzliche Präparate
Vitamin C wird am häufigsten als zusätzliches Präparat genommen. Es gibt es als normale Tabletten, Langzeitkapseln, Tropfen, Pulver, Kautabletten, also in fast jeder Form, in der man Vitamine zu sich nehmen kann.

Das ›reine‹ Vitamin C wird aus Maisdextrose gewonnen (obwohl dabei kein Mais und keine Dextrose übrigbleibt).

Der Unterschied zwischen ›natürlichem‹ oder ›organischem‹ Vitamin C und gewöhnlicher Ascorbinsäure liegt hauptsächlich in der Fähigkeit des einzelnen Menschen, es zu verdauen.

Das beste Vitamin-C-Präparat ist das, das den vollständigen C-Komplex aus Bioflavonoiden, Hesperidin und Rutin enthält.

Tabletten und Kapseln haben normalerweise eine Dosierung bis zu 1000 mg, Pulver manchmal 5000 mg pro Teelöffel.

Die üblichen Tagesdosierungen liegen zwischen 500 mg und 4 Gramm.

Das Vitamin C der Hagebutten enthält Bioflavonoide und andere Enzyme, die bei der Absorption von Vitamin C helfen. Sie sind die reichhaltigste natürliche Quelle für Vitamin C.

Giftigkeit
Übermäßige Einnahme kann zu Oxalsäure oder Harnsäure führen und dadurch zur Steinbildung (wenngleich das tägliche Einnehmen von Magnesium, Vitamin B_6 und reichlich Wasser das ausgleichen kann). Gelegentlich können sehr hohe Dosierungen (mehr als vier Gramm täglich) unangenehme Nebenwirkungen haben, beispielsweise Durchfall, übermäßigen Harn-

drang und Hautausschlag. In dem Fall verringern Sie die Menge. (S. Seite 258, ›Vorsicht‹.)

Feinde

Wasser, Kochen, Hitze, Licht, Sauerstoff, Rauchen (s. Seite 222).

Persönlicher Ratschlag

Weil Vitamin C je nach Nahrungsmenge im Magen innerhalb von zwei oder drei Stunden ausgeschieden wird und weil es wichtig ist, ständig einen gleichbleibenden Vitamin-C-Gehalt im Blutkreislauf zu haben, empfehle ich eine Langzeitkapsel, um so die beste Wirkung zu erreichen.

Große Mengen von Vitamin C verändern die Ergebnisse bei Laboruntersuchungen. Wenn Sie also einen Bluttest oder eine Urinprobe machen, dann informieren Sie Ihren Arzt, daß Sie Vitamin C nehmen, damit es bei der Diagnose nicht zu Fehlern kommt (Vitamin C kann verbergen, daß Blut im Stuhl vorhanden ist).

Diabetiker sollten daran denken, daß die Überprüfung des Urins auf Zucker ungenaue Ergebnisse bringen kann, wenn sie viel Vitamin C nehmen. Aber es gibt auch Teststreifen, die nicht auf Vitamin C reagieren. Fragen Sie Ihren Arzt oder den Apotheker.

Wenn Sie täglich mehr als 750 mg nehmen, rate ich zu einem zusätzlichen Magnesium-Präparat. Das wirkt vorbeugend gegen die Bildung von Nierensteinen.

Kohlenmonoxid zerstört Vitamin C, also sollten Stadtbewohner die Einnahme erhöhen.

Sie brauchen zusätzlich Vitamin C, wenn Sie die Pille nehmen.

Um die Wirkung von Vitamin C zu steigern, denken Sie daran, daß es am besten in Verbindung mit Bioflavonoiden, Calcium und Magnesium wirkt.

Ich empfehle eine Erhöhung der Dosierung von Vitamin C, wenn Sie Aspirin nehmen, das die Ausscheidung von Vitamin verdreifacht.

Wenn Sie Ginsengpräparate nehmen, ist es besser, das drei Stunden vor oder nach der Aufnahme von Nahrungsmitteln mit hohem Vitamin-C-Gehalt oder von Vitamin C selbst zu tun.

Pantothensäure (Vitamin B_5)

Beschreibung
Wasserlöslich, gehört zum B-Komplex.

Hilft beim Zellaufbau, sorgt für normales Wachstum und für die Entwicklung des zentralen Nervensystems.

Lebenswichtig für das richtige Funktionieren der Nebennierendrüsen.

Wichtig für die Umwandlung von Fett und Zucker in Energie.

Notwendig für die Synthese von Antikörpern, für die Verwertung von PABS (Paraaminobenzoesäure) und Cholin.

Die Tagesmenge für Erwachsene liegt bei 10 mg.

Synthese im Körper ist mit großer Wahrscheinlichkeit teilweise durch die Darmbakterien möglich.

Was sie leisten kann
Hilft bei der Wundheilung.

Bekämpft Infektionen durch die Bildung von Antikörpern.

Behandlung bei nachoperativen Schockzuständen.

Beugt Erschöpfung vor.

Verringert die nachteiligen und giftigen Wirkungen vieler Antibiotika.

Mangelerkrankungen
Niedriger Blutzuckerspiegel, Geschwüre am Zwölffingerdarm, Haut- und Blutschäden. (Zu den Anzeichen für Mangelerscheinungen s. Seite 147.)

Die besten natürlichen Quellen
Fleisch, Getreidekörner, Weizenkeime, Kleie, Niere, Leber, Herz, grüne Gemüsesorten, Bierhefe, Nüsse, Hühnerfleisch, reiner Sirup.

Zusätzliche Präparate
In der Regel in den Präparaten des Vitamin-B-Komplexes vorhanden – in unterschiedlicher Dosierung zwischen 10 und 100 mg.

Der Tagesbedarf liegt im allgemeinen zwischen 10 und 300 mg.

Giftigkeit
Keine giftigen Wirkungen bekannt. (S. Seite 258, ›Vorsicht‹.)

Feinde
Hitze, Konservierungsmittel, Konserven, Koffein, schwefelhaltige Medikamente, Schlaftabletten, Östrogen, Alkohol (s. Seite 222).

Persönlicher Ratschlag
Wenn Ihnen häufig Hände und Füße kribbeln, sollten Sie vielleicht mehr Pantothensäure zu sich nehmen – in Verbindung mit anderen Vitaminen der B-Gruppe.

Pantothensäure kann ein Schutz sein, wenn Sie belastende Situationen auf sich zukommen sehen oder vielleicht schon mitten drin stecken.

Eine Tagesmenge von 1000 mg hat sich bei der Linderung von Schmerzen in einigen Fällen von Arthritis als recht wirksam herausgestellt.

Wenn Sie allergisch sind, könnten Sie mit Vitamin B_5 und Vitamin C Erleichterung finden. Versuchen Sie einmal, mit der Nahrung morgens und abends von beiden 1000 mg zu sich zu nehmen.

Cholin

Beschreibung
Gehört zu der Gruppe der Vitamine B und ist wichtig für den Fett-Stoffwechsel. Wirkt zusammen mit Inosit (gehört ebenfalls zum B-Komplex), um Fette und Cholesterin zu nutzen.

Eine der wenigen Substanzen, die die Barriere durchdringen können, welche das Gehirn normalerweise vor den negativen Auswirkungen in der täglichen Kost schützt; diese Substanz dringt direkt in die Gehirnzellen ein und produziert einen chemischen Stoff, der gut für das Gedächtnis ist.

Der Tagesbedarf ist noch nicht genau bekannt, aber die Kost des durchschnittlichen Erwachsenen enthält zwischen 500 und 900 mg täglich.

Scheint Cholesterin zu emulgieren, so daß es sich nicht an den Wänden der Arterien und in der Gallenblase festsetzen kann.

Was es leisten kann
Hilft, das Cholesterin unter Kontrolle zu halten.

Hilft bei der Aussendung von Nervenimpulsen, besonders von denen im Gehirn, die zur Bildung des Gedächtnisses gebraucht werden.

Beugt dem Gedächtnisschwund im höheren Alter vor (Dosierungen von ein bis fünf Gramm täglich).

Hilft, Gifte und Medikamente aus dem Körpersystem zu beseitigen, indem es die Arbeit der Leber unterstützt.

Hat beruhigende Wirkung.

Hilft bei der Behandlung der Alzheimer-Krankheit.

Mangelerkrankungen
Möglicherweise Zirrhose und Verfettung der Leber, Verhärtung der Arterien und die Alzheimer Krankheit. (Zu den Anzeichen von Mangelerscheinungen s. Seite 147.)

Beste natürliche Quellen
Eigelb, Hirn, Herz, grünes Blattgemüse, Hefe, Leber, Weizenkeime, Lecithin (in kleinen Mengen).

Zusätzliche Präparate
Sechs Lecithin-Kapseln aus Sojabohnen enthalten je 244 mg Inosit und Cholin.

Die üblichen Präparate des Vitamin-B-Komplexes enthalten ungefähr je 50 mg Cholin und Inosit.

Die Tagesmengen liegen meistens zwischen 500 und 1000 mg.

Giftigkeit
Nicht bekannt. (S. Seite 258, ›Vorsicht‹.)

Feinde
Wasser, schwefelhaltige Medikamente, Konservierungsmittel, Alkohol. (S. Seite 222.)

Persönlicher Ratschlag
Nehmen Sie Cholin immer mit anderen Vitaminen aus dem B-Komplex.

Wenn Sie oft nervös und gereizt sind, kann es angebracht sein, mehr Cholin zu sich zu nehmen.

Wenn Sie Lecithin nehmen, dann brauchen Sie vermutlich ein chelatkomplexgebundenes Calcium-Präparat, damit Phosphor und Calcium bei Ihnen in einem ausgeglichenen Verhältnis bleiben, denn Cholin scheint den Phosphorgehalt im Körper zu steigern.

Versuchen Sie, mit der Nahrung mehr Cholin aufzunehmen, damit Sie ein besseres Gedächtnis bekommen.

Wenn Sie viel Alkohol trinken, achten Sie darauf, daß Sie Ihrer Leber das Cholin zukommen lassen, das sie braucht, um die zusätzliche Arbeit zu bewältigen.

Vitamin D (Calciferol, ›Sonnenscheinvitamin‹)

Beschreibung

Fettlöslich.

Wird durch Sonnenlicht oder Nahrung aufgenommen. (Ultraviolette Strahlen wirken auf die Haut, um das Vitamin zu produzieren, das dann vom Körper absorbiert wird.)

Wenn es oral genommen wird, wird das Vitamin D mit Fetten durch die Darmwände absorbiert.

Wird in I.E. (Internationalen Einheiten) gemessen.

Der Tagesbedarf für Erwachsene liegt bei 400 I.E.

Dunst und Smog behindern die Sonnenstrahlen, die das Vitamin D produzieren.

Wenn ein bestimmter Bräunungsgrad durch die Sonne erreicht ist, hört die Vitamin-D-Produktion durch die Haut auf.

Was es leisten kann

Die richtige Ausnutzung von Calcium und Phosphor unterstützen, die für kräftige Knochen und Zähne notwendig sind.

Zusammen mit Vitamin A und C eingenommen, kann es helfen, Erkältungen vorzubeugen.

Hilft bei der Behandlung von Bindehautentzündung.

Unterstützt die Aufnahme von Vitamin A.

Mangelerkrankungen

Rachitis, schwerer Zahnverfall, Knochenerweichung und Osteoporose. (Zu den Anzeichen von Mangelerscheinungen s. Seite 147.)

Beste natürliche Quellen
Lebertran, Sardinen, Hering, Lachs, Thunfisch, Milch und Milchprodukte.

Zusätzliche Präparate
Im allgemeinen erhältlich in Kapseln mit 500 I.E., wobei das Vitamin aus Lebertran stammt.

Die gängigsten Tagesdosierungen liegen zwischen 400 und 1000 I.E.

Giftigkeit
Eine tägliche Menge von 25000 I.E. über längere Zeit kann giftige Wirkungen bei Erwachsenen haben.

Dosierungen von mehr als 5000 I.E. täglich können bei einigen Menschen nachteilige Wirkungen haben.

Anzeichen für Vergiftung sind ungewöhnlicher Durst, entzündete Augen, juckende Haut, Erbrechen, Durchfall, Harndrang und übermäßige Calciumablagerungen in den Adern, in der Lunge und Leber, in den Nieren und im Magen. (S. Seite 258, ›Vorsicht‹.)

Feinde
Smog. (S. Seite 222.)

Persönlicher Ratschlag
Stadtbewohner, vor allem solche, die in smoggefährdeten Gebieten leben, sollten mehr Vitamin D zu sich nehmen.

Menschen, die aus beruflichen Gründen (beispielsweise Nachtarbeiter) oder wegen Bekleidungsvorschriften (beispielsweise Nonnen) mit der Sonne wenig in Berührung kommen, sollten mehr Vitamin D zu sich nehmen.

Wenn Sie ein krampflösendes Medikament nehmen, müssen Sie Ihre Menge an Vitamin D vermutlich erhöhen.

Kinder, die nicht viel Milch trinken, sollten mehr Vitamin D bekommen.

Dunkelhäutige Menschen, die in nördlichen Klimabereichen leben, brauchen im allgemeinen mehr Vitamin D.

Mischen Sie nicht zusätzlich Vitamin D unter das Futter Ihres Hundes oder Ihrer Katze, wenn der Tierarzt nicht ausdrücklich dazu rät.

Vitamin D wirkt am besten zusammen mit Vitamin A, Vitamin C, Cholin, Calcium und Phosphor.

Vitamin E (Tocopherol)

Beschreibung
Fettlöslich und in Leber, Fettgewebe, Herz, Muskeln, Hoden, Gebärmutter, Blut und in den Nebennierendrüsen und in der Hirnanhangdrüse gespeichert.

Früher wurde es nach Gewicht gemessen, aber heute wird es entsprechend seiner biologischen Aktivität im allgemeinen nach Internationalen Einheiten (I.E.) berechnet. Bei diesem Vitamin ist 1 I.E. das gleiche wie 1 mg.

Aus Bestandteilen zusammengesetzt, die Tocopherole heißen. Von den acht Tocopherolen – Alpha, Beta, Gamma, Delta, Epsilon, Zeta, Eta und Theta – ist das Alpha-Tocopherol am wirksamsten.

Ein aktives Antioxidans; verhindert die Oxidation von Fettbestandteilen genau wie die von Vitamin A, Selen, zwei Schwefelaminosäuren und Vitamin C.

Steigert die Wirksamkeit von Vitamin A.

Die empfohlene Menge für Erwachsene liegt bei 12 I.E. (oder mg) täglich.

Sechzig bis siebzig Prozent der täglich aufgenommenen Menge werden mit dem Stuhl wieder ausgeschieden. Anders als andere fettlösliche Vitamine wird E nur ziemlich kurze Zeit im Körper gespeichert, vergleichbar mit B und C.

Wichtig für die Durchblutung der Gefäße und als Wirkstoff gegen Blutgerinnung.

Präparate mit 25 Mikrogramm Selen auf 200 Einheiten Vitamin E steigern die Wirkung des Vitamins.

Was es leisten kann
Läßt Sie jünger aussehen, weil es das durch die Oxidation bedingte Altern der Zellen verzögert.

Liefert dem Körper Sauerstoff, so daß Sie mehr Durchhaltevermögen haben.

Schützt die Lunge im Zusammenwirken mit Vitamin A vor den Auswirkungen der Luftverschmutzung.

Verhindert Blutklümpchen und löst bestehende auf.

Baut Erschöpfungszustände ab.

Verhindert innerlich und äußerlich häßliche Narbenbildung (bei örtlicher Anwendung kann es durch die Haut aufgenommen werden).

Beschleunigt die Heilung von Verbrennungen.

Hilft bei der Vorbeugung gegen Fehlgeburten.

Hilft bei der Linderung von Beinkrämpfen und Muskelkater.

Mangelerkrankungen

Zerstörung der roten Blutkörperchen, Muskelschwund, einige Formen der Anämie, Störungen in der Fruchtbarkeit. (Zu den Anzeichen von Mangelerscheinungen s. Seite 147.)

Beste natürliche Quellen

Frische Weizenkeime, Sojabohnen, Pflanzenöl, Vollkornprodukte, bedingt Brokkoli, Rosenkohl, Blattgemüse, Spinat, Hafer, Eier.

Zusätzliche Präparate

Erhältlich als Kapseln auf Ölbasis, aber auch als wasserlösliche Tabletten.

Im allgemeinen in Dosierungen von 100 bis 1000 I.E. Die trockene Form ist empfehlenswert für Menschen, die Öl nicht vertragen oder die Hautausschläge durch Öl bekommen.

Die übliche Tagesmenge liegt zwischen 200 und 1200 I.E.

Giftigkeit

Nicht giftig. (S. Seite 258, ›Vorsicht‹.)

Feinde

Hitze, Sauerstoff, Temperaturen unter dem Gefrierpunkt, Konservierungsstoffe, Eisen, Chlor, Mineralöl. (S. Seite 222.)

Persönlicher Ratschlag

Wenn Sie eine Diät mit einem hohen Anteil an mehrfach ungesättigten Fettsäuren machen, brauchen Sie vermutlich zusätzlich Vitamin E.

Anorganisches Eisen zerstört Vitamin E, also sollte beides nicht zusammen genommen werden. Wenn Sie ein Mittel mit anorganischem Eisen nehmen, sollte das Vitamin-E-Präparat mindestens acht Stunden vorher oder nachher eingenommen werden.

Organische Eisenkomplexe zerstören Vitamin E nicht.

Wenn Ihr Trinkwasser gechlort ist, brauchen Sie mehr Vitamin E.

Schwangere oder stillende Frauen und solche, die die Pille oder Hormone nehmen, brauchen mehr Vitamin E.

Ich rate Frauen in den Wechseljahren, ihre Vitamin-E-Aufnahme zu erhöhen (empfehlenswert sind gemischte Tocopherole in Einheiten zwischen 400 und 1200 täglich).

Vitamin F (ungesättigte Fettsäuren, Linolsäure, Linolensäure, Arachidonsäure)

Beschreibung

Fettlöslich, aus ungesättigten Fettsäuren in den Nahrungsmitteln gebildet.

Wird in Milligramm (mg) gemessen.

Eine festgelegte Menge für den Tagesbedarf gibt es nicht, aber es ist ratsam, daß mindestens ein Prozent der gesamten Kalorienmenge aus essentiellen ungesättigten Fettsäuren bestehen sollte.

Zwölf Teelöffel Sonnenblumenkerne können die vollständige Tagesmenge decken.

Ist genügend Linolsäure vorhanden, können die beiden anderen Fettsäuren synthetisiert werden.

Bei Verzehr von viel Kohlenhydraten steigt der Bedarf.

Was es leisten kann

Hilft bei der Vorbeugung gegen Cholesterinablagerungen in den Adern.

Fördert gesunde Haut und gesundes Haar.

Schützt bis zu einem gewissen Grad vor den schädlichen Einflüssen von Röntgenstrahlen.

Trägt zum Wachstum und zum allgemeinen Wohlbefinden bei, da es die Drüsenfunktion anregt und den Zellen das Calcium verfügbar macht.

Wirkt gegen Herzerkrankungen.

Mangelerkrankungen
Ekzeme, Akne. (Zu den Anzeichen von Mangelerscheinungen s. Seite 147.)

Beste natürliche Quellen
Pflanzenöle – aus Weizenkeimen, Leinsamen, Sonnenblumenkernen, Saflor, Sojabohnen und Erdnüssen –, Sonnenblumenkerne, Walnüsse, Mandeln.

Zusätzliche Präparate
Gibt es als Kapseln mit 100 bis 150 mg.

Giftigkeit
Keine bekannten giftigen Wirkungen, aber ein Zuviel kann zu unerwünschten Pfunden führen. (S. Seite 258, ›Vorsicht‹.)

Feinde
Gesättigte Fette, Hitze, Sauerstoff.

Persönlicher Ratschlag
Damit das Vitamin F richtig aufgenommen wird, nehmen Sie es zusammen mit Vitamin E zum Essen.

Wenn Sie viel Kohlenhydrate essen, brauchen Sie mehr Vitamin F. Wer sich um seinen Cholesterinspiegel Sorgen macht, sollte auf die richtige Menge an Vitamin F achten.

Zwar sind die meisten Nüsse gute Lieferanten für ungesättigte Fettsäuren, Paranüsse und Cashewnüsse jedoch nicht.

Hüten Sie sich vor jeder Fantasie-Diät mit einem hohen Anteil an gesättigten Fetten.

Folsäure

Beschreibung
Wasserlöslich; gehört auch zum Vitamin-B-Komplex.

Wird in Mikrogramm gemessen.

Wichtig für den Aufbau der roten Blutkörperchen.

Hilft beim Stoffwechsel von Protein.

Empfohlen wird für Erwachsene eine Tagesmenge von 400 Mikrogramm, die doppelte Menge für schwangere Frauen, 500 Mikrogramm für stillende Mütter.

Wichtig für die Produktion von Nukleinsäuren (RNS, DNS).

Wichtig für die Teilung der Körperzellen.

Notwendig für die Verwertung von Zucker und Aminosäuren.

Kann zerstört werden, wenn sie längere Zeit ungeschützt bei Zimmertemperatur gelagert wird.

Was sie leisten kann

Steigert den Milchfluß bei stillenden Müttern.

Schützt gegen Parasiten im Darm und vor Lebensmittelvergiftungen.

Fördert eine gesünder aussehende Haut.

Wirkt schmerzstillend.

Kann das Ergrauen der Haare verzögern, wenn sie zusammen mit Pantothensäure und PABS genommen wird.

Steigert den Appetit, wenn Sie nicht bei Kräften sind.

Beugt Ausschlägen am Mund vor.

Beugt Anämie vor.

Mangelerkrankungen

Ernährungsbedingte Anämie. (Zu den Anzeichen von Mangelerscheinungen s. Seite 147.)

Beste natürliche Quellen

Dunkelgrünes Blattgemüse, Karotten, Hefe, Leber, Eigelb, Aprikosen, Kürbis, Avocado, Bohnen, Weizenkeime.

Zusätzliche Präparate

Im allgemeinen in einer Dosierung von 400 und 800 Mikrogramm erhältlich. Dosierungen von 1 mg nur auf Verschreibung.

Dosierungen von 400 Mikrogramm sind manchmal in Vitamin-B-Präparaten enthalten, meistens nur 100 Mikrogramm (lesen Sie auf der Verpackung nach).

Die am häufigsten verordneten Dosierungen liegen zwischen 400 Mikrogramm und 5 mg.

Giftigkeit

Keine bekannten giftigen Wirkungen, allerdings reagieren manche Menschen mit Hautallergien. (S. Seite 258, ›Vorsicht‹.)

Feinde
Wasser, schwefelhaltige Medikamente, Sonnenlicht, Östrogen, Konservierungsstoffe, Kochen, Hitze. (S. Seite 222.)

Persönlicher Ratschlag
Wenn Sie viel Alkohol trinken, ist es ratsam, daß Sie mehr Folsäure zu sich nehmen.

Große Mengen an Vitamin C steigern die Ausscheidung von Folsäure, wer also mehr als zwei Gramm Vitamin C nimmt, sollte auch die Menge an Folsäure erhöhen.

Wenn Sie Östrogen, Sulfonamide oder Aspirin nehmen, sollten Sie auch mehr Folsäure zu sich nehmen.

Ich habe festgestellt, daß Menschen, die kurze Zeit zwischen 1 und 5 Gramm Folsäure zu sich nahmen, unter verschiedenen Formen von Hautverfärbung litten. Wenn das Problem bei Ihnen auftaucht, lassen Sie sich vom Arzt beraten.

Wenn Sie krank sind oder gegen eine entstehende Krankheit ankämpfen, achten Sie darauf, daß Ihr Präparat viel Folsäure enthält. Fehlt es an Folsäure, fehlen auch die Antikörper.

Inosit

Beschreibung
Wasserlöslich, gehört zum Vitamin-B-Komplex und ist am Transport der Fette beteiligt.

Wird in Milligramm (mg) gemessen.

Verbindet sich mit Cholin, um Lecithin zu bilden.

Am Stoffwechsel von Fett und Cholesterin beteiligt.

Wieviel in der täglichen Nahrung enthalten sein sollte, ist nicht festgelegt, aber der gesunde Durchschnittserwachsene bekommt etwa ein Gramm pro Tag.

Wie Cholin ist es wichtig für die Ernährung der Hirnzellen.

Was es leisten kann
Hilft bei der Senkung des Cholesterinspiegels.

Fördert gesundes Haar, hilft vorbeugend gegen Haarausfall.

Hilft bei der Vorbeugung gegen Ekzeme.

Hilft bei der Verteilung von Körperfett.

Hat beruhigende Wirkung.

Mangelerkrankungen
Ekzeme. (Zu den Anzeichen von Mangelerscheinungen s. Seite 147.)

Beste natürliche Quellen
Leber, Bierhefe, Rinderhirn und -herz, Pampelmusen, Rosinen, Weizenkeime, reiner Sirup, Erdnüsse, Kohl.

Zusätzliche Präparate
Wie schon beim Cholin erwähnt, Lecithin-Kapseln auf der Basis von Sojabohnen enthalten ungefähr 244 mg Inosit und Cholin.

Erhältlich als Lecithin-Pulver, das sich gut in Flüssigkeit auflösen läßt. Die meisten Präparate des Vitamin-B-Komplexes enthalten etwa 100 mg Cholin und Inosit.

Die üblichen Tagesmengen liegen zwischen 250 und 500 mg.

Giftigkeit
Keine giftigen Wirkungen bekannt. (S. Seite 258, ›Vorsicht‹.)

Feinde
Wasser, schwefelhaltige Medikamente, Konservierungsstoffe, Alkohol, Kaffee. (S. Seite 222.)

Persönlicher Ratschlag
Nehmen Sie Inosit mit Cholin und anderen Vitaminen der B-Gruppe. Wenn Sie viel Kaffee trinken, brauchen Sie vermutlich zusätzlich Inosit.

Wenn Sie Lecithin nehmen, rate ich zusätzlich zu chelatkomplexgebundenem Calcium, damit Phosphor und Calcium ausgeglichen bleiben, denn sowohl Inosit als auch Cholin scheinen den Phosphorspiegel steigen zu lassen.

Um die Wirkung von Vitamin E deutlich zu steigern, nehmen Sie ausreichend Inosit und Cholin zu sich.

Vitamin K (Phyllochinon)

Beschreibung
Fettlöslich.

Im allgemeinen in Mikrogramm gemessen.

Es gibt eine Dreiergruppe beim Vitamin K. K_1 und K_2 können durch natürliche Bakterien im Darm gebildet werden, K_3 ist synthetisch.

Der Bedarf ist noch nicht genau festgelegt, aber ein Erwachsener sollte täglich zehn Mikrogramm pro Kilo Körpergewicht zu sich nehmen, ein Neugeborenes braucht etwa ein Mikrogramm am Tag.

Ist wichtig für die normale Funktion der Blutgerinnung.

Was es leisten kann

Hilft bei der Vorbeugung gegen innere Blutungen und Hämorrhoiden.

Hilft gegen zu starke Monatsblutungen.

Fördert die richtige Blutgerinnung.

Mangelerkrankungen

Psilose (Kahlheit, Fehlen von Wimpern und Brauen), Darmkatarrh. (Zu den Anzeichen von Mangelerscheinungen s. Seite 147.)

Beste natürliche Quellen

Yoghurt, Alfalfa (Luzerne), Eigelb, Safloröl, Wirsing, Grünkohl, Sojabohnenöl, Lebertran.

Zusätzliche Präparate

In Tabletten von 100 Mikrogramm erhältlich (obwohl das reichliche Vorkommen von natürlichem Vitamin K zusätzliche Präparate unnötig macht).

Ist in den üblichen Multivitaminpräparaten nicht enthalten.

Giftigkeit

Mehr als 500 Mikrogramm an synthetischem Vitamin K sind nicht zu empfehlen. (S. Seite 258, ›Vorsicht‹.)

Feinde

Röntgenstrahlen und Bestrahlung, Tiefkühlkost, Aspirin, Luftverschmutzung, Mineralöl. (S. Seite 222.)

Persönlicher Ratschlag

Extremer Durchfall kann ein Symptom für Mangel an Vitamin K sein, aber bevor Sie sich selbst behandeln, ziehen Sie einen Arzt zu Rate.

Yoghurt ist die beste Vorbeugung gegen einen Mangel an Vitamin K.

Wenn Sie oft Nasenbluten haben, versuchen Sie den Anteil an Vitamin K in Ihrer Kost durch natürliche Quellen zu steigern. Alfalfa-Tabletten könnten helfen.

Wenn Sie Mittel zur Blutverdünnung nehmen, machen Sie sich klar, daß dieses Vitamin (selbst in natürlichen Nahrungsmitteln) die Wirkung des Medikaments ins Gegenteil verkehren kann.

Niacin (Nicotinsäure, Niacinamid, Nicotinsäureamid)

Beschreibung

Wasserlöslich und gehört zu den Vitaminen des B-Komplexes, auch als B_3 bezeichnet.

Im allgemeinen in Milligramm (mg) gemessen.

Durch die essentielle Aminosäure Tryptophan kann der Körper selbst Niacin herstellen.

Ein Mensch, in dessen Körper die Vitamine B_1, B_2 und B_6 fehlen, kann nicht aus Tryptophan Niacin herstellen.

Ein Mangel an Niacin kann zu negativen Veränderungen der Persönlichkeit führen.

Die empfohlene Tagesmenge für Erwachsene liegt bei 13 bis 19 mg.

Wichtig für die Synthese der Sexualhormone (Östrogen, Progesteron, Testosteron) genau wie für Cortison, Thyroxin und Insulin.

Notwendig für ein gesundes Nervensystem und für gesunde Hirnfunktion.

Niacinamid wird häufiger eingesetzt, denn es reduziert die Rötung und das Jucken der Haut, das häufig bei der Nicotinsäure auftritt. (Die Rötung ist übrigens nicht gefährlich und verschwindet meistens innerhalb von zwanzig Minuten. Trinken Sie ein Glas Wasser, das hilft.)

Was es leisten kann

Fördert ein gesundes Verdauungssystem, lindert Störungen von Magen und Darm.

Läßt die Haut gesünder aussehen.

Beugt Migräneschmerzen vor und lindert sie.

Regt den Kreislauf an und senkt hohen Blutdruck.

Lindert manche Arten des Durchfalls.

Vermindert die unerfreulichen Schwindelanfälle bei der Ménièreschen Krankheit.

Steigert die Energie durch die richtige Verwertung der Nahrungsmittel.

Hilft bei der Beseitigung von Ausschlag am Mund und häufig von schlechtem Atem.

Senkt Cholesterin und Triglyceride.

Mangelerkrankungen

Pellagra. (Zu den Anzeichen für Mangelerscheinungen s. Seite 147.)

Beste natürliche Quellen

Leber, mageres Fleisch, Vollkornprodukte, Bierhefe, Niere, Weizenkeime, Fisch, Eier, geröstete Erdnüsse, weißes Fleisch von Geflügel, Avocado, Datteln, Feigen, Backpflaumen.

Zusätzliche Präparate

Als Niacin und Niacinamid erhältlich. Der einzige Unterschied besteht darin, daß Niacin (Nicotinsäure) Hautrötung hervorrufen kann, Niacinamid (Nicotinsäureamid) dagegen nicht. Wenn Sie Niacin vorziehen, können Sie die Rötungen verhindern, indem Sie die Tablette nach dem Essen nehmen und die gleiche Menge an Inosit schlucken.

Allgemein in Dosierungen von 50 bis 1000 mg in Pillen- oder Pulverform erhältlich.

Dosierungen von 50 bis 100 mg finden sich im allgemeinen in Präparaten der Vitamin-B-Gruppe und in Multivitaminpräparaten (achten Sie auf die Angaben auf der Verpackung).

Giftigkeit

Grundsätzlich ungiftig, abgesehen von Nebenwirkungen bei Dosierungen von mehr als 100 mg.

Bei einigen sehr empfindlichen Menschen kann es zum Brennen und Jucken der Haut kommen.

Nicht an Tiere verfüttern, vor allem nicht an Hunde. Das kann bei dem Tier zu Hautreizungen, Schwitzen und großem Unbehagen führen. (S. Seite 258, ›Vorsicht‹.)

Feinde
Wasser, schwefelhaltige Medikamente, Alkohol, Konservierungsstoffe, Schlaftabletten, Östrogen. (S. Seite 222.)

Persönlicher Ratschlag
Wenn Sie Antibiotika nehmen und plötzlich feststellen, daß bei Niacin die Hautrötung stärker wird, machen Sie sich keine Sorgen. Das kommt oft vor; Sie werden sich vermutlich wohler fühlen, wenn Sie zu Niacinamid übergehen.

Wenn Sie Probleme mit dem Cholesterin haben, kann es helfen, wenn Sie mehr Niacin zu sich nehmen.

Wenn die Haut besonders empfindlich auf Sonnenlicht reagiert, ist das oft ein frühzeitiger Hinweis auf einen Mangel an Niacin.

Vitamin P (C-Komplex, Zitrus-Bioflavonoide, Hesperidin, Rutin)

Beschreibung
Wasserlöslich und zusammengesetzt aus Citrin, Rutin, Hesperidin und Flavonoiden.

Im allgemeinen in Milligramm (mg) gemessen.

Notwendig für die richtige Wirkung und Aufnahme von Vitamin C.

Flavonoide sind Substanzen, die das Gelb und Orange bei Zitrusfrüchten verursachen.

Auch Permeabilitäts-Faktor für Kapillargefäße genannt (P steht für Permeabilität – Durchlässigkeit). Die Hauptaufgabe der Bioflavonoide ist es, die Kapillargefäße zu kräftigen.

Hilft dem Vitamin C dabei, die Bindegewebe gesund zu halten.

Der tägliche Bedarf ist nicht festgelegt, aber die meisten Ernährungswissenschaftler empfehlen, daß man pro 500 mg Vitamin C mindestens 100 mg Bioflavonoide zu sich nehmen sollte. Wirkt zusammen mit Vitamin C.

Was es leisten kann
Verhindert die Zerstörung von Vitamin C durch Oxidation.

Kräftigt die Wände der Kapillargefäße und beugt so blauen Flecken vor.

Hilft beim Aufbau der Widerstandskraft gegen Infektionen.

Hilft bei der Vorbeugung und Heilung von Zahnfleischbluten.

Steigert die Wirksamkeit von Vitamin C.

Hilft bei der Behandlung von Ödemen und Schwindel, der durch Erkrankungen des Innenohrs verursacht wird.

Mangelerkrankungen

Schwäche der Kapillargefäße. (Zu den Anzeichen von Mangelerscheinungen s. Seite 147.)

Beste natürliche Quellen

Die weiße Haut und die Trennhaut bei Zitrusfrüchten – Zitronen, Orangen und Pampelmusen. Auch in Aprikosen, Buchweizen, Brombeeren, Kirschen und Hagebutten vorhanden.

Zusätzliche Präparate

Mit dem Vitamin-C-Komplex oder allein erhältlich. Meistens 500 mg Bioflavonoide auf 50 mg Rutin und Hesperidin. Wenn das Verhältnis von Rutin und Hesperidin nicht gleich ist, sollte doppelt soviel Rutin vorhanden sein.

Alle Vitamin-C-Präparate wirken besser, wenn Bioflavonoide vorhanden sind.

Die übliche Dosierung von Rutin und Hesperidin liegt bei 100 mg dreimal täglich.

Giftigkeit

Nicht bekannt. (S. Seite 258, ›Vorsicht‹.)

Feinde

Wasser, Kochen, Hitze, Licht, Sauerstoff, Rauchen. (S. Seite 222.)

Persönlicher Ratschlag

Bei Frauen in den Wechseljahren können die Anfälle von aufsteigender Hitze gemildert werden, wenn sie Bioflavonoide zusammen mit Vitamin C nehmen.

Wenn Ihr Zahnfleisch häufig beim Zähneputzen blutet, überprüfen Sie, ob Sie genügend Rutin und Hesperidin bekommen.

Jeder, der zu blauen Flecken neigt, hat Vorteile von einem Vitamin-C-Präparat mit Bioflavonoiden, Rutin und Hesperidin.

PABS (Paraaminobenzoesäure)

Beschreibung
Wasserlöslich, ein neues Mitglied der B-Gruppe.
Allgemein in Milligramm (mg) gemessen.
Kann im Körper synthetisiert werden.
Eine Tagesmenge ist nicht festgelegt.
Hilft bei der Bildung von Folsäure und ist wichtig für die Verwertung von Protein.
Ist wichtig bei der Abschirmung vor Sonnenlicht.
Hilft bei der Aufnahme – und deshalb bei der Wirkung – von Pantothensäure.
Bei Tierversuchen wirkte diese Säure mit der Pantothensäure zusammen und sorgte dafür, daß ergrautes Haar seine ursprüngliche Farbe zurückbekam.

Was sie leisten kann
Als Salbe angewendet, kann sie vor Sonnenbrand schützen.
Lindert Schmerzen bei Verbrennungen.
Erhält die Haut gesund und weich.
Trägt zur Verzögerung der Faltenbildung bei.
Trägt dazu bei, daß Ihr Haar wieder seine natürliche Farbe bekommt.

Mangelerkrankungen
Ekzeme. (Zu den Anzeichen von Mangelerscheinungen s. Seite 147.)

Beste natürliche Quellen
Leber, Bierhefe, Niere, Vollkorn, Reis, Kleie, Weizenkeime.

Zusätzliche Präparate
Dosierungen von 30 bis 100 mg sind oft in guten Präparaten des B-Komplexes und in Multivitaminpräparaten von guter Qualität enthalten. Erhältlich in Dosierungen zwischen 30 und 1000 mg in normaler Form oder als Langzeitmittel.

Die gebräuchlichsten Dosierungen liegen zwischen 30 und 100 mg dreimal täglich.

Giftigkeit
Keine giftigen Wirkungen bekannt, aber Langzeitbehandlungen mit hohen Dosierungen sind nicht zu empfehlen.

Die Symptome, die im allgemeinen auf eine Überdosierung hinweisen, sind meistens Übelkeit und Erbrechen. (S. Seite 258, ›Vorsicht‹.)

Feinde
Wasser, schwefelhaltige Medikamente, Konservierungsstoffe, Alkohol, Östrogen. (S. Seite 222.)

Persönlicher Ratschlag
Manche Leute behaupten, daß durch die Kombination von Folsäure und PABS ihr ergrauendes Haar seine natürliche Farbe wiederbekommen hat. Bei Tieren hat das funktioniert, vielleicht ist es für jemanden, der eine Alternative zum Färben sucht, einen Versuch wert. Zu diesem Zweck sind 1000 mg (Langzeitpräparat) täglich an sechs Tagen in der Woche sehr gut geeignet.

Wenn Sie leicht einen Sonnenbrand bekommen, setzen Sie diese Säure als schützende Salbe ein.

Viele Hollywoodgrößen, die ich kenne, benutzen PABS, um Falten vorzubeugen. Sie beseitigt diese zwar nicht, aber es hat den Anschein, daß das Mittel bei einigen Leuten verzögernd auf die Faltenbildung wirkt.

Wenn Sie Penicillin oder schwefelhaltige Medikamente einnehmen, dann sollten Sie mehr PABS mit der Nahrung oder durch zusätzliche Präparate zu sich nehmen.

Vitamin T

Über dieses Vitamin weiß man nicht viel, nur daß es zur Blutgerinnung beiträgt. Deswegen ist es wichtig bei der Vorbeugung gegen bestimmte Formen der Anämie und der Bluterkrankheit. Es gibt keinen fest bestimmten Tagesbedarf. Vitamin T kommt in Sesamsamen und Eigelb vor. Über Vergiftungswirkungen ist nichts bekannt.

Vitamin U

Noch weniger als über Vitamin T ist über Vitamin U bekannt. Es steht in dem Ruf, eine wichtige Rolle bei der Heilung von Geschwüren zu spielen, aber die medizinischen Meinungen weichen hier stark voneinander ab. Es kommt in rohem Kohl vor, und Vergiftungswirkungen sind nicht bekannt.

Noch Fragen zu Kapitel III?

»Ich lebe in einer Großstadt, und die Umweltverschmutzung ist eines meiner Hauptgesprächsthemen. Ich höre oft, daß ich Antioxidantien einnehmen sollte. Können Sie mir sagen, was das für Stoffe sind und ob ich sie wirklich brauche?«

Sie sollten sie wirklich nehmen. Lassen Sie mich zunächst feststellen, daß Sie tatsächlich in jedem Großstadtbereich verschmutzte Luft einatmen. Jedes Jahr werden 200 Millionen Tonnen von potentiell gefährlichen Stoffen in die Atmosphäre gejagt.

Mit jedem Atemzug setzen Sie Ihre Lunge und Ihren Körper vielfältigen Schadstoffen aus, und Sie sind in keinem Bereich immun. Antioxidantien – die Vitamine A, C, E und das Spurenelement Selen – sind Nährstoffe, die andere Substanzen gut vor der Oxidation bewahren können. Mit anderen Worten, die freien Radikalen (unkontrollierte Oxidation, die die Zellen schädigt), die sich bilden, wenn wir Schadstoffe einatmen, werden von Antioxidantien in Schach gehalten.

Vitamin A schützt die Schleimhäute in Mund, Nase, Rachen und Lunge. Es bewahrt auch das Vitamin C vor der Oxidation, und das wirkt dadurch besser.

Vitamin C bekämpft bakterielle Infektionen und schränkt die Wirkungen von allergieauslösenden Substanzen ein. Es schützt auch die Vitamine A, E und einige aus dem B-Komplex vor der Oxidation.

Vitamin E schützt die Vitamine B und C vor der Oxidation. Es hat die Fähigkeit, sich mit Sauerstoff zu verbinden, und verhindert dadurch, daß er in giftige Peroxide verwandelt wird. Es wirkt als Antischadstoffsubstanz im Lungen- und Bronchialbereich.

Selen und *Vitamin E* müssen beide vorhanden sein, um einen Mangel von einem der beiden auszugleichen. Der Selenspiegel des Blutes bei Menschen in verschiedenen Städten scheint in direktem Zusammenhang mit dem Krebstod zu stehen. Je höher der Selenspiegel, desto niedriger die Todesrate durch Krebs – und umgekehrt.

»Können Sie mir sagen, wie Cholin bei der Behandlung der Alzheimer Krankheit wirkt?«

Die Alzheimer Krankheit, bei der es sich um einen langsamen Verlust der geistigen Fähigkeiten handelt und die bei älteren Menschen jetzt so häufig aufzutreten scheint, daß manche Ärzte sie schon die ›Krankheit der Achtziger‹ nennen, wird anscheinend dadurch verursacht, daß dem zentralen Nervensystem die Reserven an Acetylcholin entzogen werden (nicht durch einen Virus oder Aluminium, wie man früher annahm).

Es wurde festgestellt, daß den Patienten mit der Alzheimer Krankheit nicht nur das Acetylcholin fehlt, sondern auch das Enzym, das bei seiner Produktion als Katalysator wirkt. Die Aufnahme von mehr Cholin kann offensichtlich verhindern, daß vorhandenes Acetylcholin abgebaut wird.

Es gibt immer noch keine Spezialbehandlung für diese Krankheit, aber man hat festgestellt, daß bestimmte Medikamente den Zustand eines Patienten noch verschlimmern können (beispielsweise Herzmittel und Medikamente gegen innere Krämpfe).

IV
Wichtige Mineralstoffe und Spurenelemente

Calcium

Beschreibung
Im menschlichen Körper ist mehr Calcium als jeder andere Mineralstoff enthalten.

Calcium und Phosphor wirken zusammen und sorgen für gesunde Knochen und Zähne.

Calcium und Magnesium wirken zusammen und sorgen für gesunde Herzgefäße.

Fast das gesamte Calcium im Körper (zwei bis drei Pfund) befindet sich in Knochen und Zähnen.

Zwanzig Prozent des Knochencalciums eines Erwachsenen werden jedes Jahr ersetzt. (Neue Knochenzellen bilden sich, während andere absterben.)

Calcium muß in einem Verhältnis von 2:1 mit Phosphor vorhanden sein (zwei Teile Calcium und ein Teil Phosphor).

Damit Calcium aufgenommen werden kann, muß der Körper ausreichend Vitamin D bekommen.

Für Erwachsene liegt der tägliche Bedarf bei 800 bis 1200 mg.

Calcium und Eisen sind die beiden Mineralstoffe, an denen es besonders Frauen am häufigsten in der Ernährung fehlt.

Was es leisten kann
Sorgt für starke Knochen und gesunde Zähne.

Läßt das Herz regelmäßig schlagen.

Hilft bei Schlaflosigkeit.

Ist am Stoffwechsel von Eisen im Körper beteiligt.

Hilft dem Nervensystem, besonders bei der Übermittlung von Impulsen.

Mangelerkrankungen

Rachitis, Knochenerweichung, Osteoporose – man spricht auch von spröden Knochen. (Zu den Anzeichen für Mangelerscheinungen s. Seite 147.)

Beste natürliche Quellen

Milch und Milchprodukte, Käse, Sojabohnen, Sardinen, Lachs, Erdnüsse, Walnüsse, Sonnenblumenkerne, grünes Gemüse.

Zusätzliche Präparate

Am häufigsten in Tabletten zu 100 bis 500 mg erhältlich.

Gute Quellen sind Calciumgluconat (pflanzlicher Herkunft) oder Calciumlaktat (aus der Milchsäure). Gluconat ist leichter aufzunehmen als Laktat.

Am besten sind chelatkomplexgebundene Calciumtabletten.

In vielen guten Multivitamin- oder Multimineralstoffpräparaten ist Calcium enthalten.

Wird es mit Magnesium kombiniert, sollte doppelt soviel Calcium wie Magnesium vorhanden sein. Solomit ist eine natürliche Form von Calcium und Magnesium. Dabei ist für die Absorption kein Vitamin D notwendig.

Grundsätzlich gilt aber, daß Sie erst den Arzt fragen sollten, wenn Sie zusätzliche Kalkpräparate einnehmen wollen.

Giftigkeit

Übermäßige Einnahme von täglich mehr als 2000 mg kann zu einem Überangebot an Calcium führen und Nierensteine verursachen. (S. Seite 258, ›Vorsicht‹.)

Feinde

Große Mengen Fett, Oxalsäure (kommt in Schokolade und Rhabarber vor) und Phytinsäure (kommt in Getreidekörnern vor) können die Absorption von Calcium verhindern.

Persönlicher Ratschlag

Wenn Sie unter Rückenschmerzen leiden, können Calcium-Präparate helfen.

Krämpfe während der Menstruation werden oft gelindert, wenn Sie mehr Calcium zu sich nehmen.

Teenager, die an ›Wachstumsschmerzen‹ leiden, machen im allgemeinen die Erfahrung, daß diese bei höherer Calciumaufnahme verschwinden.

Leute mit zu niedrigem Blutzucker sollten mehr Calcium zu sich nehmen. (Ich empfehle chelatkomplexgebundenes Calcium in Dosierungen von 1000 bis 1500 mg täglich, das wird am besten absorbiert.)

Calcium wirkt am besten zusammen mit den Vitaminen A, C, D, Eisen, Magnesium und Phosphor. (Zuviel Phosphor kann allerdings Calcium abbauen.)

Chlor

Beschreibung
Reguliert das Gleichgewicht der alkalischen Säuren im Blut.

Wirkt im Verbund mit Natrium und Kalium.

Hilft dabei, den Körper von Schadstoffen zu reinigen, indem es die Leberfunktion unterstützt.

Tagesmengen sind noch nicht festgelegt, aber wenn Sie jeden Tag eine durchschnittliche Menge Salz zu sich nehmen, bekommen Sie ausreichend Chlor.

Was es leisten kann
Hilft bei der Verdauung.

Mangelerkrankungen
Verlust von Haar und Zähnen.

Beste natürliche Quellen
Tafelsalz, Oliven.

Zusätzliche Präparate
Die meisten guten Multivitaminpräparate enthalten es.

Giftigkeit
Mehr als 15 g täglich können zu unerwünschten Nebenwirkungen führen. (S. Seite 258, ›Vorsicht‹.)

Persönlicher Ratschlag
Wenn Ihr Trinkwasser gechlort ist, bekommen Sie nicht soviel

Vitamin E, wie Sie glauben. (Gechlortes Wasser zerstört Vitamin E.)

Wer gechlortes Wasser trinkt, sollte Yoghurt essen, das ist ein gutes Mittel, um die Darmbakterien zu ersetzen, die vom Chlor zerstört werden.

Chrom

Beschreibung
Wirkt zusammen mit Insulin beim Stoffwechsel des Zuckers.

Hilft beim Transport von Protein an die Stellen, wo es gebraucht wird.

Eine Tagesmenge ist nicht festgelegt, aber der durchschnittliche Erwachsene nimmt 50 bis 200 Mikrogramm zu sich.

Wenn Sie älter werden, speichern Sie weniger Chrom im Körper.

Was es leisten kann
Hilft beim Wachstum.

Hilft bei der Vorbeugung gegen zu hohen Blutdruck und kann ihn senken. Beugt Diabetes vor.

Mangelerkrankungen
Man vermutet, daß es bei der Entstehung einer Arteriosklerose eine Rolle spielt.

Beste natürliche Quellen
Fleisch, Schalentiere, Huhn, Maisöl, Muscheln, Bierhefe.

Zusätzliche Präparate
Kann in den besseren Multivitaminpräparaten enthalten sein.

Giftigkeit
Keine giftigen Wirkungen bekannt. (S. Seite 258, ›Vorsicht‹.)

Persönlicher Ratschlag
Wenn Sie wenig Chrom haben (eine Haaranalyse könnte das zeigen, s. Seite 145), könnten Sie es mit einem zusätzlichen Zinkpräparat versuchen. Aus irgendeinem Grund scheint chelatkomplexgebundenes Zink fehlendes Chrom gut zu ersetzen.

Kobalt

Beschreibung
Ein Mineral, das ein Teil von Vitamin B_{12} ist.
Wird im allgemeinen in Mikrogramm gemessen.
Wichtig für die roten Blutkörperchen.
Muß aus der Nahrung bezogen werden.
Eine Tagesmenge ist nicht festgesetzt, aber es sind nur sehr kleine Mengen in der Nahrung notwendig (im allgemeinen nicht mehr als 8 Mikrogramm).

Was es leisten kann
Anämie heilen.

Mangelerkrankungen
Anämie.

Beste natürliche Quellen
Fleisch, Niere, Leber, Milch, Austern, Muscheln.

Zusätzliche Präparate
Gibt es als eigenes Präparat kaum.

Giftigkeit
Keine giftige Wirkung bekannt. (S. Seite 258, ›Vorsicht‹.)

Feinde
Dieselben wie bei Vitamin B_{12}.

Persönlicher Ratschlag
Wenn Sie ganz strenger Vegetarier sind, fehlt Ihnen dieses Mineral wahrscheinlich eher als jemandem, der auch Fleisch und Fisch ißt.

Kupfer

Beschreibung
Notwendig, um das Eisen im Körper in Hämoglobin umzuwandeln.

Kann schon 15 Minuten nach der Einnahme in den Blutkreislauf gelangen.

Macht die Aminosäure Tyrosin verwertbar, sie kann durch das Kupfer als Pigmentfaktor für Haar und Haut wirken.

Vorhanden in Anti-Baby-Pillen sowie in Zigaretten und Autoabgasen.

Wichtig für die Verwertung von Vitamin C.

Eine Tagesmenge ist nicht festgelegt, aber sie sollte bei Erwachsenen etwa 2 bis 3 mg betragen.

Was es leisten kann

Erhält Ihre Energie, indem es zu der wirkungsvollen Eisenaufnahme beiträgt.

Mangelerkrankungen

Anämie, Ödeme.

Beste natürliche Quellen

Bohnen, Erbsen, Vollkorn, Pflaumen, Leber von Kalb und Rind, die meisten Meeresfrüchte.

Zusätzliche Präparate

Kommt im allgemeinen in Dosierungen von 2 mg in Multivitamin- und Multimineralstoffpräparaten vor.

Giftigkeit

Selten. (S. Seite 258, ›Vorsicht‹.)

Feinde

Wird nicht leicht zerstört.

Persönlicher Ratschlag

So wichtig Kupfer auch ist, ich rate jedoch selten zu speziellen Präparaten.

Ein Übermaß scheint den Zinkspiegel zu senken und zu Schlaflosigkeit, Haarausfall, unregelmäßigen Monatsblutungen und Depressionen zu führen.

Wenn Sie genügend Vollkornprodukte und frisches grünes Gemüse essen, dazu noch Leber, dann müssen Sie sich um Ihre Kupferaufnahme keine Gedanken machen.

Fluor

Beschreibung
Teil des synthetischen Natriumfluorids und von Calciumfluorid (eine natürliche Substanz).

Hält Zahnverfall und Karies in Grenzen, zuviel Fluor kann allerdings zu weißen Flecken auf den Zähnen führen.

Der Tagesbedarf für einen Erwachsenen liegt bei etwa 1 mg.

Was es leisten kann
Schränkt Karies ein.

Kräftigt die Knochen.

Mangelerkrankungen
Karies.

Beste natürliche Quellen
Fluoridiertes Trinkwasser (in der Bundesrepublik Deutschland erlaubt), Fisch, Vollkornprodukte, Gelatine, schwarzer Tee.

Zusätzliche Präparate
Fluortabletten in unterschiedlichen Dosierungen sind erhältlich und werden von vielen Zahnärzten für Kinder empfohlen.

Giftigkeit
Dosierungen von 20 bis 70 mg täglich können giftige Wirkungen haben. (S. Seite 258, ›Vorsicht‹.)

Feinde
Aluminiumsalze des Fluors.

Persönlicher Ratschlag
Nehmen Sie nur zusätzlich Fluoride, wenn der Arzt oder der Zahnarzt es empfiehlt.

Jod

Beschreibung
Zwei Drittel des Jods im Körper befindet sich in der Schilddrüse.

Da die Schilddrüse den Stoffwechsel kontrolliert und Jod die Schilddrüse beeinflußt, kann eine Unterversorgung mit diesem Mineralstoff zu verlangsamter geistiger Reaktion, Gewichtszunahme und einem Mangel an Energie führen.

Die Tagesmenge für einen Erwachsenen liegt bei 150 Mikrogramm, bei schwangeren und stillenden Frauen bei 175 bis 200 Mikrogramm.

Was es leisten kann

Hilft bei der Verbrennung von überschüssigem Fett.

Fördert das Wachstum.

Spendet zusätzlich Energie.

Steigert die geistige Beweglichkeit.

Fördert gesundes Haar, gesunde Haut, gesunde Nägel und Zähne.

Mangelerkrankungen

Kropf, Unterfunktion der Schilddrüse.

Beste natürliche Quellen

Meeresfrüchte, Feldsalat, Spargel, Grünkohl, Rinderleber, Zwiebeln und vor allem jodiertes Salz (Meersalz).

Zusätzliche Präparate

Erhältlich in Multivitaminpräparaten und in hochwirksamen Vitaminpräparaten in Dosierungen von 0,15 mg.

Eine Fischmahlzeit ist eine gute Quelle für ausreichende Versorgung mit Jod.

Giftigkeit

Bei natürlichem Jod ist keine vergiftende Wirkung bekannt, aber als Medikament kann Jod schädlich sein, wenn es nicht richtig verschrieben und dosiert wird. (S. Seite 258, ›Vorsicht‹.)

Feinde

Konservierungsmittel, nährstoffarmer Boden.

Persönlicher Ratschlag

Abgesehen von den Fischmahlzeiten und dem Jod, das sich in Multimineralstoff- und Multivitaminpräparaten befindet, empfehle ich keine zusätzlichen Präparate, es sei denn, ein Arzt verschreibt sie Ihnen.

Wenn Sie im südlichen Teil der Bundesrepublik Deutschland leben, wo das Wasser und die Atemluft wenig Jodgehalt haben, sollten Sie unbedingt anstelle von normalen Speisesalz jodiertes Speisesalz benutzen.

Eisen

Beschreibung

Wesentlich und erforderlich für das Leben, notwendig für die Produktion von Hämoglobin (rote Blutkörperchen), Myoglobin (Farbstoff in den Muskeln) und von bestimmten Enzymen.

Eisen und Calcium sind oft unzureichend in der Nahrung enthalten.

Nur etwa acht Prozent des Eisens, das Sie aufnehmen, werden absorbiert und gelangen in den Blutkreislauf.

Ein durchschnittlicher Erwachsener hat etwa vier Gramm Eisen im Körper. Hämoglobin, das das meiste Eisen enthält, wird wiederverwertet, da die Blutzellen ca. alle 120 Tage ersetzt werden. Eisen, das an Protein gebunden ist, wird im Körper gespeichert, genau wie Gewebeeisen (in Myoglobin vorhanden) in sehr kleinen Mengen gespeichert wird.

Die empfohlene Tagesmenge liegt bei 10 bis 18 mg, bei schwangeren und stillenden Frauen bei 30 bis 60 mg.

Frauen verlieren in einem Monat fast doppelt soviel Eisen wie Männer.

Kupfer, Kobalt, Mangan und Vitamin C sind notwendig, damit das Eisen absorbiert wird.

Eisen ist notwendig für den richtigen Stoffwechsel der Vitamine des B-Komplexes.

Was es leisten kann

Hilft beim Wachstum.

Steigert die Widerstandsfähigkeit gegen Krankheiten.

Beugt Erschöpfungszuständen vor.

Heilt und verhindert eine durch Eisenmangel bedingte Anämie.

Ist gut für die Haut.

Mangelerkrankungen
Durch Eisenmangel bedingte Anämie. (Zu den Anzeichen von Mangelerscheinungen s. Seite 147.)

Beste natürliche Quellen
Schweineleber, Niere, Herz und Leber vom Rind, rotes Fleisch, Eigelb, Austern, Nüsse, Bohnen, Spargel, Haferflocken, Sojabohnen.

Zusätzliche Präparate
Die Form, die am besten aufgenommen wird, ist ein organisches Eisen, das für die schnelle Assimilation bearbeitet wurde. Es führt nicht zur Verstopfung und ist gut verträglich.

Anorganisches Eisen taucht in vielen Vitamin- und Mineralstoffpräparaten auf und kann das Vitamin E zerstören. (Beides sollte im Abstand von acht Stunden nacheinander eingenommen werden.)

Präparate mit organischem Eisen neutralisieren Vitamin E nicht. Es gibt sie in vielen unterschiedlichen Dosierungen, im allgemeinen bis zu 320 mg.

Giftigkeit
Überdosierung kommt bei normalen, gesunden Menschen kaum vor. Übermäßige Mengen können jedoch für Kinder gefährlich werden. (S. Seite 258, ›Vorsicht‹.) Sollte nicht von Menschen mit Sichelzellenanämie, Hämochromatose (Eisenspeicherkrankheit) oder Thalassämie eingenommen werden.

Feinde
Gerbsäure in Kaffee, Tee und Rotwein. Bestimmte Proteine im Ei und Stoffe in ungesäuertem Vollkornbrot können die Aufnahme von Eisen durch den Körper einschränken.

Persönlicher Ratschlag
Für Frauen empfehle ich zusätzliches Eisen. Sprechen Sie mit Ihrem Arzt darüber. Achten Sie darauf, daß Eisenpräparate nicht in die Reichweite von Kindern gelangen.

Kaffee- und Teetrinker sollten daran denken, daß sie die Eisenaufnahme beeinträchtigen, wenn sie viel von diesen Getränken zu sich nehmen.

Wenn Sie schwanger sind, sprechen Sie mit Ihrem Arzt, falls Sie Eisen oder Vitaminpräparate mit Eisenzusatz nehmen. (Eisenvergiftungen wurden bei Babys festgestellt, deren Mütter während der Schwangerschaft zuviel Eisentabletten eingenommen hatten.)

Magnesium

Beschreibung
Notwendig für den Stoffwechsel von Calcium, Vitamin C, Phosphor, Natrium und Kalium.

Wird in Milligramm (mg) gemessen.

Wichtig für das richtige Funktionieren von Nerven und Muskeln.

Bedeutsam bei der Umwandlung von Blutzucker in Energie.

Wirkt gegen Streß.

Alkoholiker haben immer Mangelerscheinungen.

Erwachsene brauchen 300 bis 450 mg täglich, Schwangere und stillende Mütter etwas mehr.

Der menschliche Körper enthält ungefähr 21 Gramm Magnesium.

Was es leisten kann
Hilft bei der Bekämpfung von Depressionen.

Fördert ein gesünderes Herzmuskelsystem und trägt zur Verhinderung von Herzerkrankungen bei.

Erhält die Zähne gesünder.

Trägt zur Verhinderung von Kalkablagerungen, Nierensteinen und Gallensteinen bei.

Hilft bei Magenverstimmungen und Verdauungsstörungen.

Kann zusammen mit Calcium als ein natürliches Beruhigungsmittel wirken.

Mangelerkrankungen
(Zu den Anzeichen von Mangelerscheinungen s. Seite 147.)

Beste natürliche Quellen
Feigen, Zitronen, Pampelmusen, Mandeln, Nüsse, Getreidekeime, dunkelgrüne Gemüsesorten, Äpfel.

Zusätzliche Präparate
Chelatkomplexgebundenes Magnesium und Calcium in richtiger Ausgewogenheit (halb soviel Magnesium wie Calcium) ist ein sehr gutes Zusatzpräparat.

Ist in vielen Multivitamin- und Multimineralstoffpräparaten enthalten.

Magnesiumpräparate sollten zwischen den Mahlzeiten genommen werden, weil sie die Magensäure neutralisieren.

Giftigkeit
Große Mengen, über längere Zeit genommen, können giftig sein, wenn Sie viel Calcium und Phosphor zu sich nehmen. (S. Seite 258, ›Vorsicht‹.)

Feinde
Harntreibende Mittel, Alkohol. (S. Seite 222.)

Persönlicher Ratschlag
Wenn Sie viel Alkohol trinken, rate ich dazu, daß Sie mehr Magnesium zu sich nehmen.

Frauen, die die Anti-Baby-Pille oder Östrogen in irgendeiner Form nehmen, sind gut beraten, wenn sie mehr Magnesium nehmen.

Wenn Sie viel Nüsse, Keime und grünes Gemüse essen, bekommen Sie vermutlich ausreichend Magnesium, auch die Leute, die in einer Gegend mit hartem Wasser leben.

Magnesium wirkt am besten zusammen mit Vitamin A, Calcium und Phosphor.

Mangan

Beschreibung
Hilft bei der Aktivierung von Enzymen, die notwendig sind, damit der Körper Biotin, Vitamin B_1 und Vitamin C richtig auswertet.

Notwendig für eine normale Knochenstruktur.

Wird in Milligramm (mg) gemessen.

Wichtig für die Bildung von Thyroxin (Haupthormon der Schilddrüse).

Wichtig für die richtige Verdauung und Verwertung von Nahrungsmitteln.

Der Tagesbedarf für den durchschnittlichen Erwachsenen liegt bei 4,5 mg.

Wichtig für die Fortpflanzung und die normale Funktion des zentralen Nervensystems.

Was es leisten kann

Bekämpft Erschöpfungszustände.

Hilft bei den Muskelreflexen.

Verbessert das Gedächtnis.

Verringert nervöse Reizbarkeit.

Mangelerkrankung

Ataxie (Störung im geordneten Zusammenspiel von Muskeln).

Beste natürliche Quellen

Nüsse, grünes Blattgemüse, Erbsen, rote Beten, weiße Bohnen, Eigelb, Vollkornprodukte.

Zusätzliche Präparate

Kommt am häufigsten in Multivitamin- und Multimineralstoffpräparaten in Dosierungen zwischen 1 und 9 mg vor.

Giftigkeit

Überdosierungen sind selten, ausgenommen Fälle in der Industrie. (S. Seite 258, ›Vorsicht‹)

Feinde

Große Mengen von Calcium und Phosphor verhindern die Absorption.

Persönlicher Ratschlag

Wenn Sie unter häufig wiederkehrendem Schwindel leiden, versuchen Sie, mehr Mangan in Ihrer Nahrung zu sich zu nehmen.

Ich rate vergeßlichen Menschen oder ganz generell Menschen mit Gedächtnisproblemen, darauf zu achten, daß sie ausreichend Mangan bekommen.

Wer viel Milch trinkt und Fleisch ißt, braucht auch mehr Mangan.

Molybdän

Beschreibung
Hilft beim Stoffwechsel von Kohlenhydraten und Fetten.

Ein lebenswichtiger Teil des Enzyms, das für die Eisenverwertung verantwortlich ist.

Der Tagesbedarf steht nicht fest, aber die geschätzte tägliche Menge von 150 bis 500 Mikrogramm wird allgemein als angemessen für den Menschen anerkannt.

Was es leisten kann
Wirkt vorbeugend gegen Anämie.

Steigert das allgemeine Wohlbefinden.

Mangelerkrankungen
Nicht bekannt.

Beste natürliche Quellen
Dunkelgrünes Blattgemüse, Vollkornprodukte, Hülsenfrüchte.

Zusätzliche Präparate
Nicht erhältlich.

Giftigkeit
Überdosierungen selten, aber 5 bis 10 ppm (= parts per million; Teile auf eine Million, = 0,0001%) werden als giftig eingeschätzt. (S. Seite 258, ›Vorsicht‹.)

Persönlicher Ratschlag
So wichtig Molybdän auch ist, so scheint doch keine Notwendigkeit zu bestehen, zusätzliche Präparate zu nehmen, es sei denn, Ihre gesamte Kost stammt aus einem nährstoffarmen Boden.

Phosphor

Beschreibung
Kommt in jeder Körperzelle vor.

Vitamin D und Calcium sind notwendig, damit Phosphor richtig wirkt.

Calcium und Phosphor sollten im Verhältnis 2:1 stehen, damit sie am besten wirken (doppelt soviel Calcium wie Phosphor).

Ist in buchstäblich alle physiologisch-chemischen Reaktionen verwickelt.

Notwendig für die normale Struktur von Knochen und Zähnen.

Ohne Phosphor kann Niacin nicht aufgenommen werden.

Wichtig für einen regelmäßigen Herzschlag.

Wesentlich für die normale Nierenfunktion.

Notwendig für die Übermittlung von Nervenimpulsen.

Der Tagesbedarf für einen Erwachsenen liegt bei 700 bis 800 mg, für schwangere und stillende Frauen etwas höher.

Was er leisten kann

Hilft beim Wachstum und bei Reparaturen im Körper.

Liefert Kraft und Energie, indem er beim Stoffwechsel von Fetten und Stärken mitwirkt.

Verringert Schmerzen bei Arthritis.

Sorgt für gesundes Zahnfleisch und gesunde Zähne.

Mangelerkrankungen

Rachitis, Parodontose.

Beste natürliche Quellen

Fisch, Geflügel, Fleisch, Vollkornprodukte, Eier, Nüsse, Keime.

Giftigkeit

Keine giftigen Wirkungen bekannt. (S. Seite 258, ›Vorsicht‹.)

Feinde

Zuviel Eisen, Aluminium und Magnesium können Phosphor wirkungslos machen.

Persönlicher Ratschlag

Wenn Sie zuviel Phosphor bekommen, bringen Sie die Mineralstoffe aus dem Gleichgewicht und bauen Calcium ab. In unserer Kost ist normalerweise zuviel Phosphor enthalten – weil er in fast allen Nahrungsmitteln vorkommt –, und deswegen kommt es häufig zu Calciummangel. Denken Sie daran und richten Sie Ihre Kost entsprechend aus.

Wenn Sie älter als vierzig sind, sollten Sie Ihre wöchentliche Fleischration verringern und mehr Blattgemüse essen und Milch trinken. Der Grund dafür liegt darin, daß unsere Nieren, wenn wir älter als vierzig Jahre sind, nicht mehr daran mitwirken, überschüssigen Phosphor auszuscheiden; gleichzeitig wird Calcium abgebaut. Achten Sie auf Nahrungsmittel, die mit Phosphaten konserviert wurden, und berücksichtigen Sie das bei Ihrer Phosphoraufnahme.

Kalium

Beschreibung

Wirkt zusammen mit Natrium, um den Wasserhaushalt des Körpers zu regulieren und den Herzrhythmus zu normalisieren. (Kalium wirkt innerhalb der Zellen, Natrium außerhalb.)

Die Funktionen von Nerven und Muskeln leiden, wenn das Gleichgewicht von Natrium und Kalium gestört ist.

Zu niedriger Blutzucker verursacht einen Verlust an Kalium, schwerer Durchfall auch.

Die Tagesmenge für einen Erwachsenen liegt bei 2 bis 3 Gramm. Geistiger und körperlicher Streß kann zu Kalium-Mangel führen.

Was es leisten kann

Hilft beim klaren Denken, indem Sauerstoff zum Gehirn gelangt.

Trägt zum Abbau der Schadstoffe im Körper bei.

Hilft bei der Senkung des Blutdrucks.

Hilft bei der Behandlung von Allergien.

Mangelerkrankungen

Ödeme, zu niedriger Blutzucker. (Zu den Anzeichen von Mangelerscheinungen s. Seite 147.)

Beste natürliche Quellen

Zitrusfrüchte, Melonen, Tomaten, Wasserkresse, alle grünen Blattgemüse, Sonnenblumenkerne, Bananen, Kartoffeln, Minzeblätter.

Zusätzliche Präparate
Enthalten in den meisten hochwirksamen Multivitamin- und Multimineralstoffpräparaten.

Anorganische Kaliumsalze sind Kaliumsulfat, -chlorid, -oxid und -karbonat. Organisches Kalium ist in Gluconat, Zitrat und Fumarsäure enthalten.

Ist als Kaliumgluconat, -zitrat oder -chlorid in Dosierungen bis zu 600 mg erhältlich (99 mg elementares Kalium).

Giftigkeit
Eine Dosierung von 25 Gramm Kaliumchlorid kann zu Vergiftungen führen. (S. Seite 258, ›Vorsicht‹.)

Feinde
Alkohol, Kaffee, Zucker, harntreibende Mittel (s. Seite 222).

Persönlicher Ratschlag
Wenn Sie viel Kaffee trinken, um gegen Erschöpfung anzukämpfen, könnte diese möglicherweise durch Kaliumverlust verursacht sein.

Wer viel Alkohol trinkt, sollte wissen, daß sein Kaliumspiegel vermutlich sehr niedrig ist.

Wenn Sie einen niedrigen Blutzuckerspiegel haben, verlieren Sie wahrscheinlich auch Kalium, weil Sie Wasser zurückhalten und speichern. Wenn Sie ein harntreibendes Mittel nehmen, verlieren Sie sogar noch mehr Kalium! Achten Sie auf Ihre Ernährungsweise; essen Sie mehr grünes Gemüse und nehmen Sie ausreichend Magnesium, damit die Balance zwischen den beiden Mineralstoffen hergestellt wird.

Wenn Sie durch eine Diät mit wenig Kohlenhydraten abnehmen, verlieren Sie wahrscheinlich nicht nur Pfunde. Vermutlich ist auch Ihr Kaliumspiegel niedrig. Achten Sie darauf, ob Schwäche oder schlechte Reflexe auftreten.

Selen

Beschreibung
Vitamin E und Selen wirken zusammen. Das heißt, daß die beiden gemeinsam stärker sind als die Summe ihrer Einzelbestandteile.

Beide, Vitamin E und Selen, sind Antioxidantien, die verhindern oder zumindest verzögern, daß Gewebe durch Oxidation altern und hart werden.

Männer brauchen anscheinend mehr Selen. Fast die Hälfte der im Körper enthaltenen Menge konzentriert sich in den Hoden und in den Teilen des Samenleiters, der in der Nähe der Prostata liegt.

Selen geht auch mit den Samen verloren.

Eine Tagesmenge ist nicht festgelegt, aber im allgemeinen liegt die Dosierung zwischen 50 und 200 Mikrogramm. Es ist nicht ratsam, mehr als 200 Mikrogramm täglich zu nehmen.

Was es leisten kann

Hilft bei der Erhaltung der jugendlichen Elastizität der Gewebe.

Mildert Hitzeaufwallungen und Beschwerden in den Wechseljahren.

Hilft bei der Behandlung und Vorbeugung von Schuppen.

Neutralisiert vermutlich bestimmte Krebserreger und schützt vor einigen Krebserkrankungen.

Mangelerkrankungen

Vorzeitiger Verlust der Vitalität.

Beste natürliche Quellen

Weizenkeime, Meeresfrüchte, Thunfisch, Zwiebeln, Tomaten, Brokkoli.

Zusätzliche Präparate

Erhältlich in kleinen Mikrogramm-Dosierungen (meistens 25 bis 100 Mikrogramm).

Auch zusammen mit Vitamin E und anderen Antioxidantien zu bekommen.

Giftigkeit

Dosierungen über 5 ppm können giftig sein. (S. Seite 258, ›Vorsicht‹.)

Feinde

Konservierungsstoffe.

Persönlicher Ratschlag
Selen wurde erst vor etwas mehr als zwanzig Jahren entdeckt. Wir haben gerade erst angefangen, seine Wichtigkeit für die menschliche Ernährung zu erkennen. Bis darüber mehr bekannt ist, rate ich, nur wenig davon zu sich zu nehmen.

Natrium

Beschreibung
Natrium und Kalium wurden zusammen entdeckt, und bei beiden stellte man fest, daß sie wichtig für ein normales Wachstum sind.

Eine hohe Aufnahme von Natrium (Salz) hat einen Mangel an Kalium zur Folge.

Eine Ernährung mit hohem Natriumanteil ist häufig für hohen Blutdruck verantwortlich.

Der Tagesbedarf liegt bei 3 bis 5 Gramm. Natrium trägt dazu bei, daß Calcium und andere Mineralstoffe im Blut löslich sind.

Was es leisten kann
Hilft bei der Verhinderung eines Hitzschlags oder eines Sonnenstichs.

Hilft den Nerven und Muskeln, richtig zu funktionieren.

Mangelerkrankungen
Schlechte Verdauung von Kohlenhydraten, vielleicht Neuralgie.

Beste natürliche Quellen
Kochsalz, Schalentiere, Karotten, rote Beten, Artischocken, Niere, Hirn.

Zusätzliche Präparate
Nicht benötigt, da hierzulande die Kochsalzaufnahme viel zu hoch ist.

Giftigkeit
Mehr als 14 Gramm Natriumchlorid (Kochsalz) täglich können giftige Wirkungen haben. (S. Seite 258, ›Vorsicht‹.)

Persönlicher Ratschlag
Wenn Sie meinen, daß Sie nicht genug Salz bekommen, dann lesen Sie die Abschnitte auf Seite 237. Und dann denken Sie noch einmal nach.

Wenn Sie hohen Blutdruck haben, schränken Sie die Salzaufnahme ein. Beachten Sie die Etiketts bei Nahrungsmitteln, und achten Sie dabei auch auf die Bezeichnungen Natriumchlorid oder die chemische Formel NaCl.

Es ist einfach, der Kost Natrium zuzufügen, aber es herauszubekommen, kann schwer sein. Vermeiden Sie gesalzenes, gepökeltes Fleisch, gesalzenen Fisch und alle die Würzstoffe wie Ketchup, Chilisauce, Sojasauce und Senf.

Schwefel

Beschreibung
Wesentlich für die Gesundheit der Haut, der Haare und der Nägel. Hilft, das Sauerstoffgleichgewicht zu erhalten, das für die richtige Gehirnfunktion notwendig ist.

Wirkt zusammen mit den Vitaminen des B-Komplexes auf den Körperstoffwechsel und ist Bestandteil der die Gewebe bildenden Aminosäuren.

Hilft der Leber bei der Absonderung von Gallenflüssigkeit.

Eine Tagesmenge ist nicht festgelegt, aber eine Kost mit ausreichend Proteinen enthält im allgemeinen stets genügend Schwefel.

Was er leisten kann
Tut der Haut gut und macht das Haar glänzender.

Hilft bei der Abwehr von bakteriellen Infektionen.

Mangelerkrankungen
Keine bekannt.

Beste natürliche Quellen
Mageres Rindfleisch, Fisch, Eier, Kohl, getrocknete Bohnen.

Zusätzliche Präparate
Als Zusatz zur Nahrung nicht zu bekommen. Kann in Salben und Cremes gegen Hauterkrankungen enthalten sein.

Giftigkeit
Vergiftende Wirkungen durch organischen Schwefel nicht bekannt, aber anorganischer Schwefel kann in großen Mengen zu negativen Reaktionen führen. (S. Seite 258, ›Vorsicht‹.)

Persönlicher Ratschlag
Wenn Sie bei Ihren täglichen Mahlzeiten genügend Proteine zu sich nehmen, bekommen Sie wahrscheinlich auch ausreichend Schwefel.

Schwefelsalben und -cremes sind sehr erfolgreich bei vielen verschiedenen Hautkrankheiten angewendet worden. Achten Sie auf die Zusammensetzung des Mittels, das Sie gerade benutzen. Es gibt auch viele natürliche Präparate.

Vanadium

Beschreibung
Mindert die Bildung von Cholesterin in den Blutgefäßen.

Tagesbedarf nicht festgesetzt.

Was es leisten kann
Hilft bei der Vorbeugung von Herzanfällen.

Mangelerkrankungen
Nicht bekannt.

Beste natürliche Quellen
Fisch.

Zusätzliche Präparate
Nicht erhältlich.

Giftigkeit
Kann leicht giftig sein, wenn es in synthetischer Form aufgenommen wird. (S. Seite 258, ›Vorsicht‹.)

Persönlicher Ratschlag
Von diesem Mineralstoff braucht man keine zusätzlichen Mengen zu nehmen. Eine gute Fischmahlzeit pro Woche liefert Ihnen all das Vanadium, das Sie benötigen.

Wasser

Beschreibung
Die einfache Wahrheit lautet, daß Wasser unser wichtigster Nährstoff ist. Die Hälfte bis zu Dreiviertel des Körpergewichts besteht aus Wasser.

Der Mensch kann wochenlang ohne feste Nahrung leben, aber nur höchstens drei Tage ohne Wasser.

Wasser ist das Grundlösungsmittel für alle Produkte der Verdauung und von wesentlicher Bedeutung für die Beseitigung von Abfallstoffen.

Es gibt keine besonders festgelegte Bedarfsmenge, denn der Wasserverlust ist unterschiedlich je nach Klima, Situation und dem einzelnen Menschen, aber unter normalen Bedingungen werden 1 bis 1½ Liter täglich als gesund betrachtet.

Reguliert die Körpertemperatur.

Was es leisten kann
Hält alle Körperfunktionen in Gang.

Hilft bei einer Diät als Appetitzügler vor der Mahlzeit.

Hilft bei der Vorbeugung gegen Verstopfung.

Mangelerkrankungen
Austrocknung.

Beste natürliche Quellen
Wasser und Säfte, Obst und Gemüse.

Zusätzliche Präparate
Alle trinkbaren Flüssigkeiten können für unseren täglichen Wasserbedarf sorgen.

Giftigkeit
Keine Giftigkeit bekannt, aber die Aufnahme von etwa sechs Litern in einer Stunde könnte für einen Erwachsenen gefährlich werden und ein Kind umbringen.

Persönlicher Ratschlag
Ich rate zu 1 bis 1½ Litern Wasser täglich; wer eine Diät macht, sollte das Wasser eine halbe Stunde vor dem Essen trinken.

Wenn Sie Fieber haben, trinken Sie viel, damit Sie nicht austrocknen und die Schadstoffe und Abfallprodukte im Körper weggespült werden.

Wenn Sie in einer Gegend mit hartem Wasser leben, bekommen Sie vermutlich mehr Calcium und Magnesium, als Sie glauben.

Zink

Beschreibung

Zink ist wie ein Verkehrspolizist, der den wirkungsvollen Ablauf der Prozesse im Körper und die Erhaltung des Enzymsystems und der Zellen dirigiert und überwacht.

Wichtig für die Proteinsynthese.

Sorgt für die Fähigkeit der Muskeln, sich zusammenzuziehen.

Hilft bei der Bildung von Insulin.

Wichtig für die Ausgeglichenheit des Blutes und das Gleichgewicht von alkalischen Säuren im Körper.

Übt eine normalisierende Wirkung auf die Prostata aus und ist wichtig für alle Fortpflanzungsorgane.

Neuere Studien weisen darauf hin, daß Zink für die Gehirnfunktion und bei der Behandlung von Schizophrenie wichtig ist.

Deutliche Anzeichen dafür, daß es für die Synthese von DNS notwendig ist.

Der Tagesbedarf für einen Erwachsenen liegt bei 15 mg (etwas höhere Mengen für schwangere und stillende Frauen).

Bei übermäßigem Schwitzen kann es zu einem Verlust von bis zu 3 mg Zink pro Tag kommen.

Das meiste Zink in den Nahrungsmitteln wird bei der Konservierung zerstört; oder es war nie in wesentlichen Mengen vorhanden, weil der Boden arm an Nährstoffen war.

Was es leisten kann

Beschleunigt die Heilung bei inneren und äußeren Verletzungen.

Beseitigt weiße Flecken auf den Fingernägeln.

Hilft, Geschmacksverlust zu beseitigen.

Hilft bei der Vermeidung von Problemen mit der Prostata.
Fördert Wachstum und geistige Beweglichkeit.
Hilft beim Abbau von Cholesterinablagerungen.
Hilft bei der Behandlung von geistigen Störungen.

Mangelerkrankungen
Vermutlich nicht bösartige Vergrößerung der Prostata, Arteriosklerose.

Beste natürliche Quellen
Rindfleisch, Lammkoteletts, Schweinelenden, Weizenkeime, Bierhefe, Kürbissamen, Eier, gemahlene Senfkörner.

Zusätzliche Präparate
In allen guten Multivitamin- und Multimineralstoffpräparaten enthalten.

Kann als Zinksulfat und Zinkgluconat in Tablettenform mit einer Dosierung von 15 bis über 300 mg gekauft werden. Beide Präparate sind vermutlich gleich wirksam, aber es hat den Anschein, als ob Zinkgluconat verträglicher wäre.

Chelatkomplexgebundenes Zink eignet sich am besten zum Einnehmen.

Zink gibt es auch in Kombination mit Vitamin C, Magnesium und Vitaminen aus dem B-Komplex.

Giftigkeit
Im wesentlichen ist Zink nicht giftig, nur bei extrem hoher Aufnahme. Deswegen sollten Nahrungsmittel auch nicht in Zinkbehältern aufbewahrt werden.

Dosierungen über 150 mg sind nicht empfehlenswert. (S. Seite 258, ›Vorsicht‹.)

Persönlicher Ratschlag
Sie brauchen viel Zink, wenn Sie viel Vitamin B_6 nehmen. Das gilt auch, wenn Sie viel Alkohol trinken oder Diabetiker sind.

Männer mit Prostata-Problemen – und auch die ohne – sind gut beraten, wenn sie ihren Zinkspiegel hoch halten.

Ich habe bei Fällen von Impotenz von einer erfolgreichen Behandlung mit einer Kombination aus Vitamin B_6 und Zink gehört.

Älteren Menschen, die sich Sorgen wegen der Altersschwäche machen, hilft vielleicht ein Präparat aus Zink und Mangan.

Wenn Sie unter unregelmäßigen Monatsblutungen leiden, könnten Sie ein Zinkpräparat versuchen, bevor Sie zu Hormonen greifen.

Denken Sie daran, daß Ihr Bedarf an Vitamin A steigt, wenn Sie Ihrer Kost Zink zusetzen. (Zink wirkt am besten mit Vitamin A, Calcium und Phosphor.)

Noch Fragen zu Kapitel IV?

»Ich weiß, daß Wasser gut für mich ist, aber bei all den Giftstoffen in Flüssen und Seen heutzutage – woher weiß ich, daß es ungefährlich ist, Wasser aus der Leitung zu trinken?«

Sie können sich bei Ihrem Wasserwerk über die Zusammensetzung des Trinkwassers informieren. Es gibt in der Bundesrepublik Deutschland strenge Qualitätsnormen, die durch die Gesundheitsämter überwacht werden.

Manche Leute, die dem Trinkwasser aus der Leitung nicht trauen, greifen zu Wasser in Flaschen. Einige Mineralwasser mit oder ohne Kohlensäure sind in letzter Zeit zwar ins Gerede gekommen, aber auch hier gilt, daß die Qualität ständig überwacht und überprüft wird.

V
Protein und die erstaunlichen Aminosäuren

Der Zusammenhang zwischen Protein und Aminosäuren

Protein ist lebensnotwendig für die Ernährung des Menschen und aller Tiere. In Wirklichkeit wird nicht das Protein selbst benötigt, sondern die Aminosäuren, die die Bausteine der Proteine sind.

> Wenn eine essentielle Aminosäure wenig oder gar nicht vorhanden ist, wird die Wirksamkeit aller anderen entsprechend eingeschränkt.

Aminosäuren, die zusammen mit Stickstoff Tausende von verschiedenen Proteinen bilden, sind nicht nur die Grundlagen, aus denen die Proteine hergestellt werden, sondern auch das Endprodukt der Proteinverdauung.

Es gibt zweiundzwanzig bekannte Aminosäuren; acht davon werden essentielle Aminosäuren genannt. Diese essentiellen Aminosäuren können nicht wie die anderen vom menschlichen Körper hergestellt werden, sondern sie müssen ihm durch die Ernährung oder durch zusätzliche Präparate zugeführt werden. Eine neunte Aminosäure, Histidin, gilt nur bei Säuglingen und Kindern als essentiell.

Die 22 Aminosäuren
(Essentielle Aminosäuren sind mit einem * gekennzeichnet.)

Alanin	*Leucin
Arginin	*Lysin
Asparagin	*Methionin

Asparaginsäure	Ornithin
Cystein	*Phenylalanin
Cystin	Prolin
Glutaminsäure	Serin
Glutamin	*Threonin
Glycin	*Tryptophan
*Histidin (für Säuglinge und Kinder)	Tyrosin
*Isoleucin	*Valin

Damit der Körper Protein richtig verwertet und synthetisiert, müssen alle essentiellen Aminosäuren vorhanden sein, und zwar im richtigen Verhältnis zueinander. Selbst das vorübergehende Fehlen einer essentiellen Aminosäure kann die Proteinsynthese negativ beeinflussen. Es ist in der Tat so: wenn irgendeine essentielle Aminosäure nur wenig oder gar nicht vorhanden ist, dann wird die Wirkung der anderen entsprechend beeinträchtigt.

Wieviel Protein brauchen Sie wirklich?

Der Proteinbedarf ist bei jedem Menschen anders, er hängt von einer Reihe von Faktoren ab, u.a. Gesundheit, Alter und Größe. Je größer und je jünger Sie sind, desto mehr Protein brauchen Sie. Ihre persönliche empfohlene Tagesmenge zeigt folgende Übersicht:

Alter (Jahre)	1–3	4–6	7–10	11–14	15–18	19 u. darüber
Gewichts-schlüssel	0,90	0,75	0,61	0,50	0,44	0,40

- Suchen Sie den Gewichtsschlüssel in Ihrer Altersgruppe.
- Multiplizieren Sie die Zahl mit Ihrem Gewicht (in Pfund).
- Das Ergebnis ist Ihr täglicher Proteinbedarf in Gramm.

Beispiel: Sie wiegen 100 Pfund und sind 33 Jahre alt. Ihr Gewichtsscshlüssel ist 0,40.

0,40 × 100 = 40 Gramm – Ihr täglicher Proteinbedarf.

Der durchschnittliche Proteinbedarf liegt bei 45 Gramm täglich. Das bedeutet 15 Gramm pro Mahlzeit. Achten Sie darauf, daß Sie auch zum Frühstück ausreichend Protein bekommen.

Proteinarten – wo liegen die Unterschiede?

Nicht alle Proteine sind gleich, obwohl sie aus denselben zweiundzwanzig Aminosäuren hergestellt werden. Sie haben unterschiedliche Funktionen und wirken in verschiedenen Bereichen des Körpers.

Es gibt grundsätzlich zwei Typen von Proteinen – vollständiges Protein und unvollständiges Protein.

Vollständige Proteine sorgen für das richtige Gleichgewicht zwischen acht notwendigen Aminosäuren, die Gewebe bilden, und sie kommen in Nahrungsmitteln tierischen Ursprungs wie Fleisch, Geflügel, Fisch, Eiern, Milch und Käse vor.

Unvollständigen Proteinen fehlen bestimmte essentielle Aminosäuren, und sie werden nicht wirksam verwertet, wenn sie ausschließlich aufgenommen werden. Wenn dazu jedoch eine kleine Menge Protein tierischen Ursprungs kommt, wird es zum vollständigen Protein. Man findet es in Körnern, Nüssen, Erbsen, Keimen und Bohnen.

Wenn Sie vollständige und unvollständige Proteine mischen, ernähren Sie sich besser, als wenn Sie eins von beiden allein zu sich nehmen. Eine gute Mahlzeit mit Reis, Bohnen und etwas Käse kann genauso nahrhaft und weniger teuer und fetthaltig sein als ein Steak.

Märchen über Proteine

Viele Leute scheinen zu glauben, daß Proteine nicht dick machen. Diese Fehleinschätzung hat schon so manchen frustriert, der entschlossen eine Diät hielt, dabei auf Brot verzichtete, statt dessen gesunde Mengen an Steaks aß und sich schließlich wunderte, warum er nicht abnahm. Tatsache ist:

- 1 g Protein = 4 Kalorien
- 1 g Kohlenhydrate = 4 Kalorien
- 1 g Fett = 9 Kalorien

Mit anderen Worten: Protein und Kohlenhydrate haben pro Gramm denselben Brennwert.

Manche Menschen glauben auch, Protein könne Fett verbrennen. Doch dies ist eine falsche Annahme, die dazu führt, daß Leute, die eine Diät machen, verständnislos auf ihre Waage starren. Es stimmt einfach nicht, daß Sie um so schlanker werden, je mehr Protein Sie essen. Und ob Sie es glauben oder nicht, eine selbstgemachte Frikadelle oder ein Stück Käse-Pizza liefern Ihnen mehr Protein als zwei Eier oder 4 Scheiben Schinken oder eine Tasse Milch. Wenn Sie natürlich an die Pizza oder die Frikadelle noch alle möglichen Zutaten geben, dann ist es besser, wenn Sie Ihre Protein-Diät einschränken und bei den Eiern bleiben.

Proteinpräparate

> Zwei Eßlöffel eines Proteinpräparats haben dieselbe Menge Protein wie ein Steak von 100 g.

Für jeden, der seinen täglichen Proteinbedarf nicht mit der Nahrung decken kann, sind Eiweißpräparate gut. Die besten sind die aus Sojabohnen, denn sie enthalten alle essentiellen Aminosäuren. Es gibt sie als Flüssigkeit oder Pulver, ohne Kohlenhydrate und Fette, und zwei Eßlöffel liefern im allgemeinen etwa 26 Gramm Protein. Das ist dieselbe Menge, die Sie an Protein bekommen würden, wenn Sie ein Steak von 100 Gramm essen.

Zusätzliche Präparate können leicht Getränken oder der Nahrung zugesetzt werden. Texturierte pflanzliche Proteine können Hackfleisch beigegeben werden und so Frikadellen anreichern, die dann auch noch billig und gesünder für Sie sind, weil sie weniger gesättigte Fette enthalten.

Aminosäurepräparate

Es gibt jetzt Aminosäurepräparate, weil man festgestellt hat, wie viele von ihnen die Gesundheit fördern – von der Verbesserung des Immunsystems bis hin zur Einschränkung der Abhängigkeit von Drogen und Medikamenten. (S. dazu Seiten 104 – 116.)

Wenn Sie Aminonsäurepräparate nehmen, dann ist es gut, wenn Sie sich auch die Hauptvitamine zuführen, die zu deren Stoffwechsel gehören – Vitamin B_6, B_{12} und Niacin beispielsweise. Und wenn Sie ein Aminosäurepräparat nehmen, achten Sie darauf, daß seine Zusammensetzung ausgeglichen ist! Lesen Sie den Beipackzettel oder lassen Sie sich beraten. Für die Proteinsynthese muß ein Gleichgewicht zwischen essentiellen und nicht essentiellen Aminosäuren bestehen, und die essentiellen müssen in einem richtigen Verhältnis zueinander stehen. (Lysin sollte in einem 2:1-Verhältnis zu Methionin stehen, 3:1 zu Tryptophan usw. Wenn Sie unsicher sind, lassen Sie sich in der Apotheke beraten.) Sie sollten eine Zusammensetzung wählen, die den natürlich vorkommenden Proteinen gleicht, damit sie einen therapeutischen Wert hat.

VORSICHT: Es ist gefährlich, Aminosäurepräparate in großen Mengen regelmäßig anstelle richtiger Nahrungsmittel zu nehmen oder sie anstelle von Medikamenten ohne Beratung durch den Arzt einzusetzen. Und verwahren Sie die Präparate immer außerhalb der Reichweite von Kindern.

Tryptophan

Tryptophan ist eine essentielle Aminosäure, die – zusammen mit Vitamin B_6, Niacin (oder Niacinamid) und Magnesium – vom Gehirn gebraucht wird, um Serotonin zu produzieren, einen Stoff, der Botschaften zwischen dem Gehirn und einem der biochemischen Schlafmechanismen des Körpers vermittelt.

Was es leisten kann

Hilft beim natürlichen Einschlafen.

Verringert die Schmerzempfindlichkeit.

Wirkt als natürliches Mittel gegen Depressionen.

Hilft bei der Verminderung von Angst und Streß.

Hilft bei der Linderung einiger Symptome von biochemischen Störungen im Körper, die durch Alkohol ausgelöst werden, und ist eine Hilfe bei Alkoholentzug.

Beste natürliche Quellen

Hüttenkäse, Milch, Fleisch, Fisch, Puter, Bananen, getrocknete Datteln, Erdnüsse, jede proteinreiche Kost.

Zusätzliche Präparate
Tryptophan gibt es in Tablettenform in Dosierungen zwischen 250 mg und 667 mg. Es sollte tagsüber zwischen den Mahlzeiten mit Saft oder Wasser genommen werden, nicht mit Milch oder anderen Proteinen.

Wird es als Schlafmittel benutzt, wirkt es am besten in einer Dosierung von 500 mg, zusammen mit 100 mg Vitamin B_6, 100 mg Niacinamid und 130 mg chelatkomplexgebundenem Magnesium. Es sollte eineinhalb Stunden vor dem Schlafengehen genommen werden. (Auch hier mit Saft oder Wasser, nicht mit Milch oder anderen Proteinen.)

Viele Ärzte, darunter Dr. David Bressler, früher am Schmerzzentrum der Universität von Kalifornien/USA, raten dazu, noch zusätzlich eine Tryptophantablette eine halbe Stunde vor dem Schlafengehen zu nehmen, damit Sie die Nacht durchschlafen.

VORSICHT: Einzelne Dosierungen von mehr als 2 Gramm sind nicht empfehlenswert, obwohl erfolgreiche Versuche am Psychiatrischen Forschungszentrum Maryland/USA gezeigt haben, daß keine Gefahr besteht, von Tryptophan abhängig zu werden oder es überzudosieren. (Weil Tryptophan ein natürlicher Bestandteil unseres Körpers ist, braucht der Körper bei seiner Verwertung keine Funktion umzustellen, wie er es bei Medikamenten tut.) Wenn Sie irgendeine negative Reaktion spüren, setzen Sie es ab und sprechen Sie mit Ihrem Arzt.

Persönlicher Ratschlag
Wenn Sie L-Tryptophan nehmen, achten Sie darauf, daß Sie auch ein ausgeglichenes Vitaminpräparat des B-Komplexes (50 bis 100 mg Vitamin B_1, B_2 und B_6) morgens und abends zum Essen nehmen.

Sie können die beruhigenden Wirkungen von Tryptophan verlängern, wenn Sie es in einem Verhältnis von 2:1 mit Niacinamid (doppelt soviel Tryptophan wie Niacinamid) nehmen. Niacinamid allein wirkt schon gegen Depressionen (s. Seite 67).

Phenylalanin

Phenylalanin ist eine essentielle Aminosäure, eine Substanz, die Signale zwischen den Nervenzellen und dem Gehirn übermittelt. Im Körper wird es zu Norepinephrin und Dopamin verwandelt, und beide Substanzen fördern die geistige Beweglichkeit und die Vitalität. (Nicht zu verwechseln mit DL-Phenylalanin, s. Seite 107.)

Was es leisten kann
Reduziert Hungergefühle.
Steigert das sexuelle Interesse.
Verbessert das Gedächtnis und die geistige Beweglichkeit.
Lindert Depressionen.

Beste natürliche Quellen
Alle proteinreichen Nahrungsmittel, Sojaprodukte, Hüttenkäse, Mandeln, Erdnüsse, Kürbis und Sesamkörner.

Zusätzliche Präparate
In Tabletten von 250 bis 500 mg erhältlich. Um den Appetit zu zügeln, sollten die Tabletten eine Stunde vor dem Essen mit Saft oder Wasser (nicht mit Proteinen) genommen werden.

Zur Steigerung der geistigen Beweglichkeit und der Vitalität sollten die Tabletten zwischen den Mahlzeiten genommen werden, aber ebenfalls mit Saft oder Wasser (und nicht mit Proteinen).

VORSICHT: Phenylalanin darf nicht genommen werden während der Schwangerschaft und von Menschen, die an der Fölling-Krankheit (erblich bedingte Stoffwechselanomalie) oder an Hautkrebs leiden.

Persönlicher Ratschlag
Bevor Sie zu Medikamenten greifen, rate ich, daß Sie diesem natürlichen ›Aufputschmittel‹ eine Chance geben. Denken Sie aber daran, daß es nicht in den Stoffwechsel übergehen kann, wenn bei Ihnen nicht ausreichend Vitamin C vorhanden ist.

Phenylalanin macht nicht abhängig, aber es kann den Blutdruck erhöhen. Wenn Sie an Bluthochdruck oder Herzschwäche leiden, sollten Sie erst mit Ihrem Arzt sprechen, bevor Sie Phenylalanin nehmen. (In den meisten Fällen dürfen Leute mit Bluthochdruck Phenylalanin nach dem Essen einnehmen, aber sprechen Sie das mit Ihrem Arzt ab.)

DL-Phenylalanin

Diese Form der essentiellen Aminosäure ist eine Mischung zu gleichen Teilen aus synthetischem (D) und natürlichem (L) Phenylalanin. Indem es morphinähnliche Hormone, Endorphine genannt, produziert und aktiviert, verstärkt und verlängert es die natürliche, körpereigene schmerzstillende Wirkung bei Verletzung, Unfall und Krankheit.

Bestimmte Enzymsysteme im Körper zerstören ständig Endorphine, aber DL-Phenylalanin behindert diese Enzyme wirkungsvoll, so daß die schmerzstillenden Endorphine ihre Arbeit verrichten können.

> Viele Menschen, die auf die üblichen schmerzstillenden Mittel nicht reagieren, reagieren auf DL-Phenylalanin.

Bei Menschen mit chronischen Schmerzen ist die Endorphin-Aktivität im Blut und in der Rückenmarksflüssigkeit herabgesetzt. Da DL-Phenylalanin einen normalen Endorphin-Spiegel wiederherstellen kann, kann es auch dem Körper helfen, Schmerz auf natürliche Weise zu lindern – ohne den Gebrauch von Medikamenten.

Und weil DL-Phenylalanin dazu in der Lage ist, Schmerz selektiv abzublocken, kann es wirkungsvoll chronische, langwierige Störungen bessern, während es die natürlichen Verteidigungsmechanismen des Körpers bei akutem Schmerz (Verbrennungen, Schnitte und ähnliches) nicht behindert.

Die Wirkung von DL-Phenylalanin ist oft gleich oder größer als die von Morphinen und anderen Opiumderivaten, aber DL-Phenylalanin unterscheidet sich von diesen darin, daß

- es nicht abhängig macht;
- die Schmerzlinderung mit der Zeit wirkungsvoller wird (ohne daß größere Mengen genommen werden);
- es stark gegen Depressionen wirkt;
- es bis zu einem Monat lang für ständige Schmerzlinderung sorgen kann, ohne daß zusätzlich ein Medikament genommen wird;
- es nicht giftig ist;

- es mit jedem anderen Medikament oder mit jeder anderen Therapie kombiniert werden kann, um die gute Wirkung zu steigern und ohne schädliche Reaktionen hervorzurufen.

Was es leisten kann
DL-Phenylalanin kann als natürliches Schmerzmittel wirken bei Zuständen wie stechendem Schmerz, Arthritis, Schmerzen im unteren Rückenbereich, Migräne, Bein- und Muskelkrämpfen, Schmerzen nach Operationen und Neuralgien.

Zusätzliche Präparate
DL-Phenylalanin gibt es im allgemeinen in Tabletten zu 375 mg. Die richtige Dosierung ist unterschiedlich, je nachdem wie der einzelne Mensch den Schmerz empfindet.

Sechs Tabletten täglich (je zwei etwa eine Viertelstunde vor jeder Mahlzeit) sind am besten, um mit der Behandlung mit DL-Phenylalanin anzufangen. Die Schmerzlinderung sollte innerhalb der ersten vier Tage eintreten, obwohl es in einigen Fällen bis zu drei oder vier Wochen dauern kann. Wenn in den ersten drei Wochen keine wesentliche Besserung eintritt, verdoppeln Sie die Anfangsmenge noch einmal für zwei oder drei Wochen. Wenn dann immer noch keine Wirkung eintritt, brechen Sie ab. Es hat sich herausgestellt, daß fünf bis fünfzehn Prozent der Menschen nicht auf die schmerzlindernde Wirkung dieser Substanz ansprechen.

VORSICHT: DL-Phenylalanin darf nicht genommen werden während der Schwangerschaft und von Patienten, die an der Fölling-Krankheit (erblich bedingte Stoffwechselanomalie) leiden. Weil es den Blutdruck steigern kann, sollten Menschen mit Herzbeschwerden oder Bluthochdruck erst mit dem Arzt sprechen, bevor sie diese Substanz einnehmen. Im allgemeinen dürfen sie DL-Phenylalanin nehmen, aber erst nach dem Essen.

Persönlicher Ratschlag
Mit DL-Phenylalanin verschwindet der Schmerz im allgemeinen in der ersten Woche. Dann können die Dosierungen nach und nach verringert werden, bis nur noch ein minimaler Bedarf besteht. Wieviel Sie auch nehmen, die einzelnen Dosierungen sollten gleichmäßig über den Tag verteilt werden.

Manche Menschen brauchen nur einmal im Monat eine Woche lang DL-Phenylalanin zu nehmen, andere benötigen es ständig. Ich finde die Entdeckung interessant, daß ein Teil der Leute, die auf die üblichen Schmerzmittel nicht reagieren, auf dieses Mittel ansprechen.

Lysin

Diese essentielle Aminosäure ist lebenswichtig für bestimmte Proteine. Sie wird gebraucht für das Wachstum, für Ausbesserungen im Gewebe und die Produktioin von Antikörpern, Hormonen und Enzymen.

Was es leisten kann
Hilft bei der Heilung und/oder Vorbeugung von Herpes.
Sorgt für bessere Konzentrationsfähigkeit.
Verwertet Fettsäuren richtig, die für die Energieproduktion gebraucht werden.
Hilft bei einigen Problemen mit der Fruchtbarkeit.

Beste natürliche Quellen
Fisch, Milch, Fleisch, Käse, Hefe, Eier, Sojaprodukte, alle proteinreichen Nahrungsmittel.

Zusätzliche Präparate
Lysin ist im allgemeinen in Kapseln zu 500 mg erhältlich. Die übliche Dosierung liegt bei 1 bis 2 Kapseln zwischen den Mahlzeiten.

Persönlicher Ratschlag
Wenn Sie oft müde sind, sich nicht konzentrieren können, zu geröteten Augen, Übelkeit, Schwindel, Haarausfall und Anämie neigen, dann könnten Sie an Lysinmangel leiden.

Ältere Menschen, vor allem Männer, brauchen mehr Lysin als jüngere.

Lysin fehlt in bestimmten Getreide-Proteinen wie Gliadin (bei Weizen) und Zein (bei Mais). Wenn Sie Nahrungsmitteln auf Weizenbasis Lysin zusetzen, wird deren Protein-Qualität gesteigert. (S. vollständige und unvollständige Proteine auf Seite 102.)

Wenn Sie an Ausschlag oder einer Herpes-Infektion leiden, ist Lysin in Dosierungen von 3 bis 6 Gramm täglich – zusammen mit lysinreicher Nahrung – sehr zu empfehlen. Zwischen den Mahlzeiten mit Wasser (nicht mit Protein) nehmen.

Arginin

Diese Aminosäure ist notwendig für das normale Funktionieren der Hirnanhangdrüse. Zusammen mit Ornithin, Phenylalanin und anderen Substanzen wird Arginin für die Synthese und die Freisetzung des Wachstumshormons der Hirnanhangdrüse benötigt. (S. Seite 111.) Der Bedarf an Arginin ist besonders groß bei Männern, da das Sperma achtzig Prozent dieser proteinbildenden Substanz enthält und ein Mangel zu Unfruchtbarkeit führen könnte.

Was es leisten kann
Steigert die Anzahl der Samenzellen des Mannes.

Trägt zur Immunreaktion und Heilung von Wunden bei.

Hilft beim Stoffwechsel von gespeichertem Fett und stärkt die Muskelgewebe.

Beste natürliche Quellen
Nüsse, Johannisbrot, Süßspeisen mit Gelatinezusatz, Schokolade, Hafergrütze, Rosinen, Sonnenblumen- und Sesamkerne, alle proteinreichen Nahrungsmittel.

Zusätzliche Präparate
Arginin gibt es als Tabletten und Pulver. Am besten wird es auf leeren Magen genommen (mit Wasser), und zwar in einer Dosis von 2 Gramm unmittelbar vor dem Schlafengehen. Zusätzliche Vorteile – besonders Muskelstärkung – können Sie erreichen, wenn Sie 2 Gramm auf leeren Magen (mit Wasser) eine Stunde vor einer großen körperlichen Anstrengung nehmen.

VORSICHT: Nicht heranwachsenden Kindern geben (es könnte zu übermäßigem Wachstum führen) und auch nicht Menschen, die an Schizophrenie leiden. Arginin-Präparate und argininreiche Kost sind für alle Menschen mit Herpes verboten.

Dosierungen von mehr als 20 bis 30 Gramm täglich sind nicht zu empfehlen (das könnte zu vergrößerten Gelenken und Knochendeformierungen führen).

Persönlicher Ratschlag
Erwachsene brauchen Arginin, weil es nach dem dreißigsten Lebensjahr fast kaum mehr von der Hirnanhangdrüse abgesondert wird.

Wenn Sie merken, daß Ihre Haut dick oder grobkörnig wird, nehmen Sie zuviel Arginin. Mehrere Wochen mit außerordentlich hoher Dosierung könnten zu dieser Nebenwirkung führen. Aber das läßt sich rückgängig machen. Verringern Sie einfach die Dosierung.

Jedes körperliche Trauma steigert Ihren Bedarf an Arginin in der Nahrung.

L-Arginin zusammen mit L-Ornithin kann zu schnellerer Gewichtsabnahme führen.

Freisetzer des Wachstumshormons

Freisetzer des Wachstumshormons sind Nährstoffe, die die Produktion dieses Hormons im Körper anregen. Das menschliche Wachstumshormon wird in der Hirnanhangdrüse gespeichert, und der Körper setzt es frei als Reaktion auf Schlaf, körperliche Betätigung und eingeschränkte Nahrungsaufnahme.

Was es leisten kann
Hilft bei Verbrennung von Fett und seiner Umwandlung in Energie und Muskeln.

Steigert die Widerstandskraft gegen Krankheiten.

Beschleunigt die Heilung von Wunden.

Hilft bei der Reparatur des Gewebes.

Stärkt das Bindegewebe und sorgt so für gesündere Bänder und Sehnen.

Fördert die Proteinsynthese für das Muskelwachstum.

Senkt den Harnstoffspiegel in Blut und Urin.

Wichtige Freisetzer des Wachstumshormons sind die Aminosäuren Ornithin, Arginin, Tryptophan, Glycin und Tyrosin, die zusammenwirken mit Vitamin B_6, Niacinamid, Zink, Calcium, Magnesium, Kalium und Vitamin C, um die nächtliche Ausschüttung des Wachstumshormons auszulösen. Der Höhepunkt der Absonderung des Wachstumshormons ist etwa neunzig Minuten nach dem Einschlafen erreicht.

Der Spiegel des natürlichen Wachstumshormons senkt sich, wenn wir älter werden. Irgendwann um das Alter von fünfzig Jahren herum wird die Produktion vollständig eingestellt. Aber wenn Sie Ihrer Nahrung zusätzlich Aminosäuren und Vitamine beigeben, die die Ausschüttung des Wachstumshormons anregen, kann die Produktion wieder auf den Stand eines jungen Erwachsenen gebracht werden.

VORSICHT: Diabetiker sollten keine Wachstumshormone nehmen, denn sie können die notwendige Insulinausschüttung stören. Auch sollte niemand Wachstumshormone nehmen, der jünger als fünfundzwanzig ist, es sei denn, sie wurden von einem Arzt ausdrücklich verschrieben.

Das dynamische Duo der Aminosäuren: Ornithin und Arginin

Ornithin und Arginin, zwei der Aminosäuren, die an der Freisetzung des menschlichen Wachstumshormons beteiligt sind, gehören zu den beliebtesten Aminosäurepräparaten, weil sie zum Schlankwerden beitragen und für Sie arbeiten, während Sie schlafen (wenn das Wachstumshormon freigesetzt wird). Während einige Hormone den Körper dazu anregen, Fett zu speichern, mobilisiert das Wachstumshormon das Fett, und so sehen Sie nicht nur besser aus, Sie haben auch mehr Energie.

Ornithin regt die Insulinabsonderung an und trägt dazu bei, daß das Insulin als anabolisches (muskelbildendes) Hormon wirkt. Die Rolle der Anabolika im Sport ist ja viel diskutiert worden. Wenn Sie zusätzlich Ornithin nehmen, steigt der Argininspiegel im Körper. Es ist tatsächlich so, daß Arginin aus Ornithin gebildet wird, und Ornithin wird in einem dauernden Kreislauf von Arginin freigesetzt.

Weil Ornithin und Arginin so eng zusammenhängen, treffen die charakteristischen Züge und die Warnungen auf beide gleichermaßen zu (s. Seite 110, ›Arginin‹). Als zusätzliches Präparat wirkt Ornithin am besten, wenn es auf dieselbe Art und zur selben Zeit wie Arginin genommen wird (auf leeren Magen, mit Wasser, nicht mit Protein).

Weitere erstaunliche Aminosäuren

Glutamin und Glutaminsäure

Glutaminsäure ist in erster Linie Brennstoff für das Gehirn. Sie hat die Fähigkeit, überschüssiges Ammoniak – das die richtige Gehirnfunktion behindern kann – aufzunehmen und in den Stoßdämpfer Glutamin zu verwandeln. Da Glutamin eine bemerkenswerte Steigerung von Glutaminsäure hervorruft, kann ein Mangel des ersten in der Nahrung zu einem Mangel der Säure im Gehirn führen.

Außer daß es die Intelligenz fördert (selbst den Intelligenzquotienten von geistig behinderten Kindern), hat Glutamin bewiesen, daß es eine Hilfe bei Alkoholentzug sein kann. Es hat sich auch herausgestellt, daß Glutamin die Heilungszeit bei Geschwüren verkürzen und Erschöpfung, Depressionen und Impotenz lindern kann. Vor kurzem wurde es erfolgreich bei der Behandlung von Schizophrenie und Senilität eingesetzt.

Die natürliche Form von Glutamin ist als Präparat in Kapseln von 500 mg erhältlich. Die empfohlene Dosis liegt bei 1 bis 4 Gramm täglich, und zwar aufgeteilt auf mehrere Dosierungen. Bei Erschöpfung, Depressionen und Impotenz liegt die empfohlene Dosierung bei 500 bis 1500 mg täglich in den ersten Wochen, dann in den nächsten bei 1200 bis 1500 mg und schließlich nach einem Monat bei 2000 mg.

VORSICHT: Obwohl Glutamin und Glutaminsäure keineswegs dasselbe sind wie Natriumglutamat, können Menschen, die gegen das letztere empfindlich sind, allergisch reagieren, und sie sollten einen Arzt zu Rate ziehen, bevor sie diese Präparate nehmen.

Asparaginsäure

Asparaginsäure hilft bei der Entfernung von schädlichem Ammoniak aus dem Körper – wenn Ammoniak in den Blutkreislauf gerät, wirkt es sehr giftig – und trägt dadurch zum Schutz des zentralen Nervensystems bei. Neuere Forschungen weisen darauf hin, daß diese Aminosäure ein wichtiger Faktor bei der gesteigerten Widerstandskraft gegen Erschöpfung sein kann. Als Sportler Salze der Asparaginsäure verabreicht bekamen, zeigten sie entschieden mehr Durchhaltevermögen und Ausdauer.

Die natürliche Form der Asparaginsäure gibt es als Tabletten mit 250 und 500 mg. Die übliche Dosierung liegt bei 500 mg, ein- bis dreimal täglich mit Saft oder Wasser (nicht Protein) genommen.

Cystin und Cystein

Cystin ist die feste Form der schwefelhaltigen Aminosäure Cystein (ein wichtiger Nährstoff gegen das Altern). Der Körper verwandelt schnell eins in das andere, je nachdem wie es gebraucht wird, und beide Formen können im Stoffwechsel als eine einzige Aminosäure betrachtet werden. Beim Stoffwechsel gibt Cystin Schwefelsäure ab, die mit anderen Substanzen zusammenwirkt und bei der Entgiftung des Körpersystems hilft.

Schwefelhaltige Aminosäuren, besonders Cystin und Methionin, haben sich als wirkungsvoller Schutz gegen Kupfervergiftung erwiesen. (Eine übermäßige Ansammlung von Kupfer im Körper ist ein Anzeichen für die Wilson-Krankheit, eine seltene erbliche Stoffwechselanomalie.) Cystin/Cystein kann auch dazu beitragen, den Körper vor anderen schädlichen und zerstörerischen Substanzen, die durch Rauchen und Trinken entstehen, zu schützen. Ein Cystein-Präparat, das täglich zusammen mit Vitamin C (dreimal soviel Vitamin C wie Cystein) genommen wird, ist gut für Raucher und Leute, die viel Alkohol trinken. (Die Präparate sollten nicht auf leeren Magen genommen werden.) Neuere Forschungen weisen darauf hin, daß therapeutische Dosierungen von Cystein ein hohes Maß an Schutz gegen radioaktive Strahlen bieten können.

VORSICHT: Hohe Dosierungen von Cystin/Cystein, Vitamin C und Vitamin B_1 sind nicht empfehlenswert für Diabetiker und sollten nur genommen werden, wenn der Arzt dazu rät. Die Verbindung dieser Nährstoffe könnte die Wirkung des Insulins zunichte machen.

Methionin

Wie Cystein ist Methionin eine schwefelhaltige Aminosäure. Es hilft in einigen Fällen von Schizophrenie, indem es das Histamin im Blut senkt, das dafür verantwortlich sein kann, daß das Gehirn die falschen Botschaften weitergibt. Zusammen mit Folsäure und Cholin hat es gezeigt, daß es gegen bestimmte Tumore Schutz bieten kann.

Mangel an Methionin kann die Fähigkeit des Körpers, Urin abzugeben, stark einschränken, und das führt zu Ödemen (Schwellungen auf Grund von Flüssigkeitsablagerungen im Gewebe) und zu Anfälligkeit gegen Infektionen. Methioninmangel war bei Versuchstieren im Labor verbunden mit Cholesterinablagerungen, Arteriosklerose und Haarausfall.

Glycin

Manchmal als die einfachste Aminosäure bezeichnet, hat Glycin einige bemerkenswerte Vorteile. Sie hat sich als hilfreich erwiesen bei der Behandlung von schwacher Funktion der Hirnanhangdrüse, und weil sie dem Körper zusätzliches Kreatin (wesentlich für die Muskelfunktion) liefert, war sie auch wirksam bei der Behandlung von fortschreitendem Muskelschwund.

Viele Ärzte, die sich auch mit Ernährungswissenschaften befassen, setzen Glycin bei der Behandlung von niedrigem Blutzucker ein. Glycin regt die Freisetzung von Glucagon an, das Glykogen mobilisiert, und das gelangt dann als Glucose in das Blut.

Zusätzlich hilft Glycin bei der Behandlung von zuviel Magensäure. Es wurde auch eingesetzt, um bestimmte Formen der Azidose (Übersäuerung des Blutes) zu behandeln, besonders die, die durch ein Zuviel an Leucin hervorgerufen wird und zu schlechtem Körper- und Mundgeruch führt (ein Zustand, der früher nur mit Einschränkung des Leucins in der Nahrung behandelt wurde).

Tyrosin

Obwohl Tyrosin eine nicht essentielle Aminosäure ist, ist sie sehr wichtig, weil sie eine bedeutende Rolle in der Anregung und Regulierung der Hirnaktivitäten spielt. Damit beispielsweise Phenylalanin stimmungshebend und appetitzügelnd wirken kann (s. Seite 107), muß es erst in Tyrosin umgewandelt werden. Wenn diese Umwandlung nicht stattfindet, entweder weil irgendein Enzym fehlt oder weil an anderer Stelle im Körper ein großer Bedarf an Phenylalanin besteht, dann werden unzureichende Mengen von Norepinephrin im Gehirn produziert, und das führt zu Depressionen.

Klinische Studien haben gezeigt, daß ein Tyrosin-Präparat geholfen hat, Depressionen und Angstzustände unter Kontrolle zu bekommen, bei denen auf Medikamente keine Reaktion zu verzeichnen war, und daß es den Patienten die Möglichkeit gibt, Amphetamine (zur Hebung der Stimmung oder als Appetitzügler) innerhalb von ein paar Wochen auf ein Minimum zu reduzieren.

Tyrosin hat auch Kokain-Abhängigen geholfen, von der Sucht loszukommen, indem es Depressionen, Erschöpfung und der außerordentlichen Reizbarkeit vorbeugt, die den Entzug begleiten.

Eine Behandlung mit Tyrosin, in Organgensaft aufgelöst und zusammen genommen mit Vitamin C, Tyrosin-Hydrolase (das Enzym, durch das der Körper Tyrosin verwerten kann), Vitamin B_1, Vitamin B_6 und Niacin scheint hier sehr wirksam zu sein.

Noch Fragen zu Kapitel V?

»Ich neige zu krampfartigen Anfällen. Kürzlich erzählte mir eine Freundin von Taurin; sie sagte, das sei eine nicht essentielle natürliche Aminosäure und könnte mir vielleicht helfen. Ich möchte nun gern wissen, wieso brauche ich sie und wieso sollte sie wirken, wenn sie doch nicht essentiell ist.«

Lassen Sie mich erst einen Punkt klären, der in bezug auf die Aminosäuren immer wieder mißverstanden wird: nicht essentiell ist nicht gleichbedeutend mit nicht notwendig. Alle Aminosäuren sind notwendig, nur daß die, die als essentiell bezeichnet werden, vom Körper nicht in ausreichender Menge synthetisiert werden können, um wirkungsvoll in die Proteinsynthese einzugreifen. Wenn diese essentiellen Säuren nicht mit der Nahrung geliefert werden, werden alle Aminosäuren in demselben Maß reduziert wie die, die wenig oder gar nicht vorhanden sind. Taurin (ein Bestandteil der Gallenflüssigkeit) anstelle eines krampfhemmenden Medikaments einzusetzen, diese Entscheidung kann nur Ihr Arzt treffen. Ich kann allerdings sagen, daß Taurin schon recht erfolgreich gegen Krämpfe gewirkt hat, wenn es in Kombination mit Glutaminsäure und Asparaginsäure genommen wurde. Aber ich würde nicht dazu raten, es ohne vorheriges Gespräch mit dem Arzt zu nehmen.

»Ich habe gelesen, daß körperliche Anstrengung die Freisetzung des Wachstumshormons anregt. Ich mache täglich mindestens zwanzig Minuten lang tänzerische Gymnastik. Bedeutet das, daß ich vermutlich kein zusätzliches Präparat mit dem Wachstumshormon brauche?«

Im Gegenteil. Wahrscheinlich brauchen Sie es. Nur bestimmte Übungen wie das Gewichtheben – und dabei das Reißen – fördern ein beträchtliches Freisetzen des Wachstumshormons. Andere Übungen, selbst Dauerbelastungen, produzieren nur unwesentliche Mengen des Wachstumshormons (wenn überhaupt), es sei denn, es gehören ähnliche Muskelbewegungen wie beim Reißen dazu. Da Sie beim Schwitzen über die Haut Aminosäuren verlieren, steigert sportliche Betätigung Ihren Bedarf an Aminosäuren, die das Wachstumshormon anregen.

»Gibt es so etwas wie eine Aminosäure, die gegen das Altern wirkt?«

Es gibt eine synthetisierte Form aus drei Aminosäuren – natürliches Cystein, natürliche Glutaminsäure und Glycin –, die als Antioxidans wirkt und die chemische Stoffe inaktiviert, die den Alterungsprozeß beschleunigen. Diese Substanz wirkt auch gegen Krebs und steigert die Durchblutung des Gehirns. Sie wurde bei der Behandlung von Allergien, grauem Star, Diabetes, Unterzuckerung des Blutes und Arthritis angewendet. Sie schwächt die schädlichen Wirkungen starker radioaktiver Bestrahlung und der Chemotherapie ab sowie die negativen Auswirkungen von Röntgenstrahlen. Und sie schützt vor den schädlichen Wirkungen von Zigarettenrauch und Alkohol.

»Was ist mit der neuen Aminosäure L-Carnitin, von der ich gehört habe?«

Das ist eine aufregende Geschichte, denn neuere Forschungen haben gezeigt, daß L-Carnitin nicht nur eine wichtige Rolle bei der Umwandlung von gespeichertem Körperfett in Energie spielt, sondern daß sie auch eine Unterzuckerung des Blutes unter Kontrolle bringen, Angina-pectoris-Anfälle lindern und

Patienten mit Diabetes, Lebererkrankungen oder Nierenbeschwerden helfen kann.

Das Herz braucht Carnitin, und ein Mangel an dieser Aminosäure kann eine Schwächung des Herzmuskels zur Folge haben. Die natürlichen Hauptquellen für diese Aminosäure sind Fleisch und Milchprodukte.

»Bei all diesen Krankheiten wie Krebs und AIDS und was es sonst heute noch gibt – kann man irgend etwas tun, um das eigene Abwehrsystem zu stärken?«

Ja, zum Glück kann man! Die Antwort scheinen die Stoffe zu sein, die das Wachstumshormon freisetzen (s. Seite 111).

Wenn wir älter werden, passiert folgendes: Unser Immunsystem – diese allzeit bereite Armee von weißen Blutkörperchen unter dem Kommando der Thymusdrüse, die gesagt bekommen, wann und wo sie angreifen sollen und welche Antikörper ihre Mitstreiter (Zellen aus dem Knochenmark) produzieren sollen – beginnt schwächer zu werden, weil die Kraft und die Größe der Thymusdrüse abnehmen. Das führt nicht nur zu einem unwirksamen Verteidigungssystem, es kann auch eine gefährliche Verwirrung verursachen, bei der die weißen Blutkörperchen Freunde für Feinde halten und sie angreifen; das Ergebnis ist dann eine Unordnung im eigenen Immunsystem. (Manche Leute meinen, daß dadurch multiple Sklerose und Arthritis verursacht werden.)

Kürzlich wurde jedoch entdeckt, daß dieser Zusammenbruch höchstwahrscheinlich die Folge einer verringerten Menge des von der Hirnanhangdrüse produzierten Wachstumshormons ist, das notwendig für die Funktion der Thymusdrüse und damit des Abwehrsystems ist. Aber es hat sich herausgestellt, daß Präparate mit Aminosäuren (Arginin, Ornithin und Cystein), den Vitaminen A, E, C sowie den Spurenelementen Zink, Selen und Enzymen wie Papin bei der Umkehrung dieses degenerativen Erscheinungsbildes Wunder wirken können.

VI
Fett und Einflüsse auf das Fett

Lipotrope Verbindungen – was ist das?

Methionin, Cholin, Inosit und Betain sind alles lipotrope Verbindungen, deren Hauptfunktion es ist, eine ungewöhnliche und übermäßige Fettablagerung in der Leber zu verhindern.

Lipotrope Verbindungen steigern auch die Lecithin-Produktion der Leber, was das Cholesterin löslicher macht; sie entgiften die Leber und steigern die Widerstandsfähigkeit gegen Krankheiten, indem sie der Thymusdrüse helfen, ihren Aufgaben nachzukommen.

Wer braucht sie und warum?

Wir brauchen alle lipotrope Verbindungen, einige mehr, andere weniger. Wer viel Protein zu sich nimmt, braucht mehr. Methionin und Cholin sind notwendig, um die Amine zu entgiften, die Nebenprodukte des Protein-Stoffwechsels sind.

Weil wir fast alle zuviel Fett essen und ein guter Teil davon gesättigtes Fett ist, sind lipotrope Verbindungen unerläßlich. Indem sie der Leber bei der Produktion von Lecithin helfen, tragen sie dazu bei, daß das Cholesterin nicht gefährliche Ablagerungen in den Adern bildet, was wiederum die Gefahr von Herzanfällen, Arteriosklerose und Gallensteinbildung verringert.

> Lipotrope Verbindungen sorgen dafür,
> daß Cholesterin sich gefahrlos im Adersystem bewegt.

Wir brauchen auch lipotrope Verbindungen, um gesund zu bleiben, da sie die Thymusdrüse anregen, Antikörper zu produzieren. Das Wachstum und das Wirken der Phagozyten (die eindringende Viren und Mikroben einkreisen und auffressen) wird gefördert, ebenso die Zerstörung von fremdem oder anomalem Gewebe.

Die Sache mit dem Cholesterin

Wie bei allen anderen Dingen gibt es eine gute und eine schlechte Seite beim Fett. Die allgemein gängige Annahme, daß alle Fette schlecht sind, ist einfach nicht richtig, so weit sie auch verbreitet sein mag. Und Cholesterin ist die Fettsubstanz, der die meisten schlimmen Dinge nachgesagt werden.

Praktisch weiß jeder, daß Cholesterin für Arteriosklerose, Herzerkrankungen und viele andere Krankheiten verantwortlich sein kann, aber wenige sind sich dessen bewußt, wie wichtig dieses Fett für die Gesundheit ist.

Mindestens zwei Drittel des Cholesterins in unserem Körper wird in der Leber oder im Darm hergestellt. Dort findet man es genauso wie im Gehirn, in den Nebennieren und im Stützgewebe der Nerven.

- Cholesterin in der Haut wird durch die ultravioletten Sonnenstrahlen in das wichtige Vitamin D umgewandelt.
- Cholesterin hilft beim Stoffwechsel der Kohlenhydrate.
- Cholesterin ist ein Hauptlieferant der lebenswichtigen Hormone der Nebennieren und der Sexualhormone.

Neuere Forschungen belegen, daß Cholesterin sich unterschiedlich verhält, je nachdem mit welchem Protein es verbunden ist. Lipoproteine sind Faktoren in unserem Blut, die Cholesterin transportieren. Lipoproteine von geringer Dichte (= LDL; Low-density lipoproteins) transportieren ungefähr 65 Prozent des Blutcholesterins, Lipoproteine von sehr geringer Dichte (= VLDL; Very-low-density lipoproteins) ungefähr 15 Prozent, und es scheint, als stünden sie im Zusammenhang mit Herzerkrankungen. Aber Lipoproteine von hoher Dichte (= HDL; High-density lipoproteins), die ungefähr 20 Prozent transportieren, scheinen eine gegenteilige Wirkung zu haben. Sie sind hauptsächlich aus Lecithin zusammengesetzt, das Cholesterin spaltet und es leicht durch das Blut transportieren kann, ohne daß es in den Adern Klümpchen bildet. Im wesentlichen gilt, je höher die Dichte der Lipoproteine ist, desto geringer sind Ihre Aussichten, Anzeichen für eine Herzerkrankung zu entwickeln.

Die Feststellung ist interessant, daß Frauen, die im Durchschnitt acht Jahre länger leben als Männer, einen höheren Prozentsatz an HDL als diese haben; erstaunlicherweise gilt das auch für Leute, die mit Maßen Alkohol trinken.

Eier sind vielleicht gar nicht so schädlich, wie Sie dachten.

Die Amerikanische Gesellschaft für Herzerkrankungen stuft Eier als gefährlich ein, aber eine Ernährung ohne Eier kann genauso gefährlich sein. Eier haben nicht nur die perfektesten Proteinbestandteile von allen Nahrungsmitteln, sie enthalten auch Lecithin, was bei der Assimilation von Fett hilft.

Wie kann man den Cholesterinspiegel heben oder senken?

Hebt den Cholesterinspiegel	Senkt den Cholesterinspiegel
Gesättigte Fette tierischen Ursprungs (fettes Fleisch, fetter Fisch, fetter Käse, Vollmilchprodukte)	Mehrfach ungesättigte Fette aus pflanzlichen Ölen
Raffinierter Zucker	Lipotrope Lecithinverbindungen
Anti-Baby-Pille	Vitamin C, E und Niacin
Streß	Chrompräparate
Zigaretten	Auberginen
Chemische Zusätze in der Kost	Zwiebeln (roh und gekocht, nicht gebraten)
Schadstoffe wie PCB	Knoblauch
Kaffee	Yoghurt (auch aus Vollmilch)
	Pektin (ungeschälte und geriebene Äpfel, die weißen Häutchen von Zitrusfrüchten)
	Sojabohnen
	Karotten (roh)
	Faserstoffe, Bohnen

Wer auf den Cholesterinspiegel achten muß, der ist mit einer Mahlzeit aus hellem Puterfleisch gut beraten, besonders weil nicht mehr als 300 mg Cholesterin täglich für den Durchschnittserwachsenen zu empfehlen sind. Rund 100 Gramm helles Puterfleisch enthalten nur ungefähr 67 mg Cholesterin (während dieselbe Menge an dunklem Fleisch 75 mg enthält). Aber Vorsicht vor der Puterleber, eine Tasse voll, gehackt, hat davon etwa 839 mg. Und denken Sie daran, daß Gemüse ohne Butter auch kein Cholesterin enthält.

Noch Fragen zu Kapitel VI?

»Sind lipotrope Verbindungen als zusätzliche Präparate zu bekommen, und wenn ja, welche Dosierung wird empfohlen? Gibt es irgendwelche Vorschriften für die Einnahme?«

Lipotrope Verbindungen gibt es als Tabletten. Meistens entsprechen drei Tabletten 1000 mg oder 1 Gramm. Die am häufigsten empfohlene Dosierung liegt bei ein bis zwei Tabletten dreimal täglich. Sie sollten zum Essen genommen werden.

»Sind Ihrer Meinung nach zusätzliche lipotrope Verbindungen für manche Menschen wichtiger als für andere?«

Ja, ganz sicher, vor allem seit Studien gezeigt haben, daß wir alle zuviel Fett essen und daß die lipotropen Verbindungen Substanzen sind, die die Fette verflüssigen oder homogenisieren können. Nach meiner Meinung sind zusätzliche Präparate besonders wichtig für alle, die proteinreiche Kost essen, weil die lipotropen Verbindungen die Amine entgiften, die Nebenprodukte beim Protein-Stoffwechsel sind. Auch wer sich wegen Gallensteinbildung Sorgen macht, sollte darüber nachdenken, ob er nicht diese Präparate nimmt.

»Ist es wirklich so wichtig, mehrfach ungesättigte Fette zu nehmen?«

Nur wenn Sie darauf achten wollen, Ihren Cholesterinspiegel niedrig zu halten, um vielleicht Herzerkrankungen, Bluthochdruck und anderen Beschwerden vorzubeugen.

Mehrfach ungesättigte Fette sind in Pflanzenölen enthalten (Sonnenblumen, Mais, Saflor, Soja beispielsweise). Sie haben ganz deutlich den Cholesteringehalt im Blut gesenkt. Gesättigte Fette genau wie hydrierte – und besonders hydrierte Öle – können zum genauen Gegenteil führen. Achten Sie auf der jeweiligen Verpackung auf die Angabe der Zutaten. Wenn Sie beispielsweise Margarine kaufen, sollte an erster Stelle mehrfach ungesättigtes Pflanzenöl stehen. Die zweite Zutat wird zweifellos ein teilweise hydriertes Öl sein. Je mehr Sie Ihren Konsum an gesättigten Fetten einschränken, die Aufnahme von hydrierten Fetten verringern und den Anteil von mehrfach ungesättigten Fetten in Ihrer Kost steigern können, desto besser ist das für Sie. Vermeiden Sie Erdnuß-, Kokos- und Palmenöl; nehmen Sie Vitamin E (400 bis 800 I.E. täglich), damit die Peroxidation der Lipide verhindert wird (Fette ›rosten‹ im Körper); erhöhen Sie die Fischmenge – Schellfisch und Kabeljau beispielsweise – in Ihrem Speiseplan; und trinken Sie jeden Tag reichlich Wasser.

VII
Kohlenhydrate und Enzyme

Warum Kohlenhydrate wichtig sind

Kohlenhydrate, eine Plage für jeden, der schlecht informiert eine Diät macht, sind die Hauptlieferanten für die Energien unseres Körpers. Während der Verdauung werden Stärke und Zucker – die Hauptarten der Kohlenhydrate – in Glucose aufgespalten, besser bekannt als Blutzucker. Dieser Blutzucker liefert die wesentliche Energie für unser Gehirn und das zentrale Nervensystem.

Sie brauchen Kohlenhydrate in der täglichen Nahrung, damit das das lebenswichtige Gewebe bildende Protein nicht für Energie verschwendet wird, während es vielleicht gerade zur Reparatur von Gewebe gebraucht wird.

Kohlenhydrate haben genausoviel Kalorien
wie Proteine.

Wenn Sie zu viele Kohlenhydrate essen, mehr als in Glucose oder Glykogen (das in der Leber und in den Muskeln abgelagert wird) verwandelt werden können, dann ist das Ergebnis – wie wir alle nur zu genau wissen – Fett. Wenn der Körper mehr Brennstoff braucht, wird das Fett in Glucose zurückverwandelt, und Sie verlieren Gewicht.

Nehmen Sie nicht zu wenig Kohlenhydrate zu sich. Sie sind für eine gute Gesundheit genauso wichtig wie andere Nährstoffe, und Gramm für Gramm haben sie dieselben vier Kalorien wie Protein.

Die Wahrheit über Enzyme

Enzyme sind notwendig für die Verdauung der Nahrung; sie setzen wertvolle Vitamine, Mineralstoffe und Aminosäuren frei.

Enzyme sind Katalysatoren, das heißt, sie haben die Kraft, im Körper etwas in Bewegung zu bringen, ohne daß sie selbst dabei verändert oder zerstört werden.

Enzyme werden unter bestimmten Wärmebedingungen zersetzt.

Enzyme bekommt man am besten aus rohem, unbearbeitetem Obst, Gemüse, Eiern, Fleisch und Fisch.

Jedes Enzym wirkt auf ein bestimmtes Nahrungsmittel; eins kann das andere nicht ersetzen. Mangel, Knappheit oder Fehlen von einem einzigen Enzym kann den Unterschied zwischen Krankheit und Gesundheit ausmachen.

Pepsin ist ein lebenswichtiges Verdauungsenzym, das die Proteine in der aufgenommenen Nahrung aufbricht, sie in verwertbare Aminosäuren spaltet. Ohne Pepsin könnte Protein nicht ausgewertet werden, um für eine gesunde Haut, ein kräftiges Skelett, gute Blutversorgung und starke Muskeln zu sorgen.

Renin oder Labenzym ist die Substanz, die zur Gerinnung von Milch führt, indem es ihr Protein, das Casein, in eine für den Körper verwertbare Form umwandelt. Renin setzt die wertvollen Minerale der Milch – Calcium, Phosphor, Kalium und Eisen – frei, die der Körper benutzt, um den Wasserhaushalt zu stabilisieren, das Nervensystem zu stärken und kräftige Zähne und Knochen hervorzubringen.

Lipase spaltet Fett, das dann benutzt wird, um die Hautzellen zu ernähren, den Körper von Blutergüssen und Schwellungen zu schützen und dem Eindringen infektiöser Viren und dem Auftreten von Allergien vorzubeugen.

Salzsäure im Magen wirkt auf schwerverdauliche Nahrungsmittel wie faseriges Fleisch, Gemüse und Geflügel. Sie verdaut Protein, Calcium und Eisen. Ohne Salzsäure (Chlorwasserstoff, HCl) können sich Probleme wie bösartige Anämie, Magengeschwüre und Allergien entwickeln. Weil Streß, Anspannung, Ärger und Angstzustände vor dem Essen und der Mangel an bestimmten Vitaminen (vor allem aus der B-Gruppe) und Mineralstoffen zum Fehlen von Chlorwasserstoff führen können, haben mehr Leute zuwenig Magensäure, als es wissen. Wenn Sie glauben, daß Sie Probleme mit zuviel Säure oder Sodbrennen haben und sich dagegen selbst ein Antisäuremittel verordnet haben, dann wissen Sie vermutlich nicht, daß die Symptome für zuwenig Säure genau dieselben sind wie für zuviel Säure, und in dem Fall ist das Einnehmen eines Mittels gegen zuviel Säure das Schlimmste, das Sie tun können.

Dr. Alan Nittler, der ein Buch über die neue Ärztegeneration geschrieben hat, verweist mit Nachdruck darauf, daß jeder, der älter als vierzig Jahre ist, ein zusätzliches Chlorwasserstoff-Präparat nehmen sollte. Betain-HCl und Glutaminsäure-HCl sind die besten im Handel erhältlichen Formen von Chlorwasserstoff.

VORSICHT: Wenn Sie Geschwüre haben, beraten Sie sich erst mit Ihrem Arzt, bevor Sie solche Präparate nehmen.

Die zwölf Gewebesalze und ihre Funktion

Gewebesalze sind anorganische mineralische Bestandteile des Körpergewebes. Sie werden auch Schuesslers biochemische Zellsalze genannt, nach Dr. W. H. Schuessler, der sie Ende des 19. Jahrhunderts isolierte. Dr. Schuessler fand heraus, daß es bei einem Mangel an irgendeinem dieser Salze im Körper zu Krankheiten kam, und wenn der Mangel ausgeglichen wurde, konnte der Körper sich selbst heilen. Mit anderen Worten, diese Salze sind kein Heilmittel, sie sorgen nur für Abhilfe.

Das sind die zwölf Gewebesalze:

Calciumfluorid. Teil aller Bindegewebe im Körper. Ein Ungleichgewicht kann zu Krampfadern, spät kommenden Zähnen bei Kleinkindern, Spannungen in den Muskelsehnen, Karbunkeln und aufgesprungener Haut führen.

Calciumphosphat. Kommt in allen Zellen und Flüssigkeiten des Körpers vor, wichtiges Element für die Magensäfte und für Knochen und Zähne. Ein Ungleichgewicht oder ein Mangel kann zu kalten Händen und Füßen, Benommenheit, Schmerzen in der Brust und nächtlichen Schweißausbrüchen führen.

Calciumsulfat. In kleinsten Partikeln ein Bestandteil aller Bindegewebe und der Leberzellen. Ein Ungleichgewicht oder ein Mangel kann Ursache sein für Hautausschläge, tiefe Abszesse oder chronisch nässende Geschwüre.

Eisenphosphat. Teil des Blutes und anderer Körperzellen, nicht aber der Nerven. Ein Ungleichgewicht oder ein Mangel kann Ursache sein für ständigen Durchfall oder – paradoxerweise – dauernde Verstopfung. Hilft auch bei Nasenbluten oder übermäßiger Regelblutung.

Kaliumchlorid. Kommt in den Körperzellen unter der Oberfläche vor. Ein Ungleichgewicht oder ein Mangel kann Ursache sein für Granulation an den Augenlidern, Blasenbildung und Warzen.

Kaliumsulfat. Die Zellen, die die Haut und die inneren Organwände bilden, stehen in einer Wechselwirkung mit diesem Salz. Ein Ungleichgewicht oder ein Mangel kann Ursache sein für Hautausschlag, gelblichen Zungenbelag, ein Gefühl der Schwere und Schmerzen in den Gliedmaßen.

Kaliumphosphat. Ein weiteres mineralisches Element der Knochen, Zähne, des Gehirns, der Nerven, des Bluts und der Muskeln. Ein Ungleichgewicht oder ein Mangel kann Ursache sein für Krämpfe, Neuralgien, stechenden Schmerz und Koliken.

Natriumcarbonatchlorid. Reguliert die Feuchtigkeitsmenge im Körper und bringt die Feuchtigkeit zu den Zellen. Ein Ungleichgewicht oder ein Mangel kann Ursache sein für Heißhunger auf Salz, Heuschnupfen, tränende Augen und tropfende Nase.

Natriumcarbonatphosphat. Emulgiert Fettsäuren und macht die Harnsäure im Blut löslich. Ein Ungleichgewicht oder ein Mangel kann Ursache sein für Gelbsucht, schlechten Atem, einen sauren oder kupferähnlichen Geschmack im Mund.

Natriumcarbonatsulfat. Reizt das Gewebe leicht und regt zur natürlichen Flüssigkeitsabgabe an. Ein Ungleichgewicht oder ein Mangel kann Ursache sein für leichtes Fieber, Ödeme, Depressionen und Störungen der Gallenblase.

Kieselsäure. Teil aller Zellen des Bindegewebes und des Haars, der Nägel und der Haut. Ein Ungleichgewicht oder ein Mangel kann Ursache sein für schlechtes Gedächtnis, Karbunkel, Haarausfall und geriffelte, eingewachsene Nägel. Wenn Sie Vollkornprodukte essen, sollten Sie den normalen Bedarf an diesem Salz decken.

Noch Fragen zu Kapitel VII?

»Mein Schwiegervater leidet schrecklich unter Sodbrennen und nimmt so häufig ein Mittel dagegen, daß das schon buchstäblich zum Nachtisch für ihn geworden ist. Gibt es keine natürliche Alternative?«

Sicher gibt es die, und sie schmeckt viel besser als irgendein künstliches Mittel. Kautabletten mit dem Enzym der Papayafrucht können 2230mal soviel Stärke wie ihr eigenes Gewicht verdauen. Das tun sie, weil sie Papain und Prolase enthalten, Enzyme, die bei der Verdauung von Protein helfen und sich mit Mylase, einem kräftigen Enzym zur Verdauung von Stärke, verbinden. Das Papain ist übrigens ein gutes Mittel, um zähes Fleisch zart zu machen. Ihr Schwiegervater wäre also gut beraten (und vermutlich glücklicher), wenn er nach dem Essen ein gut schmeckendes Papain-Präparat nehmen würde.

VIII
Andere Wundermittel

Acidophilus-Milch

Acidophilus-Milch oder Reformyoghurt (hergestellt mit Lactobacillus acidophilus anstelle der üblichen Yoghurtkulturen) ist eine Quelle für nützliche Darmbakterien und wirkungsvoller als der übliche Yoghurt. Es gibt Acidophilus in verschiedenen Formen in Reformhäusern.

> Regelmäßige Aufnahme von Acidophilus
> hält den Darm sauber.

Viele Ärzte raten zu Acidophilus bei einer Tablettenbehandlung mit Antibiotika, denn Antibiotika zerstören die nützliche Darmflora, was oft zu Durchfall und einem Überhandnehmen des Pilzes Candida albicans führt. Dieser Pilz kann im Darm, in der Gebärmutter, in den Lungen, im Mund, an den Fingern und unter den Nägeln gedeihen. Meistens verschwindet er nach einigen Tagen wieder, wenn man reichliche Mengen an Acidophilus-Kulturen zu sich nimmt.

Regelmäßige Aufnahme von Acidophilus hält den Darm sauber. Das kann auch schlechten Atem beseitigen, der durch innere Fäule verursacht wird (die Art von schlechtem Atem, die jeder Mundspülung und jedem Mundspray widersteht). Acidophilus wirkt gegen Verstopfung, schlecht riechende Blähungen und hilft bei der Behandlung von Akne und anderen Hautstörungen.

Denken Sie daran, daß Milchzucker, Kohlenhydrate, Pektin und Vitamin C plus Ballaststoffe das Wachstum der Darmflora zusätzlich fördern. Das ist wichtig, denn nützliche Bakterien können innerhalb von fünf Tagen absterben, wenn sie nicht ständig mit irgendeiner Form von Milchsäure oder Milchzucker wie Acidophilus beliefert werden.

Ginseng

Es wird allgemein anerkannt, daß Ginseng anregend auf die geistige und körperliche Energie wirkt. Die Chinesen kennen ihn seit fast fünftausend Jahren und schätzen ihn als Vorbeugungs- und Allheilmittel. Er ist auch ein mildes Abführmittel und hilft dem Körper, Gifte schneller auszuscheiden. Zu den schon genannten Wohltaten gehören noch Heilung bei Impotenz, Regulierung des Blutdrucks, Hilfe bei Anämie, Arthritis, Verdauungsbeschwerden, Schlaflosigkeit, Erschöpfung, Unterzuckerung des Blutes, Kreislaufbeschwerden und noch vieles mehr.

Lassen wir die Wunder einmal beiseite, aber Ginseng hilft bei der Aufnahme von Vitaminen und Mineralstoffen, denn er regt die Drüsen zu innerer Sekretion an. Am besten nimmt man ihn auf nüchternen Magen, vorzugsweise vor dem Frühstück, wenn er seine größte Wirkung entwickeln soll.

Man sagt, daß Vitamin C einen Teil der Vorzüge des Ginseng neutralisiert, aber es gibt dafür keinen stichhaltigen Beweis. Wenn Sie ein Vitamin-C-Präparat nehmen, machen Langzeitkapseln eine Gegenwirkung auf den Ginseng weniger wahrscheinlich.

Ginseng gibt es als Kapseln, auch als Tee, flüssiges Konzentrat oder als Wurzel.

Alfalfa (Luzerne), Knoblauch und Chlorophyll

Ein natürliches harntreibendes Mittel.

Alfalfa (die Futterpflanze Luzerne) wurde zum ›großen Heiler‹ ernannt von dem bekannten Biologen und Autor Frank Bouer, der entdeckte, daß die grünen Blätter dieser bemerkenswerten Pflanze acht wichtige Enzyme beinhalten. Außerdem enthält sie auf 100 Gramm 8000 I.E. Vitamin A und 20000 bis 40000 Einheiten an Vitamin K, das gegen Blutstürze und bei der Blutgerinnung hilft. Zusätzlich ist die Luzerne eine gute Quelle für die Vitamine B_6 und E, und sie enthält genug Vitamin D, Kalk und Phosphor, um bei heranwachsenden Kindern für starke Knochen und Zähne zu sorgen.

Manche Ärzte setzen Alfalfa in der Behandlung von Magenbeschwerden, Blähungen, Geschwüren und Appetitlosigkeit ein, weil es Vitamin U enthält, das auch in rohem Kohl und Kohlsaft vorkommt. Alfalfa ist auch ein gutes Abführmittel und ein natürliches harntreibendes Mittel.

›Russisches Penicillin‹.

Knoblauch enthält Natrium, Phosphor und beachtliche Mengen an Vitamin B und C, Calcium und Protein. In Europa ist er als gesundheitsfördernd anerkannt. In der Sowjetunion nennt man ihn ›russisches Penicillin‹. In Amerika findet er kaum irgendwelche Beachtung.

Er hat ein paar erstaunliche Eigenschaften. Viele Mediziner meinen, daß er hohen Blutdruck senken kann. F. G. Piotrousky von der Universität Wien hat herausgefunden, daß 40 Prozent seiner Patienten mit Bluthochdruck wesentlich niedrigere Werte hatten, nachdem man ihnen Knoblauch gegeben hatte.

Knoblauch ist auch wirkungsvoll bei der Reinigung des Blutes von überschüssiger Glucose. (Blutzucker gilt neben Cholesterin als eine Ursache für Arteriosklerose und Herzerkrankungen.) Das bedeutet aber nicht, daß man Knoblauch anstelle von medizinisch verschriebenen Mitteln einsetzt. Außerdem sagt man, daß Knoblauch Bauchschmerzen, Halsschmerzen und Bronchitis lindern kann.

Am besten nimmt man Knoblauch als Perlen. Diese Kapseln enthalten wertvolles Knoblauchöl und hinterlassen keinen unangenehmen Mundgeruch, weil sie sich nicht im Magen, sondern erst im Dünndarm auflösen.

Chlorophyll hat nach einem Bericht von G. W. Rapp in der amerikanischen Pharmazie-Zeitschrift (›American Journal of Pharmacy‹) antibakterielle Wirkung. Es scheint, daß es auch bei der Wundheilung eine Rolle spielt und daß es, während es die Bildung von neuem Gewebe anregt, die Gefahr von bakterieller Ansteckung verringert.

Als natürliches Deodorant wird Chlorophyll für kommerzielle Luftreinigungsmittel, für Körperdeodorant und in Form von Tabletten für frischen Atem benutzt. Es gibt Chlorophyll als Tabletten und als Flüssigkeit.

Faserstoffe und Kleie

Als in der Zeitschrift der amerikanischen Ärztevereinigung (›Journal of the American Medical Association‹) Forschungsergebnisse veröffentlicht wurden, die darauf hinwiesen, daß wir alle gesünder und länger leben könnten, wenn wir eine ballaststoffreichere Nahrung zu uns nehmen würden, die mehr unverdauliche Faserstoffe enthält, sprangen klugerweise viele Leute auf diesen Zug, obwohl die meisten nicht wußten (und es immer noch nicht wissen), daß die Faserstoffe nicht alle gleich sind und daß unterschiedliche Formen auch unterschiedlich wirken.

Faserstoffe, von denen Sie etwas wissen sollten

Zellulose. Kommt vor in Vollkornmehl, Kleie, Kohl, jungen Erbsen, grünen Bohnen, Wachsbohnen, Brokkoli, Rosenkohl, Gurkenschalen, Paprika, Äpfeln und Karotten.

Hemizellulose. Findet sich in Kleie, Getreideprodukten, ganzen Körnern, Rosenkohl, Senfkörnern und roten Beten.

Zellulose und Hemizellulose nehmen Wasser auf und greifen positiv in die Funktion des Darms ein. Im wesentlichen sammeln sie Schadstoffe ein und transportieren sie schneller durch den Dickdarm. Das kann nicht nur Verstopfung verhindern, sondern auch vor Divertikeln, Darmkrämpfen, Hämorrhoiden, Darmkrebs und Krampfadern schützen.

Gummi. Das findet man im allgemeinen in Haferflocken und in anderen Haferprodukten sowie in getrockneten Bohnen.

Pektin. Das kommt vor in Äpfeln, Zitrusfrüchten, Karotten, Blumenkohl, Kohl, getrockneten Erbsen, grünen Bohnen, Kartoffeln, Kürbis und Erdbeeren.

Gummi und Pektin beeinflussen im wesentlichen die Absorption im Magen und im Dünndarm. Indem sie sich mit Gallensäure verbinden, verringern sie die Fettaufnahme und senken den Cholesterinspiegel. Sie verzögern die Leerung des Magens, indem sie die Wände der Eingeweide umhüllen; dadurch verlangsamen sie die Zuckeraufnahme nach dem Essen, ein Plus für Diabetiker, weil der Bedarf an Insulin gesenkt wird.

Lignin. Dieser Faserstoff kommt in vielen Getreideprodukten wie Cornflakes vor, in Kleie, in länger gelagertem Gemüse (wenn Gemüse nicht mehr frisch ist, steigt der Ligninanteil und es wird weniger gut verdaulich), Auberginen, grünen Bohnen, Erdbeeren, Birnen und Radieschen.

Lignin verringert die Verdaulichkeit von anderen Faserstoffen. Es verbindet sich auch mit Gallensäure, um den Cholesterinspiegel zu senken, und beschleunigt den Nahrungstransport durch den Darm.

VORSICHT: Es stimmt zwar, daß die meisten von uns immer noch zuwenig Faser- und Ballaststoffe in der Nahrung haben, aber zuviel davon kann vorübergehend zu Blähungen, Übelkeit, Erbrechen und Durchfall führen und die Fähigkeit des Körpers beeinträchtigen, bestimmte Mineralstoffe wie Zink, Calcium, Eisen, Magnesium und Vitamin B_{12} aufzunehmen. Dem kann man leicht durch eine abwechslungsreiche Mischkost vorbeugen.

Kelp

Diese erstaunlichen Meeresalgen enthalten mehr Vitamine und Mineralstoffe als jedes andere Nahrungsmittel. Um es genauer zu sagen, in Kelp sind Vitamin B_2, Niacin, Cholin, Carotin, Alginsäure und dreiundzwanzig Mineralstoffe in folgender Reihenfolge enthalten:

Jod 0,15 – 0,20%	Magnesium 0,76%
Calcium 1,20%	Schwefel 0,93%
Phosphor 0,30%	Chlor 12,21%
Eisen 0,10%	Kupfer 0,0008%
Natrium 3,14%	Zink 0,0003%
Kalium 0,63%	Mangan 0,0008%

Dazu kommen Spuren von Barium, Bor, Chrom, Lithium, Nickel, Silber, Titan, Vanadium, Aluminium, Strontium und Silizium.

Wegen seines natürlichen Jodgehalts hat Kelp eine normalisierende Wirkung auf die Schilddrüse. Mit anderen Worten, dünne Menschen mit Schilddrüsenproblemen können an Gewicht zunehmen, wenn sie Kelp essen, und korpulente Menschen können damit abnehmen.

In der Homöopathie wird Kelp bei Dickleibigkeit, schlechter Verdauung, Blähungen und hartnäckiger Verstopfung eingesetzt.

Hefe

Eine der reichhaltigsten Quellen für organisches Eisen.

Man nennt sie das Wundernahrungsmittel der Natur, und sie leistet viel, um sich diesen Ruf auch zu verdienen. Hefe ist eine ausgezeichnete Quelle für Protein und ein großartiger Lieferant von natürlichen Vitaminen des B-Komplexes. Sie ist eine der reichhaltigsten Quellen für organisches Eisen und eine Goldgrube für Mineralstoffe, Spurenelemente und Aminosäuren. Sie hilft bei der Senkung des Cholesterinspiegels (wenn sie mit Lecithin kombiniert wird), lindert Gicht sowie die Beschwerden und Schmerzen bei Nervenentzündungen.

Es gibt verschiedene Quellen für Hefe:

Bierhefe (aus Hopfen).

Torula-Hefe oder ›runde‹ imperfekte Hefe.

Molke, ein Nebenprodukt bei der Herstellung von Milch und Käse (am wirkungsvollsten und am schmackhaftesten).

Flüssige Hefe.

Vermeiden Sie lebendige Backhefe direkt vom Bäcker! Lebendige Hefezellen bauen die B-Vitamine im Verdauungstrakt ab und nehmen Ihrem Körper alle Vitamine. Bei der Bierhefe werden diese lebenden Zellen durch Hitze abgetötet, wodurch ein Vitamin-Abbau verhindert wird.

Hefe hat alle wichtigen Vitamine des B-Komplexes bis auf B_{12}, das ihr aber gesondert beigegeben werden kann. Sie enthält sechzehn Aminosäuren, vierzehn oder mehr Mineralstoffe und siebzehn Vitamine (bis auf A, E und C). Sie kann als nahezu vollwertiges Nahrungsmittel betrachtet werden.

Weil Hefe wie alle anderen Protein-Nahrungsmittel einen hohen Phosphoranteil hat, ist es ratsam, der Nahrung zusätzlich Calcium zuzugeben, wenn Sie Hefe nehmen. Obwohl es mit Calcium zusammenwirkt, kann Phosphor dem Körper Calcium entziehen und so einen Mangel verursachen. Abhilfe ist einfach: Steigern Sie die Aufnahme von Calcium (Calciumlactat wird gut vom Körper aufgenommen). Vitamine des B-Komplexes sollten zusammen mit der Hefe genommen werden, um eine größere Wirkung zu erreichen. Zusammen arbeiten sie wie ein Kraftwerk.

Hefe kann unter jede Flüssigkeit – Saft oder Wasser – gerührt oder zwischen den Mahlzeiten genommen werden. Viele Leute, die sich erschöpft fühlen, nehmen einen Eßlöffel oder mehr in flüssiger Form und spüren, wie die Kräfte innerhalb von Minuten zurückkehren; und die guten Wirkungen halten für Stunden an. Hefe kann auch als Appetitzügler benutzt werden. Rühren Sie sie unter eine Flüssigkeit und trinken Sie sie direkt vor dem Essen. Das bremst den großen Appetit und läßt Sie eine Menge Kalorien sparen.

Noch Fragen zu Kapitel VIII?

»Man hört jetzt immer häufiger von Algen. Sind sie ein neues Wundermittel?«

Nein, sie sind kein Wundermittel. Meeresalgen sind natürliche Pflanzen, und es gibt etwa 8000 Arten. Für sie finden sich vielfältige Verwendungen, zum Beispiel in der Gewinnung von Quell- und Gelierstoffen, in der Gewinnung von Jod und Brom. Manche Mikro- oder Planktonalgen werden in Versuchen zur Herstellung von Eiweiß und Fett benutzt. Grünalgen eignen sich sogar für den Verzehr als Meeressalat.

IX
Kräuter und andere volkstümliche Heilmittel

Was Sie über natürliche Heilmittel wissen sollten

Nur weil Kräuter etwas Natürliches sind, bedeutet das nicht auch gleich, daß man sie unterschiedslos verwenden kann. Bevor Sie irgendein Kräutermittel ausprobieren, informieren Sie sich, wie es wirkt, wie man es zubereitet und anwendet – und welche Vorsichtsmaßnahmen und Nebenwirkungen Sie einkalkulieren müssen.

Probieren Sie nie ein Natur- oder Kräuterheilmitttel, ohne zu wissen, was es bewirkt, wie es zubereitet und genommen werden sollte, auf welche Vorsichtsmaßnahmen man achten muß und welche Nebenwirkungen es haben könnte!

In der Regel gilt, daß aus der Einnahme von Kräutermitteln selten medizinische Probleme entstehen, aber es besteht immer die Möglichkeit einer allergischen oder toxischen Reaktion.

WICHTIG: Wenn Sie jetzt Medikamente nehmen oder medizinische Probleme haben, dann ist es besser, Sie fragen einen Arzt um Rat, der sich mit den Wechselwirkungen von Kräutern und Medikamenten auskennt und von den möglicherweise gefährlichen Nebenwirkungen weiß.

Aloe

Die Aloepflanze (Aloe vera) enthält eine wundheilende Substanz, ein Gel, eine Mischung aus antibiotischen zusammenziehenden und gerinnungsfördernden Wirkstoffen.

Nimmt man es ein, wirkt es als mildes Abführmittel. Ein Eßlöffel in regelmäßigen Abständen genommen (vorzugsweise auf leeren Magen), insgesamt bis zu einem halben Liter am Tag, kann bei der Behandlung von Magengeschwüren helfen. Schwangere Frauen sollten Aloe nicht ohne Anweisung eines Arztes nehmen.

Es gibt für Aloe viele äußerliche Anwendungsmöglichkeiten:

- Sie wirkt als schnelles und wirkungsvolles Heilmittel bei Wunden, ist hilfreich bei der Behandlung von Verbrennungen, Insektenstichen und Hautreizungen durch Brennesseln.
- Salben, Cremes und Lotionen mit Aloe können Blasen und das Abschuppen der Haut nach Sonnenbränden verhindern.
- Aloe kann Hühneraugen, Schwielen und Hornhaut an den Füßen weicher machen.
- Auf Gesicht und Hals aufgetragen, kann Aloe die Haut weicher machen und die Faltenbildung mildern.
- Aloe kann den Schmerz und das Jucken bei Hämorrhoiden lindern.
- Kann wirkungsvoll für die Haarpflege verwendet werden.

VORSICHT: Es kommt selten vor, aber bei empfindlichen Menschen können allergische Reaktionen auftreten. Wenn Sie unangenehme Wirkungen bemerken, benutzen Sie kein Aloepräparat mehr und ziehen Sie den Arzt zu Rate.

Anis (Samen)

Ein natürliches Anregungsmittel für die Abgabe von Harn und Magensaft; wird oft eingesetzt, um Erleichterung bei Blähungen zu schaffen. Wurde auch als Hausmittel bei der Behandlung von trockenem Husten verwendet.

Bitterdistel

Oft als Appetitanreger und bei der Behandlung von Verdauungsbeschwerden eingesetzt; kann Fieber senken und Blutandrang beseitigen.

VORSICHT: Bei hohen Dosierungen kann es zu Verbrennungen in Mund und Speiseröhre sowie zu Durchfall kommen.

Eisenhut

Kleine Mengen eines Flüssigkeitsextrakts aus der Wurzel dieser Pflanze, mit einer Tasse warmem Wasser vermischt, können erfolgreich bei Schmerzen, Fieber, Magenentzündungen und Herzbeschwerden wirken, heißt es.

VORSICHT: Eisenhut ist einer der wenigen pflanzlichen Stoffe, wo falsche Anwendung zu gefährlichen Nebenwirkungen führen kann: Herzversagen.

Kamille

Diese Pflanze hat krampflösende Eigenschaften und regt die Magensaftproduktion an; wird oft bei Migräne, Magenkrämpfen und Unruhezuständen eingenommen. Äußerlich wird Kamille bei der Behandlung von Wunden, Hautgeschwüren und Bindehautentzündung angewendet.

Minze (Flohkraut)

Diese Pflanze wird bei der Behandlung von Erkältungen zum Inhalieren genommen; es gibt sie auch als Tee gegen Kopfschmerzen, Krämpfe während der Regelblutung und Schmerzen.

VORSICHT: Sollte nie während der Schwangerschaft eingenommen werden!

Nachtkerzenöl

Als zusätzliches Präparat in der Ernährung kann Nachtkerzenöl dazu beitragen, den Cholesteringehalt im Blut und den Blutdruck zu senken. Es kann bei der Gewichtsabnahme helfen, Schmerzen vor der Regelblutung lindern, Exzeme heilen, bei der Behandlung von leichten Fällen von Arthritis und nur langsam voranschreitender multipler Sklerose hilfreich sein, überaktive Kinder ruhiger machen, Akne bessern (wenn zusammen mit Zink eingesetzt) und zum Aufbau kräftigerer Fingernägel beitragen.

Das aktive Element im Nachtkerzenöl ist die Gamma-Linolensäure, die der Körper braucht, um hormonähnliche Stoffe, Prostaglandine genannt, zu produzieren; sie sind wichtig für die Gesundheit. Wenn also ein Mangel an Gamma-Linolensäure vorliegt, ist möglicherweise die Produktion von Prostaglandinen unzureichend, und das kann Ihr körperliches Wohlbefinden beeinträchtigen.

Petersilie (Samen und Blätter)

Ein harntreibendes Mittel, regt die Produktion von Magensaft an, wird bei Husten, Asthma und Bindehautentzündungen angewendet.

Pfefferminze (Blätter)

Wirkt krampflösend und anregend, wird bei der Behandlung von Nervosität, Schlaflosigkeit, Krämpfen, Benommenheit und Husten eingesetzt. Bei Kopfschmerzen versuchen Sie folgendes: eine Tasse Pfefferminztee trinken, dann fünfzehn bis zwanzig Minuten hinlegen. Wirkt im allgemeinen genauso gut wie eine Schmerztablette und hat keinerlei Nebenwirkungen.

Rosmarin (Blätter)

Äußerlich als Salbe verwendet, kann Rosmarin Rheumaschmerzen, Verstauchungen, Wunden, blaue Flecken und Ekzeme lindern. Innerlich richtig angewendet, kann Rosmarin bei Blähungen und Koliken für Erleichterung sorgen und die Freisetzung von Gallensaft anregen.

VORSICHT: In großen Mengen kann Rosmarin giftig sein.

Schwarzwurz

Als Tee aufgebrüht kann Schwarzwurz Magenbeschwerden, Husten, Durchfall, Schmerzen bei Arthritis, Leber- und Gallenerkrankungen lindern.

VORSICHT: Eine mögliche Nebenwirkung bei dieser Pflanze liegt darin, daß Sie weniger Eisen und Vitamin B_{12} aufnehmen.

Süßholzwurzel

Stellt die Funktionen der Bindegewebshaut und des Gewebes wirkungsvoll wieder her; hält außerdem die Hormone im Gleichgewicht, regt die innere Sekretion und die Atmung an; wirkt als Abführmittel.

VORSICHT: Hoher Blutdruck und Herzrhythmusstörungen können möglicherweise als Nebenwirkungen auftreten.

Thymian

Ein natürliches antiseptisches Mittel; als Kompresse kann Thymian ein guter Wundverband sein; eingenommen kann er gegen Durchfall wirken, Magenkrämpfe lindern und Bronchitis und Kehlkopfentzündung abschwächen.

Wacholder (Beeren)

Die Beeren werden oft als Magentonikum verwendet, können Appetit und Verdauung anregen, harntreibend wirken und keimtötend im Harntrakt sein.

Gefährliche Pflanzen

Die folgenden Pflanzen können gefährlich für Ihre Gesundheit sein und sollten nie als Tee aufgegossen oder in irgendeiner anderen Form genommen werden, weil sie möglicherweise giftige Wirkung haben.

ANMERKUNG: Da manche Pflanzen regional unterschiedliche Bezeichnungen haben, steht der lateinische Name in Klammern dabei.

ALRAUNE *(Mandragora officinarum)*
Alraune, Wurzel der Mandragora, ein giftiges Narkotikum, ähnlich wie die Tollkirsche.

ARNIKA *(Arnica montana)*
Arnika ist ein Reizmittel und kann heftigen, giftigen Magen- und Darmkatarrh, schwere Muskelschwäche, nervöse Störungen und den Tod hervorrufen.

BILSENKRAUT *(Hyoscyamus niger)*
Giftig. Enthält gefährlich giftige Alkaloide.

BITTERSÜSSER NACHTSCHATTEN *(Solanum dulcamara)*
Giftig.

EIBE *(Taxus baccata)*
Giftig.

FINGERHUT *(Digitalis purpurea)*
Hochgiftig.

GINSTER *(Cytisus scoparius)*
Enthält gefährliche Alkaloide.

GOLDREGEN *Cytisus laburnum)*
Giftig.

HELIOTROP *(Heliotropum europaeum)*
Diese Pflanze ist giftig und enthält Alkaloide, die Leberschäden verursachen. Sollte nicht mit dem Gartenheliotrop verwechselt werden, dessen botanischer Name *Valeriana officinalis* lautet; er ist ungefährlich.

IMMERGRÜN *(Vinca major* und *Vinca minor)*
Enthält giftige Alkaloide, die die Nerven angreifen und die Leber und die Nieren schädigen können.

LOBELIE *(Lobelia inflata)*
Eine giftige Pflanze, die unvorsichtigerweise oft als Brechmittel benutzt wird. Überdosierungen von Extrakten aus den Blättern oder Früchten der Pflanze führen zu schwerem Erbrechen, Schweißausbrüchen, Lähmungserscheinungen, schnellem, aber schwachem Puls und häufig zu Zusammenbruch, Koma und Tod.

MAIGLÖCKCHEN *(Convallaria magalis)*
Eine giftige Pflanze, die Herzgifte enthält.

MISTEL (amerikanische Mistel, *Phoradendron flavescens* und *Viscum flavescens)*
Enthält toxische Amine. Sollte als giftig eingestuft werden.

MISTEL *(Phoradendron juniperinum)*
Diese Mistelart kann giftig sein oder aber auch nicht; es ist jedoch zuwenig über sie bekannt, als daß kluge Menschen mehr damit tun sollten, als sie zu Weihnachten über die Tür zu hängen und jeden darunter zu küssen (wie es die Briten und die Amerikaner machen).

MISTEL *(Viscum album)*
Diese Mistelart enthält auf jeden Fall giftige Amine.

ROSSKASTANIE *(Aesculus hippocastanum)*
Giftige Pflanze, die Cumarin enthält. Diese Substanz fördert Krebs und hemmt die Blutgerinnung.

SCHIERLING *(Conium maculatum)*
Enthält giftige Alkaloide.

SCHILFGRAS *(Acorus calamus)*
Das Öl aus Schilfgras ist krebserregend.

SEIDELBAST *(Daphne mezereum)*
Giftig.

STECHAPFEL *(Datura stramonium)*
Das ist eine giftige Pflanze, die Hyoszamin, Atropin und Skopolamin enthält – Stoffe, die aus gutem Grund nur für Arzneimittel gebraucht werden dürfen.

TOLLKIRSCHE *(Atropa belladonna)*
Enthält giftige Alkaloide.

WERMUT *(Artemisia absinthium)*
Wermutöl ist ein aktives narkotisches Gift. Es wird benutzt, um Alkohol (Absinth-)Geschmack zu geben und kann das Nervensystem schädigen.

WINDE *(Ipomea purpurea)*
Die Samen dieser Windenart enthalten Amide der Lysergsäure, sind aber weniger wirksam als LSD (Lysergsäurediäthylamid).

Jeder, der damit auf einen ›Trip‹ gehen will, wird vermutlich eine unerfreuliche, vielleicht sogar eine gefährliche Überraschung erleben, denn die Samen enthalten auch ein ungesundes, abführendes Harz.

Noch Fragen zu Kapitel IX?

»Hat Dill irgendwelche nahrhaften oder gesundheitsfördernden Eigenschaften?«

Ja, er hat. Er kann den Appetit und die Verdauung fördern, und er hat eine harntreibende Wirkung. Außerdem beseitigt er schlechten Atem, wenn man die Samen kaut.

»Stimmt es, daß Leinsamen ein Abführmittel ist?«

Ja, er kann so wirken, denn die Samen bilden Klumpen. Leinsamen kann man roh oder gegart essen (schmeckt gut in Suppen), und ein Eßlöffel täglich beugt bei Erwachsenen der Verstopfung vor. Man hat auch herausgefunden, daß Leinsamen gut ist für Menschen, die unter quälendem Husten oder Bronchitis leiden.

»Gibt es irgendwelche Pflanzen, die unter gewöhnlichen Umständen in Ordnung sind, aber während der Schwangerschaft und der Stillzeit vermieden werden sollten?«

Ja, auf Sauerdorn sollten Sie während der Schwangerschaft und des Stillens verzichten. Das darin enthaltene Alkaloid Berberin ist dem Morphium sehr ähnlich.

Abführmittel, natürliche oder künstlich hergestellte, sollten während der ersten Monate der Schwangerschaft auch nicht genommen werden, denn sie könnten zu einer Fehlgeburt führen (Kreuzdorn, Rhabarber und Sennesblätter sind natürliche Abführmittel). Stark beruhigende Kräuter wie Baldrian oder kräftige Gewürze wie Meerrettich und Paprika sind auch nicht empfehlenswert. Brechreiz auslösende Mittel wie Lobelie können am Anfang der Schwangerschaft und im letzten Drittel gefährlich werden.

Obwohl Knoblauch und Zwiebeln für viele Dinge gut sind, wäre es ganz sinnvoll, auf sie zu verzichten, wenn Sie schwanger sind oder stillen, vor allem in der Stillzeit, denn man weiß, daß sie über die Muttermilch zum Kind gelangen und Koliken verursachen können.

X
Wie Sie herausfinden, welche Vitamine Sie wirklich brauchen

Was versteht man unter einer ausgewogenen Ernährung?

Eine ausgewogene Kost ist etwas, das man leicht in Büchern, aber selten auf dem Tisch findet. Obwohl Nährstoffe in allen unseren Nahrungsmitteln reichlich vorhanden sind, werden viele davon durch schlechten Boden, Lagerung, Konservierung und Kochen zerstört. Es sind dann aber immer noch genügend für die wichtigen ausgewogenen Mahlzeiten vorhanden. Außerdem: zusätzliche Vitamin- und Mineralstoffpräparate können ohne Nahrungsmittel nicht wirken, und je besser Ihre Kost ist, desto besser wirken auch diese Präparate. Leider erfüllt wahrscheinlich keine ›ausgewogene‹ Kost alle Bedürfnisse, die wir heutzutage an die Ernährung stellen.

Aber damit sie wissen, ob Ihre Mahlzeiten überhaupt ausgewogen sind oder nicht, sollten Sie sich mit den vier grundlegenden Gruppen der Nahrung und mit den empfohlenen Tagesmengen vertraut machen. Die Verteilung dieser Portionen sollte individuell festgelegt werden; kleinere Mengen für weniger aktive Menschen, größere für Heranwachsende und Leute, die schwere körperliche Arbeit leisten.

MILCHGRUPPE
Milch, Käse, Yoghurt, Milchprodukte
3 Portionen täglich für Kinder
4 Portionen täglich für Heranwachsende
2 Portionen täglich für Erwachsene
4 Portionen täglich für schwangere und stillende Frauen

FLEISCHGRUPPE
Rindfleisch, Kalbfleisch, Schweinefleisch, Lamm, Fisch, Geflügel, Leber oder Eier.

Getrocknete Erbsen und Bohnen, Sojaprodukte und Nüsse in Verbindung mit tierischem Protein – einschließlich Eier, Milch und Käse – oder mit Protein aus Getreide können eine Fleischmahlzeit ersetzen.
2 Portionen täglich
3 Portionen täglich für schwangere Frauen

OBST-GEMÜSE-GRUPPE
Zitrusfrüchte oder anderes Obst, das reich an Vitamin C ist, (oder Tomatensaft) sollten zur täglichen Ernährung gehören. Dunkelgrünes Blattgemüse oder orangefarbenes Gemüse oder Obst sollte wegen des Vitamins A drei- oder viermal in der Woche auf dem Speiseplan stehen.
4 Portionen täglich

GETREIDEGRUPPE
Vollkornprodukte, Brot jeder Art, Getreideprodukte wie Cornflakes, Makkaroni, Nudeln oder andere Teigwaren.
4 Portionen täglich

Die empfohlenen Mengen sind so angelegt, daß sie 1200 Kalorien liefern. Die Größe der Portionen sollten Sie Ihrer eigenen Größe, Ihrem Gewicht und Energiebedarf anpassen.

Wie Sie testen, ob Sie Mangelerscheinungen haben

Wenn Sie sich fragen, ob Sie zusätzlich zur Nahrung noch Vitamine oder Mineralstoffe brauchen, beraten Sie sich am besten mit einem Arzt, der sich mit Ernährungswissenschaft gut auskennt. Außerdem gibt es eine ganze Reihe von ›hinweisenden‹ Tests, die Ihnen ausreichend Auskunft geben, ob Sie unter Mangelerscheinungen leiden.

Der Arzt Dr. John M. Ellis hat einen schnellen Frühwarntest für einen Mangel an Vitamin B_6 (Pyridoxin) entwickelt. Strekken Sie Ihre Hand mit der Handfläche nach oben aus, dann versuchen Sie, die beiden Gelenke der vier Finger zu beugen (nicht die Knöchel zwischen Handfläche und Fingern), bis die Fingerspitzen die Handfläche erreichen. (Das ergibt keine Faust, da nur die beiden Fingergelenke abgewinkelt sind.) Machen Sie das mit beiden Händen. Wenn es schwerfällt, wenn die Fingerspitzen die Handfläche nicht erreichen, ist ein Mangel an Pyridoxin wahrscheinlich.

Betty Lee Morales, eine bekannte amerikanische Ernährungswissenschaftlerin, stellte fest, daß der Urin einen deutlichen Hinweis auf die Konzentration von Vitamin B im Körper gibt.

Da die Vitamine der B-Gruppe wasserlöslich sind und jeden Tag durch Ausscheidung verlorengehen, hat der Urin eine helle Farbe, wenn der Körper mehr braucht. Wenn der Urin dunkel ist, ist der Bedarf an Vitamin B wahrscheinlich geringer. (Vorsicht: Viele Medikamente, Krankheiten – besonders Hepatitis – und Nahrungsmittel verändern auch die Farbe des Urins. Das sollte selbstverständlich beachtet und mit einem Arzt geklärt werden.)

Haaranalysen, bei denen ungefähr die Menge eines Eßlöffels voll Haar (am Nacken abgeschnitten) ins Labor geschickt wird, um einen Mangel oder einen ungewöhnlich hohen Anteil an Mineralstoffen festzustellen, sind seit kurzem Gegenstand kontroverser Auseinandersetzungen bezüglich ihrer Verläßlichkeit.

Leute, die Haaranalysen vornehmen, sagen, daß das Haar als ständiger Anzeiger für die Nahrungsaufnahme oder toxische Veranlagung dienen kann, da die Substanzen, die in das Haar gelangen, dort bleiben, bis es ausfällt. Die Gegner meinen jedoch, daß es außer dem, was wir essen und trinken, noch zu viele Faktoren gibt, die die Beschaffenheit des Haars beeinflussen können (Färben, Waschmittel, Tönung, Dauerwelle, Chemikalien aus dem Schwimmbad usw.), so daß keine verläßliche Analyse möglich ist.

Zur Zeit ist in dieser Auseinandersetzung noch keine Entscheidung gefallen. Also lautet mein Rat, daß Sie sich mit einem Arzt besprechen, ob solch eine Analyse für Sie sinnvoll ist.

Der vermutlich beste Anzeiger für einen Mangel an Vitaminen oder Mineralstoffen ist Ihr Körper selbst und die Art und Weise, wie Sie sich fühlen.

Mögliche Warnzeichen

Wenn Ihr Körper Vitamine braucht, läßt er Sie das im allgemeinen über kurz oder lang wissen. Es ist unwahrscheinlich, daß irgend jemand Skorbut bekommt, bevor er merkt, daß er Vitamin C braucht; aber häufiger gibt der Körper auch Signale, die wir einfach nicht erkennen. Bei den steigenden Krankenversicherungskosten heutzutage ist das ernährungsbedingte Warnsystem die beste und die billigste Versicherungsart, auf die wir zurückgreifen können. Hier ein paar der üblichen Symptome, die Sie vielleicht übersehen, aber besser beachten sollten.

Die empfohlenen zusätzlichen Präparate sind nicht als medizinische Beratung zu betrachten, sondern nur als eine Anleitung und Vorbereitung für das Gespräch mit Ihrem Arzt.

ANMERKUNG: ›MVP‹ steht für Mindells-Vitamin-Programm. Es besteht aus hochwirksamen Multivitaminen und chelatkomplexgebundenen Mineralstoffen, vorzugsweise mit Langzeitwirkung; Vitamin C 1000 mg mit Bioflavonoiden, Rutin, Hesperidin und Hagebutten mit Langzeitwirkung; dazu ein hochwirksames Präparat mit chelatkomplexgebundenen Multimineralstoffen.

Möglicher Mangel	Essen Sie genug?
	SYMPTOM: *Appetitlosigkeit*
Protein	Fleisch, Fisch, Eier, Milchprodukte, Soja, Erdnüsse
Vitamin B_1	Bierhefe, Vollkornprodukte, Fleisch (Schwein oder Leber), Nüsse, Gemüse, Kartoffeln
Vitamin C	Zitrusfrüchte, Tomaten, Kartoffeln, Kohl, grüne Paprikaschoten
Biotin	Bierhefe, Nüsse, Rinderleber, Nieren, unpolierter Reis
Phosphor	Milch, Käse, Fleisch, Geflügel, Fisch, Getreideprodukte, Nüsse, Gemüse

Möglicher Mangel	Essen Sie genug?
Natrium	Rind- und Schweinefleisch, Sardinen, Käse, grüne Oliven, Mais, Sauerkraut
Zink	Gemüse, Vollkornprodukte, Weizenkleie, Weizenkeime, Kürbiskerne, Sonnenblumenkerne
Empfohlener Zusatz:	Vitamin-B-Komplex, 50 mg, zu jeder Mahlzeit Vitamin B_{12}, 2000 Mikrogramm (Langzeitwirkung) zum Frühstück organisches Eisen in Tablettenform (mit Vitamin C, Kupfer, Leber, Mangan und Zink, damit das Eisen gut assimiliert wird)
	SYMPTOM: *Augenprobleme* (Nachtblindheit, Anpassungsschwierigkeiten an die Dunkelheit, blutunterlaufene Augen, Brennen, Gerstenkörner)
Vitamin A	Fisch, Leber, Eigelb, Butter, Sahne, grünes Blattgemüse, gelbes Gemüse
Vitamin B_2 (Riboflavin)	Milch, Leber, Nieren, Hefe, Käse, Fisch, Eier
Empfohlener Zusatz:	10000 I. E. Vitamin A, 1- bis 3mal täglich, fünf Tage lang, dann zwei Tage aussetzen Vitamin B-Komplex, 100 mg (Langzeitwirkung), vormittags und abends 500 mg Vitamin C mit Bioflavonoiden, Rutin, Hesperidin, vormittags und abends 400 I. E. Vitamin E (trockene Form), vormittags und abends

Möglicher Mangel	Essen Sie genug?
	SYMPTOM: *Ausschlag am Mund und spröde Lippen*
Vitamin B_2 (Riboflavin)	Milch, Leber, Nieren, Hefe, Käse, Fisch, Eier
Vitamin B_6 (Pyridoxin)	Trockenhefe, Leber, Innereien, Hülsenfrüchte, Vollkornprodukte, Fisch
Empfohlener Zusatz:	50 mg Vitamin B-Komplex, 3mal täglich, zu den Mahlzeiten 1 MVP morgens und abends
	SYMPTOM: *Benommenheit*
Mangan	Nüsse, grünes Blattgemüse, Erbsen, rote Beten, Eigelb
Vitamin B_2 (Riboflavin)	Milch, Leber, Nieren, Hefe, Käse, Fisch, Eier
Empfohlener Zusatz:	50 – 100 mg Niacin, 3mal täglich 400 I.E. Vitamin E, 1- bis 3mal täglich
	SYMPTOM: *Blaue Flecken* (wenn sich die Haut bei Verletzungen blau oder purpurrot verfärbt)
Vitamin C	Zitrusfrüchte, Tomaten, Kartoffeln, Kohl, grüne Paprikaschoten
Bioflavonoid	Schalen von Orangen, Zitronen, Limonen, Mandarinen
Empfohlener Zusatz:	Vitamin C, 1000 mg (Langzeitwirkung), mit Bioflavonoiden, Rutin und Hesperidin, vormittags und abends
	SYMPTOM: *Bluthochdruck*
Cholin	Eigelb, Hirn, Herz, grünes Blattgemüse, Hefe, Leber, Weizenkeime

Möglicher Mangel	Essen Sie genug?
Empfohlener Zusatz:	Lecithinkörnchen, 3 Eßlöffel täglich oder 3 Kapseln 3mal täglich 1 MVP, morgens und abends Beginnen Sie mit 100 I.E. Vitamin E und steigern Sie langsam die Dosis (s. S. 59). 1 – 3 Kelp-Tabletten, täglich 1 Knoblauch-Perle, 3mal täglich
	SYMPTOM: *Durchfall*
Vitamin K	Yoghurt, Alfalfa (Luzerne), Sojaöl, Fischleber, Kelp
Niacin	Leber, mageres Fleisch, Bierhefe, Weizenkeime, Erdnüsse, Trockenhefe, weißes Geflügelfleisch, Avocado, Fisch, Gemüse, Vollkornprodukte
Vitamin F	Pflanzenöl, Erdnüsse, Sonnenblumenkerne, Walnüsse
Empfohlener Zusatz:	1 g Natrium auf drei Mahlzeiten verteilt als Vorbeugung 1 – 2 Eßlöffel Acidophilus-Milch, 3mal täglich
	SYMPTOM: *Erschöpfungszustände* (Müdigkeit, Schwäche, keine Lust zu körperlicher Betätigung)
Zink	Gemüse, Vollkornprodukte, Bierhefe, Weizenkleie, Weizenkeime, Kürbis- und Sonnenblumenkerne
Kohlenhydrate	Zellulose
Protein	Fleisch, Fisch, Eier, Milchprodukte, Soja, Erdnüsse
Vitamin A	Fisch, Leber, Eigelb, Butter, Sahne, grünes Blattgemüse, gelbes Gemüse
Vitamin-B-Komplex	Hefe, Bierhefe, getrocknete Bohnen, Rosinen
PABS	Melone
Eisen	Weizenkeime, Sojamehl, Rindfleisch, Nieren, Leber, Bohnen, Muscheln

Möglicher Mangel	Essen Sie genug?
Jod	Meeresfrüchte, Milchprodukte, Kelp
Vitamin C	Zitrusfrüchte, Tomaten, Kartoffeln, Kohl, grüne Paprikaschoten
Vitamin D	Lebertran, Butter, Eigelb, Leber, zu wenig Sonnenlicht
Empfohlener Zusatz:	Vitamin-B-Komplex, 100 mg (Langzeitwirkung), 2mal täglich 2000 Mikrogramm Vitamin B_{12}, morgens und abends 1 MVP, morgens und abends
	SYMPTOM: *Gedächtnisschwund*
Vitamin B_1 (Thiamin)	Bierhefe, Vollkornprodukte, Fleisch (Schwein oder Leber), Nüsse, Hülsenfrüchte, Kartoffeln
Empfohlener Zusatz:	Natürliches Glutamin, 500 mg, 3mal täglich 50 mg Vitamin-B-Komplex, morgens und abends Cholin, 2 mg täglich, in mehreren Dosierungen
	SYMPTOM: *Haarprobleme* *1. Schuppen (trocken oder gelb und fettig) fallen aus dem Haar*
Vitamin B_{12} (Cyanocobalamin)	Leber, Rindfleisch, Schweinefleisch, Innereien, Eier, Milch, Milchprodukte
Vitamin F	Pflanzenöl, Erdnüsse, Sonnenblumenkerne, Walnüsse
Vitamin B_6	Trockenhefe, Leber, Innereien, Gemüse, Vollkornprodukte, Fisch
Selen	Kleie, Getreidekeime, Brokkoli, Zwiebeln, Tomaten, Thunfisch
Empfohlener Zusatz:	100 Mikrogramm Selen, 2mal täglich 1 MVP, morgens und abends 3 Kapseln Vitamin F, 3mal täglich, zum Essen

Möglicher Mangel	Essen Sie genug?
	2. Stumpfes, trockenes, brüchiges oder ergrauendes Haar
Vitamin-B-Komplex	Hefe, Bierhefe, getrocknete Bohnen, Rosinen
PABS	Melone
Vitamin F	Pflanzenöl, Erdnüsse, Sonnenblumenkerne, Walnüsse
Jod	Meeresfrüchte, jodiertes Salz, Milchprodukte
Empfohlener Zusatz:	3 Kapseln Vitamin F, zu jeder Mahlzeit 3 – 6 Lecithinkapseln, zu jeder Mahlzeit 1 MVP, morgens und abends
	3. Haarausfall
Biotin	Bierhefe, Nüsse, Rinderleber, Nieren, unpolierter Reis
Inosit	nicht raffinierter Sirup, Leber, Lecithin, unbearbeitetes Vollkorn, Zitrusfrüchte, Bierhefe
Chlor	Natriumchlorid (Speisesalz)
Vitamin-B-Komplex mit Vitamin C und Folsäure	Hefe, Bierhefe, getrocknete Bohnen, Rosinen, Melone, Zitrusfrüchte, grüne Paprikaschoten, Tomaten, Kohl, Kartoffeln, frisches grünes Blattgemüse, Obst, Innereien, Leber, Trockenhefe
Empfohlener Zusatz:	1000 mg Cholin und Inosit, täglich 1 Multimineralstoffpräparat, täglich Cystein, 1 g täglich
	SYMPTOM: *Hautprobleme*
	1. Akne (Schäden im Gesicht, dicke Haut, Mitesser, rote Flecken)
Vitamin A	Fisch, Leber, Eigelb, Butter, Sahne, grünes Blattgemüse, gelbes Gemüse
Vitamin-B-Komplex	Hefe, Bierhefe, getrocknete Bohnen, Rosinen, Melone

Möglicher Mangel	Essen Sie genug?
Empfohlener Zusatz:	1 Multivitamin-Mineral-Präparat (mit wenig Jod), täglich 400 I.E. Vitamin E (trockene Form), 1- bis 2mal täglich 25000 I.E. Vitamin A (trockene Form), 1 – 2 Tabletten an 5 Tagen pro Woche 50 mg chelatkomplexgebundenes Zink, 3mal täglich, zu den Mahlzeiten 1 – 2 Eßlöffel Acidophilus-Milch, 3mal täglich oder 3 – 6 Kapseln, 3mal täglich (Jod verschlimmert Akne, also vermeiden Sie alle Lebensmittel, die einen hohen Anteil an jodiertem Salz haben.)
	2. Dermatitis (Hautentzündung)
Vitamin B_2 (Riboflavin)	Milch, Leber, Nieren, Hefe, Käse, Fisch, Eier
Vitamin B_6 (Pyridoxin)	Trockenhefe, Leber, Innereien, Hülsenfrüchte, Vollkornprodukte, Fisch
Biotin	Bierhefe, Nüsse, Rinderleber, Nieren, unpolierter Reis
Niacin (Nicotinsäure, Niacinamid)	Leber, Fleisch, Fisch, Vollkornprodukte, Hülsenfrüchte
Empfohlener Zusatz:	1 Multivitamin-Mineralstoff-Präparat (mit wenig Jod), täglich 400 I.E. Vitamin E (trocken), 1 – 2mal täglich 25000 I.E. Vitamin A (trocken), 1 – 2 Tabletten an fünf Tagen in der Woche 50 mg chelatkomplexgebundenes Zink, 3mal täglich zum Essen 1 – 2 Eßlöffel Acidophilus-Milch, 3mal täglich oder 3 – 6 Kapseln, 3mal täglich

Möglicher Mangel	Essen Sie genug?
	3. Ekzeme (rauhe, trockene, rissige Haut, Rötung und Schwellung, kleine Bläschen)
Fett	Fleisch, Butter
Vitamin A (Karotin)	Fisch, Leber, Eigelb, Butter, Sahne, grünes Blattgemüse, gelbes Gemüse
Vitamin-B-Komplex, Inosit	Hefe, Bierhefe, getrocknete Bohnen, Rosinen, Melone
Kupfer	Innereien, Austern, Nüsse, getrocknete Hülsenfrüchte, Vollkornprodukte
Jod	Meeresfrüchte, jodiertes Salz, Milchprodukte
Empfohlener Zusatz:	1 Multivitamin-Mineralstoff-Präparat (mit wenig Jod), täglich 400 I.E. Vitamin E (trocken), 1- bis 2mal täglich 25000 I.E. Vitamin A (trocken), 1 – 2 Tabletten an fünf Tagen in der Woche 50 mg chelatkomplexgebundenes Zink, 3mal täglich zum Essen oder 3 – 6 Kapseln, 3mal täglich
	SYMPTOM: *Herzklopfen*
Vitamin B_{12} (Cobalamin, Cyanocobalmin)	Hefe, Leber, Rindfleisch, Eier, Nieren
Empfohlener Zusatz:	1 MVP, morgens und abends 100 mg Vitamin-B-Komplex (Langzeitwirkung), morgens und abends 100 mg Niacin, 1- bis 3mal täglich 3 Lecithin-Kapseln, 3mal täglich

Möglicher Mangel	Essen Sie genug?
	SYMPTOM: *Hoher Cholesterinspiegel*
Vitamin-B-Komplex, Inosit	Hefe, Bierhefe, getrocknete Bohnen, Rosinen, Melone
Empfohlener Zusatz:	2 Eßlöffel Lecithinkörnchen, 3mal täglich (in Salaten oder Hüttenkäse) oder 3 Lecithinkapseln, 1200 mg, 3- bis 4mal täglich
	SYMPTOM: *Infektionen* (große Anfälligkeit)
Vitamin A (Karotin)	Fisch, Leber, Eigelb, Butter, Sahne, grünes Blattgemüse, gelbes Gemüse
Pantothensäure	Hefe, Bierhefe, getrocknete Bohnen, Rosinen, Melone
Empfohlener Zusatz:	1 – 2 Eßlöffel Acidophilus-Milch, 3mal täglich Vitamin A bis zu 100000 I. E., jeden zweiten Tag für die Dauer der Infektion 1 MVP, morgens und abends (2 – 5 g Vitamin C für die Dauer der Infektion)
	SYMPTOM: *Knochen- und Zahnerweichung*
Vitamin D (Calciferol)	Lebertran, Butter, Eigelb, Leber, zu wenig Sonnenlicht
Calcium	Milch und Milchprodukte, Fleisch, Fisch, Getreideprodukte, Bohnen, Obst, Gemüse
Empfohlener Zusatz:	1000 – 1500 mg Calcium, 500 mg Magnesium, täglich auf zwei Mahlzeiten verteilt

Möglicher Mangel	Essen Sie genug?
	SYMPTOM: *Körpergeruch*
Vitamin B_{12}	Hefe, Leber, Rindfleisch, Eier, Nieren
Zink	Gemüse, Vollkornprodukte, Weizenkleie, Weizenkeime, Kürbiskerne, Sonnenblumenkerne
Empfohlener Zusatz:	1 – 2 Eßlöffel Acidophilus-Milch (mit Geschmackszusatz), 1- bis 3mal täglich 1 Chlorophylltablette oder -kapsel, 3mal täglich 1 – 3 Zinktabletten, 15 – 50 mg, 3mal täglich 1 – 2 Enzymtabletten, 1- bis 3mal täglich
	SYMPTOM: *Magen- und Darmprobleme* (Gastritis, Magengeschwür, Gallenbeschwerden, Verdauungsstörungen)
Vitamin B_1 (Thiamin)	Bierhefe, Vollkornprodukte, Fleisch (Schwein oder Leber), Nüsse, Gemüse, Kartoffeln
Vitamin B_2 (Riboflavin)	Milch, Leber, Nieren, Hefe, Käse, Fisch, Eier
Folsäure	frisches grünes Blattgemüse, Obst, Innereien, Leber, Trockenhefe
PABS	Hefe, Bierhefe, getrocknete Bohnen, Rosinen, Melone
Vitamin C	Zitrusfrüchte, Tomaten, Kartoffeln, Kohl, grüne Paprikaschoten
Chlor	Kelp, Roggenmehl, reife Oliven, Algen
Pantothensäure	Hefe, Bierhefe, getrocknete Bohnen, Rosinen, Melone

Möglicher Mangel	Essen Sie genug?
Empfohlener Zusatz:	10000 I.E. Vitamin A, 1- bis 2mal täglich, fünf Tage nehmen, zwei Tage aussetzen 100 mg Vitamin-B-Komplex (Langzeitwirkung), morgens und abends Multimineralstoffpräparat, morgens und abends Betain-Chlorwasserstoff, 500 mg, eine halbe Stunde vor dem Essen mit einem Glas Wasser Verdauungsenzyme, eine halbe Stunde nach dem Essen mit einem Glas Wasser frischer Kohlsaft, 1 Glas nach dem Essen
	SYMPTOM: *Muskelkrämpfe* (allgemeine Muskelschwäche, Empfindlichkeit der Waden, nächtliche Krämpfe, Muskelkater)
Vitamin B_1 (Thiamin)	Bierhefe, Vollkornprodukte, Fleisch (Schwein oder Leber), Nüsse, Hülsenfrüchte, Kartoffeln
Vitamin B_6 (Pyridoxin)	Trockenhefe, Leber, Innereien, Hülsenfrüchte, Vollkornprodukte, Fisch
Biotin	Bierhefe, Nüsse, Rinderleber, Nieren, unpolierter Reis
Chlor	Natriumchlorid (Speisesalz)
Natrium	Rindfleisch, Schweinefleisch, Sardinen, Käse, grüne Oliven, Mais, Sauerkraut
Vitamin D (Calciferol)	Lebertran, Butter, Eigelb, Leber, zu wenig Sonnenlicht
Empfohlener Zusatz:	400 I.E. Vitamin E (trocken), 3mal täglich chelatkomplexgebundenes Calcium und Magnesium, 3 Tabletten, 3mal täglich 100 mg Niacin, 3mal täglich

Möglicher Mangel	Essen Sie genug?
	SYMPTOM: *Menstruationsbeschwerden*
Vitamin B_{12}	Hefe, Leber, Rindfleisch, Eier, Nieren
Empfohlener Zusatz:	7 – 10 Tage vor der Periode: 1 MVP, morgens und abends 100 mg Vitamin B_6, 3mal täglich 100 mg Vitamin-B-Komplex (Langzeitwirkung), morgens und abends Nachtkerzenöl, 500 mg, 3mal täglich 500 mg Magnesium und 250 mg Calcium, 1mal täglich
	SYMPTOM: *Nasenbluten*
Vitamin C	Zitrusfrüchte, Tomaten, Kartoffeln, Kohl, grüne Paprikaschoten
Vitamin K	Yoghurt, Alfalfa (Luzerne), Sojaöl, Lebertran, Kelp
Bioflavonoide	Schalen von Orangen, Zitronen, Limonen und Mandarinen
Empfohlener Zusatz:	1000 mg Vitamin C mit 50 mg Rutin, Hesperidin und 500 mg Bioflavonoiden (Langzeitwirkung), morgens und abends
	SYMPTOM: *Nervosität*
Vitamin B_6 (Pyridoxin)	Trockenhefe, Leber, Innereien, Hülsenfrüchte, Vollkornprodukte, Fleisch
Vitamin B_{12} (Cyanocobalamin)	Hefe, Leber, Rindfleisch, Eier, Nieren
Niacin (Nicotinsäure, Niacinamid)	Leber, Fleisch, Fisch, Vollkornprodukte, Hülsenfrüchte
PABS	Hefe, Bierhefe, getrocknete Bohnen, Rosinen, Melone
Magnesium	grünes Blattgemüse, Nüsse, Getreideprodukte, Meeresfrüchte

Möglicher Mangel	Essen Sie genug?
Empfohlener Zusatz:	hauptsächlich Vitamin B mit Vitamin C, 1- bis 3mal täglich (50 mg aller B-Vitamine)
	500 – 667 mg Tryptophan, 3mal täglich zwischen den Mahlzeiten (mit Saft oder Wasser) und 3 Tabletten beim Schlafengehen
	3 Tabletten mit chelatkomplexgebundenem Calcium und Magnesium, 3mal täglich
	1 MVP, morgens und abends
	SYMPTOM: *Ohrensausen*
Mangan	Nüsse, grünes Blattgemüse, Erbsen, rote Beten, Eigelb
Kalium	Bananen, Brunnenkresse, grünes Blattgemüse, Zitrusfrüchte, Sonnenblumenkerne
Empfohlener Zusatz:	50 – 100 mg Niacin, 3mal täglich
	400 I.E. Vitamin E, 1- bis 3mal täglich
	SYMPTOM: *Schlechter Atem*
Niacin	Leber, Fleisch, Fisch, Vollkornprodukte, Gemüse
Empfohlener Zusatz:	1 – 2 Eßlöffel Acidophilus-Milch, 1- bis 3mal täglich
	1 Chlorophylltablette oder -kapsel, 3mal täglich
	1 – 3 Tabletten chelatkomplexgebundener Zink, 50 mg, 3mal täglich
	1 – 2 Tabletten Mehrfachenzyme, 1- bis 3mal täglich

Möglicher Mangel	Essen Sie genug?
	SYMPTOM: *Schlaflosigkeit*
Kalium	Bananen, Brunnenkresse, grünes Blattgemüse, Zitrusfrüchte, Sonnenblumenkerne
Vitamin-B-Komplex	Hefe, Bierhefe, getrocknete Bohnen, Rosinen, Melone
Biotin	Bierhefe, Nüsse, Rinderleber, Nieren, unpolierter Reis
Calcium	Milch, Milchprodukte, Fleisch, Fisch, Getreideprodukte, Bohnen, Obst, Gemüse
Empfohlener Zusatz:	2 g Tryptophan, eine halbe Stunde vor dem Schlafengehen (s. S. 104) Vitamin B_6, 100 mg; Niacinamid, 100 mg; chelatkomplexgebundenes Calcium und Magnesium, eine halbe Stunde vor dem Schlafengehen 1 MVP, morgens und abends
	SYMPTOM: *Schlecht heilende Wunden und Brüche*
Vitamin C	Zitrusfrüchte, Tomaten, Kartoffeln, Kohl, grüne Paprikaschoten
Empfohlener Zusatz:	50 mg Zink, 3mal täglich 400 I.E. Vitamin E, 3mal täglich 1 MVP, morgens und abends
	SYMPTOM: *Vaginajucken*
Vitamin B_2	Milch, Leber, Nieren, Hefe, Käse, Fisch, Eier
Empfohlener Zusatz:	2 Eßlöffel Acidophilus-Milch, 3mal täglich oder 3 – 6 Kapseln, 3- bis 4mal täglich

Möglicher Mangel	Essen Sie genug?
	SYMPTOM: *Verlangsamtes Wachstum*
Fett	Fleisch, Butter
Protein	Fleisch, Fisch, Eier, Milchprodukte, Sojabohnen, Erdnüsse
Vitamin B_2 (Riboflavin)	Milch, Leber, Nieren, Hefe, Käse, Fisch, Eier
Folsäure	frisches grünes Blattgemüse, Obst, Innereien, Leber, Trockenhefe
Zink	Gemüse, Vollkornprodukte, Weizenkleie, Weizenkeime, Kürbis- und Sonnenblumenkerne
Kobalt	Leber, Nieren, Innereien
Empfohlener Zusatz:	1 MVP, morgens und abends
	SYMPTOM: *Verlust des Geruchssinns*
Vitamin A	Fisch, Leber, Eigelb, Butter, Sahne, grünes Blattgemüse, gelbes Gemüse
Zink	Gemüse, Vollkornprodukte, Weizenkleie, Weizenkeime, Kürbis- und Sonnenblumenkerne
Empfohlener Zusatz:	50 mg chelatkomplexgebundenes Zink, 3mal täglich (reduziert auf 1- bis 2mal täglich, wenn der Zustand sich bessert)
	SYMPTOM: *Verstopfung*
Vitamin-B-Komplex	Leber, Rindfleisch, Käse, Schweinefleisch, Nieren
Empfohlener Zusatz:	8 – 10 Gläser Wasser täglich 1 Eßlöffel Acidophilus-Milch, 3mal täglich 3 – 9 Kleietabletten oder 3 Eßlöffel Kleie, täglich Vitamin C, 3000 mg täglich Vitamin-B-Komplex, 100 mg (Langzeitwirkung), morgens und abends

Möglicher Mangel	Essen Sie genug?
	SYMPTOM: *Weiße Flecken auf den Nägeln*
Zink	Gemüse, Vollkornprodukte, Weizenkleie, Weizenkeime, Kürbis- und Sonnenblumenkerne
Empfohlener Zusatz:	50 mg Zink, 3mal täglich Vitamin-B-Komplex mit Vitamin C, 1- bis 2mal täglich 1 Multimineralstoffpräparat, 2mal täglich
	SYMPTOM: *Zittern*
Magnesium	grünes Blattgemüse, Nüsse, Getreideprodukte, Meeresfrüchte
Empfohlener Zusatz:	Vitamin-B-Komplex und 50 mg Vitamin B_6, 3mal täglich 1000 mg Calcium, 500 mg Magnesium, auf drei Mahlzeiten täglich verteilt
	SYMPTOM: *Zurückhalten des Urins*
Vitamin B_6	Trockenhefe, Leber, Innereien, Hülsenfrüchte, Vollkornprodukte, Fisch
Empfohlener Zusatz:	100 mg Vitamin B_6, 3mal täglich

Heißhunger und was er bedeutet

Heißhunger, der manchmal auf Allergien hindeutet, ist meistens die Methode der Natur, Sie wissen zu lassen, daß Sie nicht genügend von bestimmten Vitaminen oder Mineralstoffen bekommen. Oft entwickelt sich dieser Heißhunger, weil die Kost insgesamt unzureichend ist.

Einige der häufigeren Formen von Heißhunger äußern sich in einem Verlangen nach:

Erdnußbutter. Sie ist eine gute Lieferantin von Vitamin B. Wenn Sie merken, daß Sie davon ein paarmal zu oft naschen, dann geschieht das vielleicht, weil Sie unter Streß stehen und Ihre übliche Aufnahme an Vitamin B nicht ausreicht. Da 50 Gramm Erdnußbutter auch 284 Kalorien enthalten, wäre es vielleicht besser für Ihre Figur, wenn Sie ein Vitamin-B-Präparat nehmen, damit Sie nicht dicker werden.

Bananen. Wenn Sie immer wieder nach dieser Frucht greifen, könnte es sein, daß Ihr Körper Kalium braucht. Eine mittelgroße Banane hat 555 mg davon. Leute, die harntreibende Mittel oder Cortison (das dem Körper das notwendige Kalium entzieht) nehmen, haben oft Heißhunger auf Bananen.

Käse. Wenn Sie regelrechte Gelüste auf Käse haben, dann ist es ziemlich wahrscheinlich, daß Sie in Wirklichkeit Hunger auf Calcium und Phosphor haben. Wenn der Käse, von dem Sie genascht haben, auch noch konserviert wurde, dann haben Sie zusätzlich noch Aluminium und Salz bekommen, ohne es zu wissen. Vielleicht sollten Sie mehr Brokkoli essen. Dieses Gemüse hat einen hohen Anteil an Calcium und Phosphor und ist viel kalorienärmer als Käse.

Äpfel. Täglich ein Apfel ist im allgemeinen keine Garantie für gute Gesundheit, aber er gibt Ihnen viele Dinge, die Sie vielleicht in anderen Nahrungsmitteln nicht finden – Calcium, Magnesium, Phosphor, Kalium –, und er ist eine ausgezeichnete Quelle für das Pektin, das den Cholesterinspiegel senkt. Wenn Sie viel gesättigte Fette essen, liegt der Heißhunger auf Äpfel vielleicht daran.

Butter. Die meisten Vegetarier haben Heißhunger auf Butter, weil sie wenig gesättigte Fette zu sich nehmen. Bei gesalzener Butter kann sich der Heißhunger allerdings allein auf das Salz richten.

Cola. Der übermäßige Appetit auf Cola-Getränke ist meistens ein Hunger auf Zucker und eine Abhängigkeit von Koffein (s. Abschnitt Seite 214). Das Getränk selbst hat – außer Zucker – keinerlei Nährwert.

Nüsse. Wenn Sie verrückt nach Nüssen sind, dann könnten Sie vielleicht etwas mehr Protein, Vitamin B oder Fett in Ihrer Kost vertragen. Wenn Sie vor allem gesalzene Nüsse mögen, dann richtet sich der Hunger vielleicht auf das Natrium, nicht auf die Nüsse selbst. Unter Streß neigen die Leute mehr dazu, Nüsse zu essen, als wenn sie entspannt sind.

Eiscreme. Eiscreme enthält zwar viel Calcium, aber die meisten Menschen sind hinter ihrem Zuckergehalt her. Leute mit wenig Blutzucker und Diabetiker haben Heißhunger darauf; auch die Menschen, die sich nach der Geborgenheit der Kindheit zurücksehnen.

Eingelegte Gurken. Wenn Sie schwanger sind und eingelegte Gurken wollen, dann haben Sie vermutlich Appetit auf das Salz. Auch wenn Sie nicht schwanger sind und Heißhunger auf eingelegte Gurken verspüren, ist der Grund vermutlich derselbe. Die eingelegten Gurken haben auch einen beachtlichen Gehalt an Kalium.

Frühstücksspeck. Hier richtet sich der Heißhunger meistens auf das Fett. Leute, die eine strenge Diät einhalten müssen, sind am anfälligsten für diese Gier nach Fett. Frühstücksspeck besitzt einen gewissen Anteil an ungesättigten Fettsäuren. Wenn Sie ihn also essen, achten Sie darauf, daß Sie auch genügend Vitamin A, C, D und vor allem E bekommen.

Eier. Abgesehen von dem Protein (zwei Eier liefern Ihnen 13 Gramm), dem Schwefel, den Aminosäuren und dem Selen-Protein sind Eier-Fans vielleicht auch hinter dem Fettgehalt des Eigelbs her oder – paradoxerweise – hinter dem Cholin, das Cholesterin und Fett spaltet.

Zuckermelone. Der Geschmack ist vielleicht nicht der einzige Grund dafür, daß Sie einen Heißhunger auf diese Frucht haben. Melonen haben einen hohen Anteil an Kalium und Vitamin A. In der Tat, ein Viertel einer Melone hat 3400 I.E. Vitamin A. Da die Melone auch Vitamin C, Calcium, Magnesium, Phosphor, Biotin und Inosit liefert, ist es nicht das schlechteste, wenn Sie diesem Heißhunger nachgeben. Eine halbe Melone hat nur etwa 60 Kalorien.

Oliven. Ob Sie nun hinter den grünen oder den schwarzen her sind, wahrscheinlich wollen Sie das Salz haben. Leute mit einer Unterfunktion der Schilddrüse greifen meistens als erste nach Oliven.

Salz. Hier braucht man nicht lange zu raten, es geht um das Natrium. Meistens liegt ein Mangel an Jod in der Schilddrüse vor oder die Addinsonsche Krankheit, eine Erkrankung der Nebennieren, bei der wenig Natrium vorhanden ist. Leute mit hohem Blutdruck haben oft Heißhunger darauf, aber Salz tut ihnen nicht gut.

Zwiebeln. Heißhunger auf mit Zwiebeln gewürzte Nahrungsmittel kann in manchen Fällen auf Probleme mit der Lunge hindeuten.

Schokolade. Sicher eine der häufigsten Formen des Heißhungers, wenn nicht gar die häufigste überhaupt. Schokoladensüchtige sind hinter dem Koffein und dem Zucker her (5 bis 10 mg Koffein sind in einer Tasse Kakao enthalten). Wenn Sie von der Schokolade loskommen wollen, versuchen Sie es einmal mit Johannisbrot. Das wird aus den süß schmeckenden Hülsenfrüchten, dem ›wilden Honig‹ Johannes' des Täufers, des in den Mittelmeerländern wachsenden Johannisbrot- oder Karobbaums (*Ceratonia siliqua*) hergestellt.

Milch. Wenn Sie als Erwachsener immer noch großen Appetit auf Milch haben, brauchen Sie vielleicht zusätzlich Calcium. Außerdem könnten es die Aminosäuren – beispielsweise Tryptophan, Leucin und Lysin – sein, die Ihr Körper braucht. Nervöse Menschen haben aus diesem Grunde auch oft auf das Typtophan in der Milch Appetit, weil es eine beruhigende Wirkung hat.

Mayonnaise. Da sie fettreich ist, haben Vegetarier oft Heißhunger darauf; oder Leute, die andere Fette von ihrem Speiseplan gestrichen haben.

Saures Obst. Ein ständiger Heißhunger auf saures Obst kann oft auf Probleme mit der Gallenblase oder der Leber hinweisen.

Schmutz. Kinder neigen dazu, sich Schmutz in den Mund zu stopfen. Oft ist das ein Hinweis auf einen Mangel an Calcium oder Vitamin D. Sie sollten die Ernährung Ihres Kindes überprüfen, und ein Besuch beim Kinderarzt wäre auch zu empfehlen.

So bekommen Sie ein Maximum an Vitaminen aus Ihrer Kost

Wenn Sie die richtige Kost essen, ist das nicht unbedingt auch gleichbedeutend damit, daß Sie die Vitamine bekommen, die sie enthält. Konservierung, Lagerung und Kochen kann schnell die besten Absichten in der Ernährung hintertreiben. Damit Sie ein Maximum aus dem herausbekommen, was Sie essen (gar nicht zu reden von dem, was Sie bezahlen), beherzigen Sie folgende Tips:

- Waschen Sie frisches Gemüse, aber ertränken Sie es nicht, wenn Sie ein wenig von dem Vitamin B und C haben wollen, die es enthält.
- Richten Sie Ihre Salate erst an, wenn Sie sie auch gleich essen wollen. Läßt man zerkleinertes Obst und Gemüse stehen, verlieren sie Vitamine durch Oxidation mit Sauerstoff.
- Benutzen Sie ein scharfes Messer beim Zerkleinern von frischem Gemüse. Denn Vitamin A und C gehen verloren, wenn die Gemüsefasern beschädigt werden.
- Falls Sie nicht vorhaben, in den nächsten Tagen frisches Obst und Gemüse zu essen, dann ist es besser, wenn Sie kurzfristig tiefgefrorene Produkte kaufen. Der Vitamingehalt von beispielsweise guten tiefgefrorenen Bohnen ist höher als bei den frischen, die Sie eine Woche lang im Kühlschrank aufbewahrt haben.
- Obwohl sie härter sind als die inneren, haben die äußeren Blätter von Salat mehr Calcium, Eisen und Vitamin A.
- Tauen Sie Tiefkühlgemüse nicht auf vor dem Kochen.
- Brokkoli-Blätter haben mehr Vitamin A als die Stengel.
- In parboiled Reis sind mehr Vitamine als in poliertem, und brauner Reis ist nahrhafter als weißer.
- Tiefkühlkost, die Sie im Kochbeutel garen können, bietet mehr Vitamine als die ohne Beutel; und Tiefkühlprodukte sind der Kost aus der Konserve vorzuziehen.
- Wenn Sie im Kupfertopf kochen, können Vitamin C, Folsäure und Vitamin E zerstört werden.
- Rostfreier Stahl, Glas und Emaille sind das beste Material für Kochtöpfe. Eisentöpfe können Ihnen zwar mehr Eisen liefern, aber sie verringern das Vitamin C.
- Die kürzeste Kochzeit und die kleinste Wassermenge wirken am wenigsten zerstörerisch auf die Nahrungsmittel.

- Milch in Glasbehältern kann Riboflavin und die Vitamine A und D verlieren, wenn Sie sie nicht dunkel aufbewahren. Auch Brot, das dem Licht ausgesetzt ist, kann seinen Nährwert verlieren.
- Gut gebräunte, knusperige oder getoastete Lebensmittel haben weniger Thiamin als andere.
- Kochen Sie Kartoffeln mit der Schale, damit die meisten Vitamine erhalten werden.
- Nehmen Sie das Kochwasser von Gemüse für Suppen, den Bratensaft vom Fleisch für Saucen und die Flüssigkeit aus Obstkonserven für die Zubereitung von Nachtisch.
- Legen Sie Obst und Gemüse in den Kühlschrank, sobald Sie nach dem Einkaufen wieder zu Hause sind.

Noch Fragen zu Kapitel X?

»Ich gebe meinen Kindern das, was ich für eine recht ausgewogene Kost halte. Aber sie sind im Teenageralter, und wenn sie unterwegs sind, dann kaufen sie sich oft Hamburger, Hot Dogs, Mixgetränke und all das Zeug. Wie schlecht ist das denn wirklich für sie?«

Also: Gramm für Gramm, Happen für Happen, Schluck für Schluck überwiegt das Schlechte gegenüber dem Guten. Beispielsweise kann ein Hamburger zwar 44 Prozent des Proteinbedarfs eines heranwachsenden Jungen liefern. Aber wenn Sie bedenken, daß ein dicker Hamburger auch 591 Kalorien, 33 Gramm Fett, 6 Gramm Zucker und 963 Milligramm Natrium enthält, dann müssen Sie zugeben, daß das in bezug auf die richtige Ernährung ein hoher Preis ist, der für das Protein gezahlt wird. Niemand braucht soviel Salz (s. Seite 237).

Auch über die Hot Dogs gibt es nicht viel Gutes zu berichten. Sie enthalten viel Fett, wenig Protein und meistens viel Salz.

Mixgetränke mit Milch oder Milchprodukten enthalten meistens auch viel Zucker und Salz. Ihre Kinder sollten sich zu Hause ein Mixgetränk zum halben Preis, mit weniger Kalorien, Zucker und Salz, dafür aber mit dem doppelten Nährwert herstellen. Wenn Sie diese Information an Ihre Kinder weitergeben, dann gehen sie vielleicht nicht mehr so häufig in diese Schnellrestaurants.

»Ich habe sehr oft ein scharfes, brennendes Gefühl auf Zunge und Lippen. Es scheint nicht mit irgendeinem bestimmten Nahrungsmittel in Zusammenhang zu stehen. Könnte es ein Hinweis auf einen Vitaminmangel sein?«

Das ist sehr wahrscheinlich. Das Gefühl von brennender Zunge oder brennenden Lippen steht häufig im Zusammenhang mit einem Mangel an Vitamin B_1 (Thiamin). Ich schlage vor, daß Sie mehr Vollkornprodukte, Haferflocken, Kleie, Gemüse und Bierhefe essen, dazu nehmen Sie ein ausgewogenes Präparat des Vitamin-B-Komplexes, 100 mg dreimal täglich.

»Meine Mutter hat einen Heißhunger auf Eis. Nicht nur an heißen Tagen, sondern einfach immer. Sie lutscht die Eiswürfel wie Bonbons. Könnte das irgend etwas mit einem Mangel in der Ernährung zu tun haben?«

Wenn Ihre Mutter oft erschöpft ist, kann dieser Heißhunger auf Eis vielleicht auf einen Eisenmangel hinweisen (der zu einer leichten Anämie führen kann). Ermuntern Sie sie, mehr eisenhaltige Nahrung zu sich zu nehmen (Leber, rotes Fleisch, Austern, Spargel, Haferflocken) und dazu ein organisches Eisenpräparat, 50 bis 100 mg, ein- bis dreimal täglich.

»Ich bin 42 Jahre alt, und um meine Augen herum entwickelt sich ein gelblicher Bereich. Fehlt irgendein Vitamin oder Nährstoff in meiner Kost, der hierfür die Ursache sein könnte?«

Es ist wahrscheinlich, daß es sich um Cholesterin-Ablagerungen handelt. Dazu kann es kommen, wenn der Körper versucht, überschüssiges Cholesterin loszuwerden. So etwas liegt häufig in der Familie und könnte vielleicht ein Hinweis darauf sein, daß Sie anfällig für Herzerkrankungen sind. Lesen Sie auf Seite 121 nach, wie Sie den Cholesterinspiegel senken können. Nehmen Sie auch mehr Vitamin B, Chrom und Zink zu sich, sowohl in der Nahrung als auch als zusätzliche Präparate.

XI
Lesen Sie das Etikett

Es ist wichtig, die Angaben auf der Verpackung zu verstehen

Nur allzu oft kaufen die Leute irgendwelche Präparate und sehen sich den Aufdruck auf der Packung überhaupt nicht an. Sie verlangen ein Multivitaminpräparat und nehmen, was sie über den Tisch geschoben bekommen. Und dabei merken sie nicht, daß sie vielleicht in bezug auf den Vitamingehalt übers Ohr gehauen werden. Multivitaminpräparate unterscheiden sich in ihrer Zusammensetzung, und die teuerste Tablette ist nicht unbedingt immer die beste. Damit Sie auch wirklich das bekommen, was Sie brauchen, lesen Sie den Aufdruck. Und wenn Sie zu Allergien neigen, sollten Sie überprüfen, was außer Vitaminen in einem bestimmten Präparat noch enthalten ist (s. Seite 32).

Wenn Wörter auf der Packung stehen, die Sie nicht kennen, bitten Sie um Erklärung. Ist Ihr Apotheker dazu nicht in der Lage, kaufen Sie Ihre Präparate dort, wo man Ihre Fragen beantworten kann. Überprüfen Sie vor allem die Dosierung. Wenn man Ihnen gesagt hat, Sie sollen viermal täglich Vitamin E nehmen, dann brauchen Sie wahrscheinlich nicht 400 I.E. Vitamin und Mineralstoffe gibt es in unterschiedlichen Stärken. Achten Sie darauf, daß Sie das bekommen, wonach Sie gefragt haben – und was Sie brauchen. Wenn Sie die Angaben auf Verpackung und Beipackzettel nicht verstehen, kann oft die gute Wirkung eines Präparats beeinträchtigt werden.

Maßeinheiten

Die Bezeichnungen für das Messen der Vitamin-Aktivität sind nicht so verwirrend, wie es scheint. Fettlösliche Vitamine (A, E, D und K) werden im allgemeinen nach Internationalen Einheiten (I. E.) gemessen. Vor kurzem hat allerdings eine Expertenkommission der Weltgesundheitsorganisation und der Organisation für Ernährung und Landwirtschaft der Vereinten Nationen (WHO/FAO) beschlossen, bei Vitamin A eine Änderung einzuführen. Sie schlug vor, statt in Internationalen Einheiten in Retinol-Äquivalenten (Ret.-Ä.) zu messen; das ist das entsprechende Gewicht von Retinol (Vitamin A_1, Alkohol), das wirklich aufgenommen und assimiliert wird.

Retinol-Äquivalente sind fünfmal kleiner als Internationale Einheiten. 5000 I. E., die für einen Mann zwischen fünfundzwanzig und sechzig empfohlen werden, wären 1000 Ret.-Ä.

Die meisten anderen Vitamine und Mineralstoffe werden in Milligramm (mg) und Mikrogramm (μg) gemessen.

EINE KLEINE ÜBERSICHT ÜBER EINIGE MASSE

1 Kilogramm = 1000 Gramm

1 Gramm = 1000 Milligramm

1 Milligramm = ein Tausendstel eines Gramms

1 Mikrogramm = ein Tausendstel eines Milligramms

1 Tropfen = ungefähr 0,06 Milliliter (ml)

1 Teelöffel = ungefähr 3,7 ml

1 Eßlöffel = ungefähr 13,8 ml

Deutsche Gesellschaft für Ernährung

Die Deutsche Gesellschaft für Ernährung (DGE) in Frankfurt ist ein Zusammenschluß von Medizinern und Naturwissenschaftlern. Sie sammelt wissenschaftlich gesichertes Wissen über die Ernährung und wertet diese Ergebnisse aus. Es geht der DGE um die Erhaltung der Gesundheit und Leistungsfähigkeit des Menschen, und sie gibt Anleitungen und Empfehlungen für die richtige Ernährung heraus.

Worauf Sie achten müssen

Wenn Sie Mineralstoffpräparate kaufen, achten Sie darauf, daß sie mit Aminosäuren verbunden sind, denn dann ist ihre Aufnahme drei- bis fünfmal höher.

Wenn Sie Öl kaufen, nehmen Sie Qualitätsöl mit Linolsäure und Vitamin E.

Noch Fragen zu Kapitel XI?

»Was sind Emulgatoren?«

Emulgatoren werden benutzt, um Substanzen miteinander zu verbinden, die sich normalerweise nicht gut mischen. Die gute Qualität von Speiseeis, Brot, Margarine und Schokolade beispielsweise ist nur möglich durch die Verwendung von Emulgatoren. Ausgangsstoffe für diese Emulgatoren sind meistens aus Fetten (pflanzlichen und tierischen) gewonnene Fettsäuren und deren Salze. Auch Glycerin und Kohlenhydrate sind solche Ausgangsstoffe. Es gibt eine Vielzahl von Lebensmittelemulgatoren, deren Verwendung durch das Lebensmittelgesetz genau vorgeschrieben ist.

»Die Vitaminkapseln und -tabletten sind häufig bunt. Was ist mit den Farben?«

Farbstoffe werden zugesetzt, um ein Produkt ›appetitlicher‹ aussehen zu lassen. Die Anzahl der Farbstoffe und deren Verwendung sind durch den Gesetzgeber genau geregelt.

»Was ist der Unterschied zwischen Kalorien und Joule?«

Joule ist das international gültige Maß für Energie. Die Bezeichnung Kalorie ist zwar weiterhin erlaubt und üblich, aber seit 1978 muß daneben auch die Bezeichnung Joule für den Brennwert bei Nahrungsmitteln stehen. In der Umgangssprache wird in der Regel nicht unterschieden zwischen Kilokalorie (= 1000 Kalorien) und Kalorie.
1 Kilojoule (kJ) = 0,239 Kilokalorien (kcal)
1 Kilokalorie (kcal) = 4,186 Kilojoule (kJ).

XII
Ihr spezieller Vitaminbedarf

Bestimmen Sie Ihr Programm

Wir wissen, daß der Stoffwechsel nicht bei allen Menschen gleich ist, aber wir vergessen oft, daß dies auch bedeutet, daß nicht alle Menschen dieselben Vitamine benötigen. In den folgenden Abschnitten habe ich eine Reihe von Programmen aufgestellt, in denen bestimmten Bedürfnissen Rechnung getragen wird. Sehen Sie sich alle durch und überprüfen Sie, welches am besten zu Ihrer eigenen Situation paßt. Wenn Sie unter mehr als eine Kategorie fallen, stimmen Sie die Programme aufeinander ab, damit Sie nicht doppelte Mengen nehmen, sondern nur die zusätzlichen Vitamine hinzufügen.

MVP – MINDELLS VITAMIN PROGRAMM
- Hochwirksame Multivitamine mit chelatkomplexgebundenen Mineralstoffen (vorzugsweise Langzeitwirkung)
- Vitamin C, 1000 mg mit Bioflavonoiden, Rutin, Hesperidin und Hagebutten
- Hochwirksame chelatkomplexgebundene Multimineralstoffe

WICHTIGE ANMERKUNG: Bevor Sie mit irgendeinem Programm beginnen, sollten Sie den Abschnitt ›Vorsicht‹ auf Seite 258 lesen und sich mit einem Arzt beraten, der viel von Ernährungswissenschaft versteht. Die Programme in diesem Buch sind weder Verordnungen, noch sind sie als medizinischer Rat gedacht.

Frauen

12 – 18 Jahre	Multivitamin- und Multimineralstoffe Vitamin C, 500 mg mit Hagebutten Vitamin E, 200 I. E. (trockene Form) jeweils 1 zum Frühstück
19 – 50 Jahre	MVP (s. Seite 172) Vitamin E, 400 I. E. (trockene Form) jeweils 1 zum Frühstück und wenn notwendig zum Abendessen zusätzlich 3 Nukleinsäuretabletten, 100 mg, täglich 3 SOD-Tabletten (s. Seite 248) täglich (nur an sechs Tagen in der Woche nehmen) Magnesium, 1000 mg, und Calcium, 500 mg, täglich Eisen, 15 bis 50 mg täglich 1 Präparat mit mehrfachen Verdauungsenzymen, wenn nötig Vitamin-B-Komplex, morgens und abends, wenn eine Belastung durch Streß vorliegt
51 und älter	MVP (s. Seite 172) Vitamin E, 400 I. E. (trockene Form) jeweils 1 zum Frühstück und zum Abendessen 1- bis 3mal mehrfache Verdauungsenzyme täglich

Männer

11 – 18 Jahre	Multivitamin- und Multimineralstoffe Vitamin C, 500 mg, mit Hagebutten Vitamin E, 400 I. E. (trockene Form) jeweils 1 zum Frühstück
19 – 50 Jahre	MVP (s. Seite 172) Vitamin E, 400 I. E. (trockene Form) jeweils 1 morgens und abends 3 Nukleinsäuretabletten, 100 mg, täglich 3 SOD-Tabletten (s. Seite 248) täglich (nur an sechs Tagen in der Woche einnehmen) Zink, 15 bis 50 mg täglich Lecithinkörnchen, 2 Eßlöffel oder 9 Kapseln täglich Vitamin-B-Komplex, morgens und abends, wenn Belastung durch Streß vorliegt

51 und älter	MVP (s. Seite 172) Vitamin E, 400 I.E. (trockene Form) je 1 2mal täglich 3 Nukleinsäuretabletten (RNS-DNS), 100 mg, täglich 3 SOD-Tabletten (s. Seite 248) täglich (nur an sechs Tagen in der Woche einnehmen) 1- bis 3mal mehrfache Verdauungsenzyme

Kleinkinder

1 – 4 Jahre	Ein gut schmeckendes, kaubares Multivitaminpräparat täglich. (Sehen Sie auf der Packung nach, ob alle wichtigen Vitamine enthalten sind; möglichst ohne Zusätze von Farbe, Zucker oder Geschmack.)

Kinder

5 – 12 Jahre	Heranwachsende Kinder brauchen verstärkt Multivitamine mit Mineralstoffen, besonders Calcium und Eisen, damit sie normal wachsen. Die Tablette sollte auch einen entsprechenden Anteil des Vitamin-B-Komplexes haben, ebenso Vitamin C. Eine Tablette täglich ist ausreichend. Achten Sie darauf, daß keine Farbe, Geschmacksstoffe oder Zucker (Saccharose) zugesetzt wurden.

Schwangere Frauen

Die richtigen Vitamine sind in der Schwangerschaft besonders wichtig.

Ein gutes, hochwirksames Multivitaminpräparat mit Mineralstoffen, reich an Vitamin A, B_6, B_{12}, C, E und Folsäure.

Chelatkomplexgebundene Multimineralstoffe, reich an Calcium (2 Tabletten sollten 1000 mg Calcium und 500 mg Magnesium entsprechen).

Jeweils 1 2mal täglich

Zusätzlich Folsäure, 800 mg, 3mal täglich

Stillende Mütter

Dieselben Präparate wie für schwangere Frauen sind empfehlenswert, zusätzlich die Vitamine A, B_6, B_{12}, C und E. Ihr Körper und Ihr Baby brauchen die beste Ernährung, für die Sie sorgen können.

Läufer

Während der ersten 15 oder 20 Minuten eines Laufs verbrennen Sie fast nur Glucose. Dann greift der Körper auf die Fette (Lipide) zur Energiegewinnung zurück (er nützt die Lipide für die Energie aus; ein Bestandteil, der Acetyl-Koenzym A heißt, wird gebildet). Wenn nur tierische Fette vorhanden sind, bildet sich dieser Bestandteil langsam, und die Energie reicht nicht aus. Wenn jedoch mehrfach ungesättigte Fette vorhanden sind, bildet sich Acetyl-Koenzym A schnell. Steigern Sie Ihre Aufnahme an mehrfach ungesättigten Fetten – Keime, Erdnüsse – und Antioxidantien wie Vitamin A, C, E und Selen, damit keine ungünstigen chemischen Reaktionen eintreten.

Ein gutes Ergänzungsprogramm wäre:

Multivitamine mit chelatkomplexgebundenen Mineralstoffen
Vitamin-C-Komplex, 1000 mg
Vitamin-B-Komplex mit Zink
Jeweils 1 2- bis 3mal täglich
Auch Vitamin E, 400 I.E., morgens und abends, und 1 chelatkomplexgebundene Multimineralstofftablette täglich
Cytochrom und Inosit, 1- bis 3mal täglich

Jogger

Die Bedürfnisse in der Ernährung sind bei Joggern dieselben wie bei Läufern. Denken Sie daran: Damit Sie zu großer Energie kommen, vergessen Sie die mehrfach ungesättigten Fettsäuren nicht!

Manager

Da Anspannung und Streß nun einmal zu unserem Alltag gehören und Energie eine Notwendigkeit ist, brauchen Sie ein

Vitaminprogramm, das Sie nicht im Stich läßt. Viele Manager, die ich kenne, halten sich an das folgende:
MVP (s. Seite 172), morgens und abends
Vitamin-B-Komplex, morgens und abends
Lecithinkörnchen, 2 Eßlöffel oder 3 Kapseln zu jeder Mahlzeit
L-Tryptophan, 500 mg, zwischen den Mahlzeiten

Wenn Sie es morgens eilig haben, versuchen Sie doch einmal mein Frühstückskraftgetränk:

REZEPT
2 Eßlöffel Protein-Pulver
1 Eßlöffel natürliche Hefe
2 Eßlöffel Lecithinkörnchen
3 Eiswürfel
2 Eßlöffel frisches Obst, Honig oder Fructose

In den Mixer geben und bei hoher Geschwindigkeit eine Minute lang mischen.

Studenten

Mal eben im Vorbeigehen essen, Frühstück ausfallen lassen und nicht genug Ruhe bekommen – so sieht das Leben bei vielen Studenten aus. Und als ob das nicht schon schlimm genug für die Gesundheit wäre, besteht die Kost der Studenten häufig vorwiegend aus Kohlenhydraten. Wenn Sie in diese Gruppe gehören, denken Sie daran, daß diese Faktoren und der ständige Druck beim Lernen ihren Preis fordern. Eine gute Ernährung würde so aussehen:
MVP (s. Seite 172)
Vitamin E, 500 I.E.
Vitamin-B-Komplex mit Zink
Jeweils 1 zum Frühstück und Mittagessen
Cholin, 100 mg, 3mal täglich

Sie können Ihre Leistung bei der Arbeit auch steigern, wenn Sie mehr cholinhaltige Kost zu sich nehmen (s. Seite 55).

Ältere Menschen

Die Bedürfnisse in der Ernährung können bei älteren Menschen sehr unterschiedlich sein, das hängt ganz vom einzelnen ab. Als allgemeine Regel gilt jedoch, wenn Sie älter als 65 Jahre sind, brauchen Sie zusätzlich Mineralstoffe, besonders Calcium, Magnesium, Eisen und Vitamine wie C und den B-Komplex. Vitamin E kann dazu beitragen, einen niedrigen Blutdruck zu erhöhen, der oft für Krämpfe in den Beinen verantwortlich ist. Und vergessen Sie nicht die Faserstoffe. Wenn Ihnen das Kauen schwerfällt, können Sie Nahrungsmittel mit viel Faserstoffen in passende Portionen zerkleinern, ohne daß diese an Wirkung verlieren. Sie sollten auch nicht allzu viele Süßigkeiten essen, denn ältere Menschen neigen zu Diabetes.

Eine gute Ergänzung könnte so aussehen:

Multivitamin- und Multimineralstoffe
Vitamin C aus Hagebutten, 500 mg, mit Bioflavonoiden
Multimineralstofftabletten, chelatkomplexgebunden
Vitamin E, 400 I.E. (trockene Form)
Jeweils 1 zum Frühstück und zum Mittagessen

Sportler

An die Ernährung von Sportlern werden hohe Anforderungen gestellt. Sie müssen aus der Nahrung zuallererst Energie beziehen, darum sollten Nahrungsmittel mit hoher Energie genommen werden – im Gegensatz zu Nahrungsmitteln mit ›schneller‹ Energie. Wenn Sie einen hochgradig aktiven Sport ausüben, brauchen Sie eine Kost mit mehr Kohlenhydraten und Proteinen als jemand, der einen Sport betreibt, für den weniger Energie notwendig ist. Sogar Golf kann zu einem Sport mit hohem Energiebedarf werden, wenn intensiv über lange Zeit gespielt wird. Denken Sie daran, daß übermäßige Mengen an Glucose, Zucker, Honig oder Bonbons Flüssigkeit in den Verdauungstrakt ziehen. Das kann während einer Dauerleistung zu Problemen durch Wasserentzug führen. Ein durststillender Schluck eines Fruchtsaftes ist das beste Mittel zur Gewinnung ›schneller‹ Energie.

Als Zusatz empfehle ich:

Multivitamine und chelatkomplexgebundene Mineralstoffe
Vitamin-B-Komplex
Vitamin-C-Komplex, 1000 mg
Vitamin E, 400 bis 1000 I.E.
Multimineralstoffe, chelatkomplexgebunden

Jeweils 1 zum Frühstück, Mittag und Abendessen
Cytochrom und Inosit
Vitamin B_{15}, 50 mg
Jeweils 1- bis 3mal täglich
1 Proteinpräparat (wäre zu empfehlen)

Nachtarbeiter

Wissenschaftler des Forschungsinstituts Stanford/USA haben festgestellt, »daß Wechselschichten von den Arbeitern einen hohen körperlichen und seelischen Preis erfordern«. Wenn Essens- und Schlafenszeiten durcheinandergebracht werden, gerät auch der biologische Rhythmus des Körpers durcheinander. Wenn Sie oft zwischen Tag- und Nachtschicht wechseln, dann steht Ihr Körper unter großem Streß, Sie werden leichter krank, und es besteht die Gefahr, daß Sie Geschwüre bekommen. Ich meine, daß in diesem Fall die Einnahme folgender Präparate für Sie empfehlenswert wäre:
MVP (s. Seite 172)
Vitamin D, 400 I.E., mit der Hauptmahlzeit
3 Tryptophantabletten, 500 mg, eine halbe Stunde vor dem Schlafengehen (wann immer das auch sein mag)

Fernlastfaher

Anspannung, Streß und eine Kost, die allzuoft zuviel Fett enthält, sind wichtige Gründe, die folgende Ergänzung in Betracht zu ziehen:
MVP (s. Seite 172)
Lecithinkörnchen, 3 Eßlöffel oder 12 Kapseln täglich
1 Vitamin-B-Komplex, 100 mg
3 Tryptophantabletten, 500 mg, eine halbe Stunde vor dem Schlafengehen, wenn sie als Einschlafhilfe nötig sind

Tänzer

Tänzer haben einen Energiebedarf, der dem des Sportlers gleichkommt, aber wegen der Gewichtsbeschränkungen können sie nicht dieselbe Menge an Kohlenhydraten zu sich nehmen. Gute ergänzende Präparate sind deshalb unerläßlich, wie die meisten Tänzer Ihnen bestätigen werden. Ich schlage vor:

MVP (s. Seite 172 – achten Sie darauf, daß Sie das Multimineralstoffpräparat 2mal täglich nehmen)

1 Präparat mit ausgewogenem Calcium- und Magnesiumanteil täglich

Bauarbeiter

Viele Arbeiter haben es mit Substanzen zu tun, die als gefährlich eingestuft werden. Bauarbeiter sind besonders anfällig. Je nachdem, an welcher Art von Bau Sie arbeiten, sind Sie den verschiedensten gefährlichen Bedingungen ausgesetzt, angefangen von der allgemeinen Luftverschmutzung bis hin zu den Dämpfen, die beispielsweise beim Löten entstehen können. Auf alle Fälle ist eine Kost, die reich an Antioxidantien wie Vitamin A, C und E ist, hilfreich, um Ihren Körper zu entgiften. Folgende Zusätze sind empfehlenswert:

MVP (s. Seite 172)

Vitamin-B-Komplex, 100 mg, 2mal täglich

Vitamin E, 400 bis 1000 I.E., 2mal täglich

Verkaufspersonal

Ob Sie Autos, Bücher, Sportartikel oder Lebensmittel verkaufen, der seelische und körperliche Streß ist groß. Und da bei Ihrer Arbeit das persönliche Auftreten oft genauso wichtig wie das zu verkaufende Produkt ist, wäre es klug, wenn Sie die richtigen Zusatzpräparate nehmen würden. Sie werden über die Ergebnisse überrascht sein.

MVP (s. Seite 172)

Vitamin-B-Komplex, 3mal täglich (zu jeder Mahlzeit)

Vitamin E, 400 I.E., morgens und abends

Schauspieler, Leute von Funk und Fernsehen

Nicht einer von den Schauspielern und Schauspielerinnen, die ich kenne, kommt ohne ein Vitamin-B-Präparat aus. Der Streß und die Anspannung beim Spielen sind durch den Beruf bedingt. Und wenn Sie zu den zahlreichen Schauspielern

gehören, die einfach nur essen, um Nahrung zu sich zu nehmen, dann finden sehr oft die notwendigen Vitamine zu wenig Beachtung. Folgendes wäre eine gute Ergänzung:
MVP (s. Seite 172), morgens und abends
Vitamin-B-Komplex mit Zink, morgens und abends
Vitamin E, 400 I. E., 2mal täglich

Sänger

Wie Schauspieler stehen auch Sänger unter großem Streß, ob sie nun eine Aufführung haben oder proben. Wenn Sie Angst vor Kehlkopfentzündung oder anderen Halsinfektionen haben, dann ist es ratsam, wenn Sie ständig viel Vitamin C nehmen. Vitamin C mit Langzeitwirkung ist am besten.
MVP (s. Seite 172), morgens und abends
Zusätzliches Vitamin C, 1000 mg, morgens und abends (wenn nötig)

Ärzte und Krankenpflegepersonal

Wenn Sie mit Krankheiten zu tun haben, brauchen Sie jeden Schutz, den Sie bekommen können. Lange Arbeitszeiten, Streß und Keime tragen dazu bei, daß Sie zusätzlich Vitamine und Mineralstoffe brauchen.
MVP (s. Seite 172), morgens und abends
Zusätzlich Vitamin C als Schutz vor Infektionen

Behinderte

Wenn Sie behindert sind, ist Ihr Bedarf an Vitaminen im allgemeinen größer. Sobald nämlich ein Körperteil nicht richtig funktioniert, arbeitet meistens ein anderer doppelt so schwer – und braucht gute Ernährung. Folgende Präparate sind empfehlenswert:

1 Vitamin-B-Komplex, 50 mg, morgens und abends
1 hochwirksames Präparat mit Multimineralstoffen, 2mal täglich

Golfer

So sehr Sie diesen Sport auch genießen mögen, Golf verlangt Ihnen eine Menge ab. Der Streß und die Anspannung beim Spiel können Vitamin B sehr schnell abbauen. Die Einnahme der richtigen Präparate läßt Ihre Vorgabe zwar nicht gleich in die Nähe von Null geraten, aber sie kann dazu beitragen, daß Sie während des Spiels bei Kräften bleiben.
MVP (s. Seite 172), morgens und abends
Vitamin-B-Komplex mit Zink, morgens und abends

Tennisspieler

Wenn Sie viel Tennis spielen, sehen Sie äußerlich vielleicht gut aus, aber innerlich können Sie in bezug auf die Ernährung ziemlich in Unordnung sein. Ich habe festgestellt, daß viel zu viele Tennisfans Mahlzeiten einfach auslassen oder nur Proteine essen – beides ist eine schlechte Angewohnheit. Ein anstrengendes Spiel wie Tennis macht es erforderlich, daß Sie sich selbst alle Vitamine zuspielen, die Sie brauchen.
MVP (s. Seite 172), morgens und abends
Vitamin-B-Komplex, morgens und abends
Zusätzlich Calcium, um der Muskelermüdung vorzubeugen
Vitamin E (trockene Form), 400 bis 1000 I.E. täglich
Weizenkeimöl

Trinker

Alkoholkonsum ist ein Hauptgrund für Vitaminmangel unter zivilisierten Menschen, die ausreichend zu essen haben. Wenn Sie viel trinken, nimmt der Alkohol im allgemeinen den Platz des notwendigen Proteins ein; oder in manchen Fällen verhindert er die Aufnahme oder die richtige Speicherung von Vitaminen, die Sie zu sich genommen haben.
MVP (s. Seite 172), morgens und abends
Vitamin-B-Komplex, 100 mg, 2mal täglich (besonders benötigt werden B_1, B_6 und Folsäure)
Magnesium, 1000 mg, zwischen den Mahlzeiten

Squashspieler

Dieser Sport erfordert ein intensives körperliches Durchhaltevermögen, und wenn Sie regelmäßig spielen wollen (und sei es auch nur mal eben in der Mittagspause), dann sollten Sie sich um Ihre Ernährung kümmern.
MVP (s. Seite 172), morgens und abends
Cytochrom und Inosit, 2mal täglich
Vitamin E (trockene Form), 400 I.E., täglich
Vitamin-B-Komplex, morgens und abends

Raucher

Jede Zigarette, die Sie rauchen, zerstört etwa 25 bis 100 mg Vitamin C. Vom Risiko des Lungenkrebses einmal abgesehen, Sie sind auch mehr als ein Nichtraucher durch Erkrankungen der Herzkranzgefäße und der Lunge gefährdet. Ohne auf die lange Liste der gefährlichen Wirkungen, die Zigaretten haben können, einzugehen, halte ich es für richtig, Rauchern zu sagen, daß sie alle Unterstützung durch die Ernährung brauchen, die sie bekommen können. Es geht hier besonders um die Antioxidantien wie Vitamin A, C, E und den Mineralstoff Selen.
MVP (s. Seite 172), morgens und abends
Vitamin C, 2000 mg, morgens und abends
Vitamin E, täglich
Selen, 100 Mikrogramm, täglich
Vitamin A, 10000 I.E., täglich

Menschen mit übermäßigem Fernsehkonsum

Nur weil Sie viel Zeit entspannt vor Ihrem Fernsehapparat verbringen, bedeutet das noch nicht, daß Sie keine zusätzlichen Vitamine benötigen. Wegen der Beanspruchung der Augen ist es höchst wahrscheinlich, daß Sie zusätzliches Vitamin A brauchen. Und wenn Sie selten ins Freie gehen, brauchen Sie vermutlich auch Vitamin D.
MVP (s. Seite 172), morgens und abends
Vitamin A, 10000 I.E., zum Frühstück
Vitamin D, 400 I.E., an 5 Tagen in der Woche, wenn nötig

Lehrer

Schultage sind für die Lehrer ebenso anstrengend wie für die Schüler, wenn nicht gar noch anstrengender. Damit Sie bei Kräften und bei Laune bleiben, ist ein gutes Vitamin-Programm wichtig.
MVP (s. Seite 172), morgens und abends
Vitamin-B-Komplex, 2mal täglich

Reisende

Die Belastungen durch eine Reise können groß sein, obwohl sie oft nicht einmal bemerkt werden. Wenn Sie in warme oder tropische Regionen reisen, achten Sie darauf, daß Sie Ihre Vitamin-Präparate in lichtundurchlässigen Behältern mitnehmen und daß Sie sie kühl aufbewahren. Fahren Sie in kältere Gegenden, sorgen Sie dafür, daß Sie reichlich Vitamin C dabeihaben, und nehmen Sie es zu jeder Mahlzeit ein, nicht nur zum Frühstück und Abendessen. Und wenn Sie in exotische Gegenden reisen, denken Sie daran, daß Acidophilus (3 Kapseln oder 2 Eßlöffel Flüssigkeit) 3mal täglich eine gute Vorbeugung gegen Durchfall ist.
MVP (s. Seite 172), morgens und abends
Vitamin E (trockene Form), 400 I.E., 1- bis 2mal täglich
Vitamin-B-Komplex, 50 mg, 2- bis 3mal täglich

Noch Fragen zu Kapitel XII?

»Sind Vitamine im Ausland anders?«
Nein, Vitamine sind in der ganzen Welt gleich, nur die Dosierungen sind unterschiedlich. Aber man hat sich bei den Maßen auf ein internationales System geeinigt (s. Seite 170).

»Mein Gynäkologe redet nicht viel, er sagt nur, ich solle meine Vitamine nehmen. Da Sie Apotheker und Ernährungswissenschaftler sind, können Sie mir denn sagen, welche Drogen und Medikamente für mein Baby und mich gefährlich sein könnten?«

Am sichersten fühle ich mich, wenn ich sage: Alle – bis auf die, die Ihr Arzt Ihnen verschrieben hat. Kein Medikament, auch nicht die frei erhältlichen, noch Alkohol, Nikotin oder Koffein sollten in der Schwangerschaft als ungefährlich angesehen werden. Die meisten Substanzen können in die Placenta gelangen und so den Embryo und die Mutter negativ beeinflussen. Die meisten wichtigen Entwicklungsstufen des Embryos liegen in den ersten paar Lebenswochen. Unter diesem Gesichtspunkt sollten Sie erst mit Ihrem Arzt reden, bevor Sie irgendein Medikament nehmen. Das gilt auch, wenn Sie sich gerade erst mit dem Gedanken befassen, ein Kind haben zu wollen.

»Gibt es bei älteren Menschen besondere Mangelerscheinungen in der Ernährung?«

Im allgemeinen ja. Mal abgesehen davon, daß sie mehr Medikamente nehmen als jede andere Altersgruppe, leiden sie oft an mangelhafter Ernährung. Das liegt an ihrer Lebensweise und der knappen Aufnahme von wichtigen Nährstoffen. Dafür gibt es viele Gründe: schlechte Absorption, schlechte Zähne, Einsamkeit und andere soziale Probleme. Am häufigsten ist ein Mangel an Folsäure, Calcium, Vitamin B_{12}, Vitamin D und Vitamin C.

XIII
Das richtige Vitamin zur richtigen Zeit

Ergänzungen in besonderen Fällen

Der Vitaminbedarf des Körpers ist nicht immer gleich, und in besonderen Fällen brauchen Sie Spezialkost und zusätzliche Präparate. Im folgenden finden Sie eine Liste von Beschwerden, von denen die meisten vorübergehend sind; dazu bekommen Sie Vorschläge, welche Präparate dagegen angezeigt sind. Zum Thema Nahrungsmittel, die besondere Vitamine und Mineralstoffe enthalten, lesen Sie die Abschnitte auf den Seiten 36–99. Noch einmal: Diese Informationen sind keine Verordnungen (s. auch Seite 172, MVP).

Akne

Diese Plage der Teenagerjahre ist schon auf die verschiedensten Weisen behandelt worden, die Methoden reichen von Röntgenstrahlen bis zu Salben; die Erfolge unterscheiden sich immer nur graduell. Ich ermutige zu einer eher natürlichen Behandlung und bin erfreut über die guten Ergebnisse.

Multivitamin mit Mineralstoffen, aber mit wenig Jod (Jod kann Akne noch verschlimmern), 1mal täglich

Vitamin E (trockene Form), 400 I.E., 1- bis 2mal täglich

Vitamin A, 25000 I.E. (wasserlöslich), 1- bis 2mal täglich, an 5 Tagen in der Woche nehmen

Zink, 50 mg, chelatkomplexgebunden, 1 Tablette, 3mal täglich zu den Mahlzeiten

Acidophilus-Milch, 1–2 Eßlöffel oder 3–6 Kapseln, 3mal täglich

Vermeiden Sie alle konservierten Nahrungsmittel, Schokolade und scharf gewürzte Speisen

Anti-Baby-Pille

Wenn Sie die Pille als Verhütungsmittel nehmen, sind Sie nicht nur mehr als andere Frauen durch Blutklümpchen, Schlaganfälle und Herzerkrankungen gefährdet, wahrscheinlich haben Sie auch einen Mangel an Zink, Folsäure, Vitamin C, B_6 und B_{12} (was bei Frauen, die die Pille nehmen, viel zu Nervosität und Depressionen beiträgt).

Folgende Mittel sind also wichtig:
MVP
Zink, 50 mg, chelatkomplexgebunden, 1 – 3 Tabletten täglich
Folsäure, 800 Mikrogramm, 1- bis 3mal täglich
Vitamin B_{12}, 2000 Mikrogramm (Langzeitwirkung), morgens
Vitamin B_6, 150 mg, 1- bis 3mal täglich

Beinschmerzen

Essen Sie mehr Calcium. Nehmen Sie eine Tablette mit chelatkomplexgebundenem Calcium und Magnesium zum Frühstück und Abendessen, dazu ein chelatkomplexgebundenes Präparat mit Multimineralstoffen. Vitamin E, so hat man festgestellt, kann bei Muskelkater sehr hilfreich sein. Die übliche Dosierung liegt zwischen 400 und 1000 I.E. (trockene Form), 1- bis 3mal täglich.

Bienenstiche

Das Beste, was man gegen Stiche tun kann, ist, daß man sie ganz vermeidet. Es hat sich herausgestellt, daß Vitamin B_1 (Thiamin) ein recht gutes Mittel gegen Insekten ist. Wenn man dreimal täglich 100 mg nimmt, entwickelt Vitamin B_1 einen Geruch auf der Hautoberfläche, den Insekten nicht mögen. Wenn es für Vitamin B_1 zu spät ist und Sie gestochen worden sind, kann Vitamin C allergische Reaktionen mildern.

Entzündungen am Mund und einfache Herpes

Kaum etwas ist ärgerlicher und störender als eine solche Entzündung. Das beste Mittel dagegen, das ich herausfinden konnte, ist das folgende:

Vitamin-C-Komplex, 1000 mg, mit Bioflavonoiden, morgens und abends
Acidophilus-Milch, 3 Kapseln, 3mal täglich
Vitamin-E-Öl, 28000 I.E., direkt auf die befallene Stelle auftragen
Lysin, 3 g (3000 mg), 3mal täglich (aufgeteilt auf mehrere Portionen zwischen den Mahlzeiten, mit Wasser oder Saft nehmen, nicht mit Protein)
Als vorbeugendes Mittel: Lysin, 500 mg täglich (mit Wasser oder Saft, nicht mit Protein)
Vitamin C, 1000 mg, morgens und abends

Fußpilz

Vitamin-C-Pulver oder -Kristalle, direkt auf den befallenen Bereich aufgetragen, scheinen bei dieser Pilzinfektion zu helfen. Halten Sie Ihre Füße trocken, und tragen Sie so selten wie möglich Schuhe, bis die Infektion abgeheilt ist.

Glatze oder ausfallendes Haar

Es gibt keinerlei Garantie, aber viele Leute berichten von einem tatsächlichen Rückgang des Haarausfalls bei dieser Behandlung:
Vitamin-B-Komplex, 2mal täglich
Cholin und Inosit, je 1000 mg täglich
tägliche Kopfmassage mit Jojoba-Öl, danach waschen
1 Multimineralstoffpräparat mit 1000 mg Calcium und 500 mg Magnesium, 1mal täglich
Cystein, 1000 mg täglich
Vitamin C, 1000 mg, 3mal täglich

Hämorrhoiden

Viele Menschen, vor allem die über Fünfzig, leiden unter Hämorrhoiden. Unzureichende Kost, Bewegungsmangel und Schwierigkeiten mit dem Stuhlgang tragen dazu bei (und Kaffee, Schokolade, Cola-Getränke und Kakao tun das Ihrige zum Unbehagen, indem sie das Jucken im Afterbereich steigern). Wenn Sie unter Hämorrhoiden leiden, hilft 1 Eßlöffel

Kleie täglich, dazu 1000 mg Vitamin C 2mal täglich, damit die Membranen heilen, und 3 Acidophilus-Kapseln, 3mal täglich (oder 1–2 Eßlöffel Acidophilus-Milch 1- bis 3mal täglich). Vitamin-E-Öl, 28000 I.E., kann mit einem Baumwollläppchen direkt auf die befallenen Stellen aufgetragen werden.

Heuschnupfen

Streß kann die Anfälle von Heuschnupfen noch verschlimmern. Wenn Sie zu den zahlreichen Menschen gehören, die darunter leiden, finden Sie vielleicht Erleichterung mit folgender Behandlung:
1 Vitamin-B-Komplex, 2mal täglich
1000 mg Pantothensäure, 3mal täglich
1000 mg Vitamin C, 3mal täglich.
Das hat sich als ganz wirksam gegen Allergien erwiesen.

Hitzepickel

Ähnlich wie das Jucken scheinen Hitzepickel auf die antiallergischen Eigenschaften des Vitamins C zu reagieren (s. unten).

Jucken

Als Antihistamin können 2 Vitamin-C-Tabletten, 1000 mg (Langzeitwirkung), morgens und abends zum Essen gut sein. Ich würde außerdem empfehlen:
1 Vitamin-B-Komplex zum Frühstück und Abendessen
1000 mg Pantothensäure, 1- bis 3mal täglich
Vitamin-E-Creme, 25000 I.E., direkt auf die betroffene Stelle auftragen

Kalte Füße

Wenn Sie sogar im Bett noch ständig Socken tragen müssen, dann versuchen Sie es einmal mit einem guten Multimineralstoffpräparat mit Jod, 2mal täglich, dazu Kelp-Tabletten. Die kalten Füße können dadurch verursacht werden, daß Ihre

Schilddrüse nicht ausreichende Mengen von dem Hormon Thyroxin produziert. Auch Niacin und Vitamin E können die Blutzirkulation unterstützen.

Kater

Um Kater vorzubeugen, nehmen Sie vor dem Ausgehen 1 Vitamin-B-Komplex, 100 mg, noch einmal während des Trinkens und dann erneut direkt vor dem Schlafengehen (Alkohol zerstört den B-Komplex). Cystein, 500 mg, mit Vitamin C, 1500 mg, kann auch helfen, ebenso wie 500 mg Magnesium.

Knochenbrüche

Wenn Sie sich jemals einen Knochen gebrochen haben, wissen Sie, wie frustrierend es ist, auf die Heilung zu warten. Diese kann beschleunigt werden, wenn Sie mehr Calcium und Vitamin D zu sich nehmen. Tägliche Dosierungen von 1000 bis 1500 mg Calcium und 400 bis 500 I. E. Vitamin D sind hilfreich.

Kopfschmerzen

Eine überraschend wirkungsvolle Vitamin-Mineralstoff-Kombination ist die folgende:
100 mg Niacin, 3mal täglich
100 mg Vitamin-B-Komplex (Langzeitwirkung), 2mal täglich
Calcium und Magnesium (doppelt soviel Calcium wie Magnesium ist die richtige Mischung), da sie echte Beruhigungsmittel der Natur sind

Krampfadern

Alter, Bewegungsmangel und chronische Verstopfung tragen zur Bildung von Krampfadern bei. Eine sorgfältige Ernährung und regelmäßige Bewegung können viel zur Vorbeugung tun. MVP mit zusätzlich 1000 mg Vitamin-C-Komplex, 2mal täglich, hat sich als Hilfe herausgestellt, dazu 400 bis 800 I. E. Vitamin E.

Menstruation

Mit den Krämpfen und dem Anschwellen des Bauchs ist die Menstruation für viele Frauen ein monatliches Ärgernis. Aber dieses Ärgernis kann durch folgende Präparate zu einer unbedeutenden Störung abgemildert werden:

Vitamin B_6, 150 mg, 3mal täglich (sehr wirksam als natürliches harntreibendes Mittel)
Vitamin-B-Komplex, 100 mg (Langzeitwirkung), morgens und abends
MVP
Nachtkerzenöl, 500 mg, 3mal täglich

Muskelkater

Bei Muskelkater haben viele Leute Erleichterung gefunden, nachdem sie Vitamin E, 400 bis 1000 I.E., 1- bis 3mal täglich genommen haben. Auch ein chelatkomplexgebundenes Multimineralstoffpräparat morgens und abends hat geholfen.

Nachoperative Heilung

Nach einer Operation braucht der Körper alle Unterstützung durch die Ernährung, die er bekommen kann.

Vitamin E, 400 I.E. (trockene Form), 3mal täglich
Vitamin-C-Komplex, 1000 mg, mit Bioflavonoiden, Hesperidin und Rutin, morgens und abends
hochwirksames Multivitaminpräparat mit chelatkomplexgebundenen Mineralstoffen, morgens und abends
hochwirksame chelatkomplexgebundene Multimineralstoffe, morgens und abends
Vitamin A, 10000 bis 25000 I.E., 3mal täglich (an 5 Tagen in der Woche, dann 2 Tage aussetzen)
chelatkomplexgebundener Zink, 15 bis 50 mg täglich

Polypen

Diese ärgerlichen kleinen Gewächse könnten ein mögliches Krebsrisiko darstellen und sollten von einem Arzt untersucht werden; in den meisten Fällen ist eine operative Entfernung notwendig. Aber was Zusatzpräparate angeht, so setzte Prof. Dr. Jerome J. DeCosse, Chef der Chirurgie am Medical College von Wisconsin/USA, 3000 mg Vitamin C (Langzeitwirkung) täglich bei Patienten mit Polypen ein, und er hatte beachtliche Erfolge bei der Behandlung.

Prostataleiden

Chronisches Prostataleiden, so hat sich gezeigt, reagiert auf eine Behandlung mit Zink. Die Prostata enthält normalerweise 10mal mehr Zink als jedes andere Organ. In vielen Fällen verschwanden die Symptome vollständig nach der folgenden Behandlung:

MVP
chelatkomplexgebundenes Zink, 50 mg, 3mal täglich
Vitamin F oder Lecithinkapseln, 1200 mg, 3 Kapseln 3mal täglich

Quetschungen

Der Vitamin-C-Komplex, 1000 mg, mit Bioflavonoiden, Rutin und Hesperidin, 3mal täglich genommen, trägt dazu bei, die Anfälligkeit der Kapillargefäße zu verringern. So werden die blauen Flecken, die erscheinen, wenn die feinen Blutgefäße unter der Haut reißen, verhindert.

Rauchen abgewöhnen

Es ist kein Kinderspiel, mit dem Rauchen aufzuhören, und Ihr Körper weiß das. Es treten tatsächlich Entzugserscheinungen auf. Gegen die aufsteigende Reizbarkeit scheint 1 Tryptophan-Tablette (500 – 667 mg) 3mal täglich zwischen den Mahlzeiten zu helfen.

Nehmen Sie außerdem 1 Vitamin-B-Komplex, 100 mg (Langzeitwirkung), zum Abendessen und 100 mg Cystein zusammen mit 300 mg Vitamin C täglich. Und vergessen Sie nicht Ihr MVP.

Reisekrankheit

Das ist eine Störung, bei der die Mittel am besten wirken, wenn sie vor der Reise eingenommen werden. Die Wahl fällt dabei auf die Vitamine B_1 und B_6 (viele Präparate gegen die Übelkeit während der Schwangerschaft enthalten Vitamin B_6). Bei vielen empfindlichen Reisenden hat sich eine gute Wirkung eingestellt, wenn sie jeweils einen Vitamin-B-Komplex am Abend vor der Reise und am Morgen der Reise nahmen. Kapseln mit Ingwerwurzeln, 3mal täglich genommen, wirken auch!

Schlaflosigkeit

Barbiturate sind starke Beruhigungsmittel, die zu oft bei Schlaflosigkeit verschrieben werden. Abgesehen davon, daß man sich an sie gewöhnen kann und daß sie zusammen mit anderen Medikamenten gefährlich werden können, kann es durch Barbiturate auch zu einem niedrigen Calciumspiegel kommen.

Tryptophan dagegen ist eine natürliche Aminosäure, die für den Körper wichtig ist und schlaffördernd sein kann.

Ein wirkungsvolles Programm gegen Schlaflosigkeit:

3 Tryptophantabletten (500 bis 667 mg), eine halbe Stunde vor dem Schlafengehen mit Wasser oder Saft

1 Tablette mit chelatkomplexgebundenem Magnesium und Calcium, 3mal täglich, und 3 Tabletten eine halbe Stunde vor dem Schlafengehen

Vitamin B_6 und Niacinamid, 100 mg, wirken zusammen, um die Gehirnchemikalie Serontin zu bilden (diese ist wichtig für gesunden Schlaf)

Schlechter Atem

Neben richtigem Zähneputzen und Mundspülungen versuchen Sie einmal dieses:

MVP (s. Seite 172)

1 Chlorophylltablette oder -kapsel, 1- bis 3mal täglich

3 Acidophilus-Kapseln oder 1 – 2 Eßlöffel Acidophilus-Milch (mit Geschmack), 3mal täglich

Zink, 50 mg, 1- bis 3mal täglich

Schnittwunden

Vitamin-C-Komplex, 1000 mg, mit Bioflavonoiden, 2mal täglich mit 50 mg Zink und 1000 I.E. Vitamin E.

Schuppenflechte

Über diese Krankheit werden viele Witze gemacht, aber für die Betroffenen ist sie gar nicht zum Lachen. Keine Behandlung konnte bisher vollkommen Abhilfe schaffen, aber bei der folgenden haben sich einige Erfolge gezeigt:

MVP

Vitamin A (wasserlöslich), 10000 I.E., 3mal täglich an 5 Tagen in der Woche

Vitamin C von Hagebutten, 1000 mg, morgens und abends (zusätzlich zu dem Vitamin C, das mit dem MVP genommen wird)

Vitamin E (trockene Form), 400 I.E., 3mal täglich

3 Vitamin F- oder Lecithinkapseln, 3mal täglich

Nehmen Sie mehr Protein zu sich (vorzugsweise tierischen Ursprungs).

Sodbrennen

Viele der frei erhältlichen Mittel gegen Sodbrennen enthalten Aluminium, das den Stoffwechsel von Calcium und Phosphor beeinträchtigt. Kauen Sie statt dessen lieber trockenes Weißbrot, oder trinken Sie schluckweise Milch. Nehmen Sie 1- bis 3mal täglich mehrfache Verdauungsenzyme, außerdem Kautabletten mit dem Enzym der Papayafrucht. Löschen Sie Ihren Durst vor oder nach dem Essen, und trinken Sie nichts während einer Mahlzeit.

Sonnenbrand

Ganz gleich wie lange Sie sich den ultravioletten Sonnenstrahlen aussetzen, ein gutes Sonnenschutzmittel sollten Sie immer benutzen. Die meisten Menschen wissen nicht, daß die Sonne die Haut verbrennt, und schlimme Verbrennungen können die Haut aufreißen und anfällig für Infektionen machen.

Wenn es zum Vorbeugen zu spät ist, versuchen Sie folgendes:

Aloe-Gel, 3- bis 4mal täglich einreiben
eine Creme mit PABS oder Vitamin E (20000 I.E.), 3- bis 4mal täglich auftragen
MVP
Zusätzlich Vitamin C, 1000 mg, morgens und abends, bis die Haut abgeheilt ist

Sterilisation

Sterilisierte Männer sind besonders anfällig gegenüber Infektionen und sollten sinnvollerweise täglich 1000 mg des Vitamin-C-Komplexes nehmen, dazu regelmäßig MVP. Auch zusätzlich Zink, 15 bis 50 mg täglich, tut ihnen gut.

Trockene Haut

Vitamin-E-Öl scheint Wunder zu wirken, wenn es bei trockener Haut angewendet wird, genau wie die Öle mit viel Vitamin A und D. Wenn Sie nicht ausreichend Kartoffeln, Karotten, Leber und Tomaten essen, versuchen Sie es zusätzlich zwei Wochen lang mit 25000 I.E. Vitamin A; dann reduzieren Sie die Dosis auf 10000 I.E. Wenn Sie gar kein Fett essen, lassen Sie Ihrem Körper etwas in Form von mehrfach ungesättigtem Öl zukommen (2 Eßlöffel täglich sind ausreichend). Oder versuchen Sie es mit 3 – 6 Lecithin-Kapseln, 3mal täglich, zusammen mit MVP. Eine weitere Möglichkeit: 1 Eßlöffel Lebertran mit Milch oder Saft gemischt, eine Stunde vor dem Frühstück.

Verbrennungen

Das wichtigste ist, daß man eine Verbrennung sofort mit kaltem Wasser behandelt. Zur Anregung der Wundheilung haben sich 50 mg Zink täglich als nützlich herausgestellt. Es ist jedenfalls einen Versuch wert. Empfehlenswert ist, Vitamin-C-Komplex, 1000 mg mit Bioflavonoiden, morgens und abends zu nehmen. Damit wird Infektionen vorgebeugt. Vitamin E,

1000 I. E., eingenommen oder äußerlich aufgetragen, kann zur Verhinderung von häßlicher Narbenbildung beitragen.

Verstopfung

Irgendwann hat es jeder Mensch einmal mit Verstopfung zu tun. Meistens liegt es daran, daß nicht genügend Faserstoffe in der Nahrung vorhanden sind, aber auch die Einnahme bestimmter Medikamente wie Codein führt dazu. Starke Abführmittel können dem Körper Nährstoffe entziehen und weitere Verstopfung und Abhängigkeit von Abführmitteln verursachen. Deshalb sollten Sie zuerst einmal zu natürlichen Mitteln greifen.

2 Eßlöffel reine Kleie, 1- bis 3mal täglich, oder 3 – 9 Kleietabletten, 3mal täglich
1 Eßlöffel Acidophilus-Milch, 3mal täglich
1 pflanzliches Abführmittel, wenn nötig, aber nur über einen kurzen Zeitraum
8 – 10 Gläser Wasser täglich (und ausreichende Bewegung und körperliche Betätigung in frischer Luft könnte auch nicht schaden)

Warzen

Sie werden nicht dadurch verursacht, daß man Frösche anfaßt, wie ein alter Aberglaube behauptet. Aber sie scheinen wirklich zu verschwinden, wenn sie mit Vitamin-E-Öl behandelt werden. Am wirkungsvollsten scheint es zu sein, wenn man 28000 I. E. Vitamin E äußerlich 1- bis 2mal täglich anwendet und 3mal täglich 400 I. E. Vitamin E (trockene Form) einnimmt. Vitamin-C-Komplex, 1000 bis 2000 mg täglich, kann zur körpereigenen Immunität beitragen und das Entstehen von Warzen möglicherweise überhaupt verhindern.

Wechseljahre

Da die Risiken von Östrogen bekannt sind, suchen viele Frauen nach anderen Wegen, um die Beschwerden der Wechseljahre zu erleichtern. Zahlreiche Frauen in den Wechseljahren haben die

Erfahrung gemacht, daß 400 I.E. Vitamin E (verschiedene Tocopherole) 1- bis 3mal täglich die Hitzeaufwallungen lindern.

Wenn Sie in dem entsprechenden Alter sind, können Ihnen MVP und 600 mg Vitamin-B-Komplex 2mal täglich auch helfen. 500 mg Ginseng, 1- bis 3mal täglich vor dem Essen genommen, scheint ebenfalls zu helfen.

Zähneknirschen

Die meisten Menschen wissen gar nicht, daß sie mit den Zähnen knirschen. Bei Kindern kommt das häufiger vor als bei Erwachsenen, meist im Schlaf. MVP, Vitamin-B-Komplex, 100 mg morgens und abends, können helfen.

Zahnfleischbluten

Die wirkungsvollste Vitamin-Behandlung bei Zahnfleischbluten besteht aus 1000 mg Vitamin-C-Komplex, mit Bioflavonoiden, Rutin und Hesperidin, 3mal täglich.

Zeitumstellung nach Langstreckenflügen

Ihr Flugzeug aus Frankfurt landet um 9 Uhr morgens in New York, und um 10 Uhr werden Sie zu einer Besprechung erwartet. Soweit kein Problem, nur daß es zum Zeitpunkt der Besprechung für Ihren Körper noch 4 Uhr in der Frühe ist und Sie eigentlich schlafen sollten. Am besten helfen Sie Ihrem Körper, damit fertigzuwerden, indem Sie ihm die notwendigen Vitamine geben:

Vitamin-B-Komplex (Langzeitwirkung), morgens und abends. Beginnen Sie damit schon während des Fluges

MVP mit der Kost, 2mal bei Flügen, die mehr als 5 Stunden dauern

Vitamin E, 400 I.E., 2mal täglich

Wenn Sie sich müde und erschöpft fühlen, nehmen Sie zusätzlich Vitamin C.

Noch Fragen zu Kapitel XIII?

»Sie sagen, daß Verdauungsenzyme bei Sodbrennen helfen. Was versteht man darunter, und was leisten sie?«

Enzyme können das Verdauungssystem bei der Nahrungsaufnahme unterstützen. Zellulose hilft bei der Verdauung von Gemüse und bricht die Faserstoffe auf. Salzsäure bearbeitet im Magen harte Nahrungsmittel wie faseriges Fleisch, Gemüse und Geflügel. Lipase hilft bei der Fettverdauung, und Mylase löst das Tausendfache ihres eigenen Gewichts an Stärke auf, so daß Sie sie leichter aufnehmen können. Papin ist ein eiweißspaltendes Enzym (aus der Papayafrucht), und Prolase ist ein konzentriertes eiweißspaltendes Enzym, hergestellt aus Papain (s. Seite 193).

»Gibt es einen Grund dafür, warum Sie Ginseng in den Wechseljahren empfehlen?«

Ja, denn Ginseng enthält Estriol, eine Variante von Östrogen, die nicht als krebserregend gilt.

XIV
Gesund werden und bleiben

Warum Sie bei einer Krankheit Vitamin- und Mineralstoffpräparate brauchen

Während einer Krankheit steht der Körper unter Streß. Zellen sind zerstört, erschöpfte Nebennierendrüsen, die keine Nährstoffe mehr haben, sind unfähig, richtig zu funktionieren, und die ›körpereigene Mannschaft‹ aus Vitamin C, Vitamin B_6, Folsäure und Pantothensäure, die gegen Streß kämpft, ist stark dezimiert. Auch Zink und Vitamin E werden in größeren Mengen benötigt.

Weil wir Vitamine brauchen, um andere Nährstoffe wirkungsvoll zu verwerten und den Stoffwechsel immer in Betrieb zu halten, ist unser Bedarf offensichtlich größer, wenn wir krank sind. Und da wir wissen, daß Fieber und Streß unserem Körper die wichtigsten Nährstoffe entziehen, liegt die Bedeutung von Vitamin- und Mineralstoffpräparaten auf der Hand.

Noch einmal: Die folgenden Angaben sind nicht als medizinische Beratung gemeint, nur als Anleitung und Vorbereitung auf ein Gespräch mit Ihrem Arzt.

Allergien

Allergien kommen in allen Formen und Erscheinungsbildern vor, und fast alles und jedes kann eine Allergie auslösen. Dies sollte in der Ernährung berücksichtigt werden. Folgende Präparate können helfen:
MVP (s. Seite 172), morgens und abends
Vitamin-B-Komplex, 100 mg, 3mal täglich
Pantothensäure, 1000 mg, morgens und abends

Wenn Sie bereits eine Allergie haben, wäre es gut, Ihre gegenwärtige Ernährungsweise einmal zu überprüfen. Viele Allergien werden durch Natriumglutamat, Farbstoffe, Zusätze oder Konservierungsmittel ausgelöst.

Arthritis

Tausende von Menschen leiden unter dieser schmerzhaften chronischen Erkrankung. Weil dadurch der Körper so sehr unter Streß gerät, ist eine Ergänzung der Kost durch Vitamine und Mineralstoffe wirklich wichtig.
MVP (s. Seite 172)
zusätzlich Vitamin C, 1000 mg, 1- bis 3mal täglich (wenn Sie häufig Aspirin nehmen, geht Ihnen Vitamin C verloren)
Vitamin-B-Komplex, 100 mg, 1- bis 3mal täglich
Vitamin B_{12}, bis zu 2000 Mikrogramm täglich
Niacin, bis zu 1 g täglich
Pantothensäure, 100 mg, 3mal täglich
Lebertran, 1 – 2 Eßlöffel, 3mal täglich (oder 3 Kapseln, 3mal täglich); an 5 Tagen in der Woche nehmen, dann 2 Tage aussetzen

Asthma

Asthma ist eine chronische allergische Erkrankung, die die Bronchien angreift und vom Arzt behandelt werden muß. Wenn ein Anfall auftritt, ziehen sich die Muskelgewebe der Bronchien krampfartig zusammen und drücken auf den Luftdurchlaß, so daß es zu schwerem Atem und einem Erstickungsgefühl kommt. Es heißt, daß Allergien, die Erbanlage und emotionaler Streß zu Asthma beitragen, aber man hat auch festgestellt, daß viele Nährstoffe auf bemerkenswerte Weise für natürliche Erleichterung sorgen, obwohl man in ihnen keinen Ersatz für professionelle ärztliche Versorgung sehen darf.
MVP (s. Seite 172), morgens und abends
zusätzlich Vitamin C, 1000 mg, 1- bis 3mal täglich (VORSICHT: Vitamin C mit Calciumsalz verbunden kann die Wirkung der Tetracycliden beeinträchtigen. Vitamin C

mit Natriumsalz kann mit Tetracycliden genommen werden, aber nicht, wenn Sie eine salzarme Diät machen oder Steroide nehmen.)

Nachtkerzenöl, 2 Tabletten, je 500 mg, 3mal täglich, 3–4 Monate lang; dann 1 Tablette, 3mal täglich
(Wenn Sie Steroide nehmen, dann haben Sie nichts von dem Nachtkerzenöl, weil die Steroide seine Wirkung zerstören.)

Konzentrat der Nebennierendrüsen, 1- bis 3mal täglich, aber nicht abends, weil das zu Schlaflosigkeit führen kann
(VORSICHT: Nicht nehmen, wenn Sie gegen Rind- oder Schweinefleisch allergisch sind!)

Vitamin A (wasserlöslich), 10000 bis 25000 I.E. täglich

Vitamin B_2 (Riboflavin), 100 mg, 3- bis 4mal täglich

Vitamin B_5 (Pantothensäure), 1000 bis 2000 mg täglich

Vitamin B_6 (Pyridoxin), 100 bis 200 mg, 1- bis 4mal täglich

Vitamin E (trockene Form), 400 bis 1200 I.E. täglich

Augenbeschwerden

Probleme mit den Augen, von der einfachen Entzündung bis hin zur schweren Erkrankung, dürfen niemals unbeachtet bleiben. Besuche beim Augenarzt sollten Sie nie verschieben. Es gibt aber Präparate, die Sie nehmen können.

Vitamin A, 10000 I.E., 1- bis 3mal täglich (an 5 Tagen in der Woche nehmen, dann 2 Tage aussetzen)

Vitamin-B-Komplex, 100 mg (Langzeitwirkung), morgens und abends

Vitamin C mit Hagebutten, 500 mg, morgens und abends

Vitamin E (trockene Form), 400 I.E., morgens und abends

Blutdruckkrankheiten

Hoch

Millionen von Menschen leiden unter Bluthochdruck, der mit Herzbeschwerden und Schlaganfällen eng im Zusammenhang steht. Wie wichtig es ist, den Blutdruck niedrig zu halten, kann gar nicht nachdrücklich genug betont werden. Einige natürliche Methoden können dabei helfen.

- Reden Sie langsamer, Schnellsprecher atmen oft nicht richtig, und das kann zu erhöhtem Blutdruck führen.

- Nehmen Sie ab,wenn Sie übergewichtig sind. Eine kontrollierte, vernünftige Diät kann den Blutdruck bei übergewichtigen Menschen bemerkenswert senken.
- Senken Sie den Anteil von Natrium und steigern Sie den Anteil von Kalium in Ihrer Kost (s. Abschnitt auf Seite 237 über verborgenes Salz in der Nahrung).
- Nehmen Sie weniger Zucker zu sich (s. Seite 236).
- Vermeiden Sie Koffein (s. Seite 214 – 215).
- Essen Sie mehr Zwiebeln und Knoblauch.
- Hören Sie auf zu rauchen.
- Vermeiden Sie Streß und angsterregende Situationen. Schrille Alltagsgeräusche, selbst ein lauter Fernsehapparat, können Streß erzeugen und den Blutdruck steigern.
- Sorgen Sie für regelmäßige körperliche Bewegung (indem Sie beispielsweise flott gehen) und angemessene Ruhezeiten.

Vorschlag:

Lecithin-Körnchen, 3 Eßlöffel täglich oder 3 Kapseln 3mal täglich

Kalium kann notwendig sein, wenn Sie ein Mittel gegen Hochdruck nehmen, aber besprechen Sie mit Ihrem Arzt, ob eine Gegenanzeige zu dem Medikament, das Sie einnehmen, besteht

MVP (s. Seite 172)

Calcium, 1000 bis 1500 mg täglich

Vitamin E, 100 I. E. täglich, dann die Dosierungen täglich steigern (mit dem Arzt besprechen)

Knoblauchperlen (geruchsfrei), 1 – 3 täglich

Niedrig

Zu niedriger Blutdruck ist, wenn er nicht gerade extrem niedrig ist, weit besser als ein zu hoher. Aber Leute mit Unterdruck leiden oft an Benommenheit und gelegentlichen Ohnmachtsanfällen.

Vorschlag:

1 – 3 Kelp-Tabletten täglich
(ANMERKUNG: Wenn Sie Medikamente für die Schilddrüse nehmen, sprechen Sie mit Ihrem Arzt, denn Kelp kann deren Dosierung senken.)

MVP (s. Seite 172)

Bronchitis

Diese Entzündung der Bronchien kommt häufig vor und ist außerordentlich lästig. Der Körper wird hohem Streß ausgesetzt, und selbst Antibiotika sind von Nachteil, soweit es die Nährstoffe betrifft (s. Seite 222).

Vitamin A, 25000 I.E., 1- bis 3mal täglich (an 5 Tagen einnehmen, dann 2 Tage aussetzen)
Vitamin C mit Hagebutten, 1000 mg, morgens und abends
MVP (s. Seite 172)
Vitamin E (trockene Form), 400 I.E., 1- bis 3mal täglich
Wasser, 6 – 8 Gläser täglich
3 Acidophilus-Kapseln oder 1 – 2 Eßlöffel Acidophilus-Milch, 3mal täglich

Darmkatarrh

Im allgemeinen kommt diese Erkrankung bei Frauen häufiger als bei Männern vor und wird oft durch emotionale Spannungen ausgelöst. Kennzeichen sind abwechselnd Durchfall und Verstopfung und Bauchschmerzen. Eine Diät ist sehr wichtig, und Vitamine sind empfehlenswert.

MVP (s. Seite 172)
Kalium, 99 mg (elementar), 1- bis 3mal täglich
Saft von rohem Kohl (Vitamin U), 1 Glas, 3mal täglich
Wasser, 6 – 8 Gläser täglich
Aloe vera (innere Anwendung), 1 Eßlöffel, 3mal täglich oder 1 – 3 Kapseln, 3mal täglich
3 – 6 Acidophilus-Kapseln oder 2 Eßlöffel Acidophilus-Milch, 3mal täglich
1 Eßlöffel Kleieflocken oder 3 – 6 Kleietabletten, 3mal täglich

Diabetes

Was grundsätzlich bei Diabetes geschieht, ist folgendes: Die Bauchspeicheldrüse produziert nicht genügend Insulin, wodurch der Blutzucker unkontrollierbar steigt. In leichten Fällen kann die Krankheit durch eine veränderte Ernährungsweise unter Kontrolle behalten werden (hüten Sie sich vor verborgenem Zucker, s. Seite 236). In schweren Fällen muß Insulin ersetzt werden. In allen Fällen aber ist ärztliche Betreuung notwendig.

Zusätzliche Mittel, die Diabetikern geholfen haben:

MVP (s. Seite 172)

Chrom mit Glucose-Toleranz-Faktor, 200 Mikrogramm, 1- bis 3mal täglich

Kalium, 99 mg, 3mal täglich

chelatkomplexgebundenes Zink, 50 mg, 1- bis 3mal täglich

Wasser, 6 – 8 Gläser täglich

(VORSICHT: Die Verbindung von Vitamin B_1, Vitamin C und Cystein hat die Fähigkeit, die Wirkung von Insulin bei Diabetikern einzuschränken, daher sollte sie nur unter ärztlicher Aufsicht genommen werden.)

Drüsenfieber

Diese Krankheit kommt zwar meistens bei Heranwachsenden oder jungen Erwachsenen vor, aber jeder kann Drüsenfieber bekommen, und es entzieht dem Körper große Mengen an Nährstoffen.

Diät ist wichtig, und während der langen Genesungszeit sind folgende Präparate im allgemeinen gut:

MVP (s. Seite 172), morgens und abends

zusätzlich Vitamin C, 1000 mg, morgens und abends, drei Monate lang

Calcium, 99 mg, 3mal täglich

Vitamin-B-Komplex, 100 mg (Langzeitwirkung), morgens und abends

Erkältungen

Niemand schenkt einer Erkältung viel Beachtung – bis auf den Körper, und der beachtet sie sehr.

MVP (s. Seite 172)

Vitamin C mit Hagebutten, 1000 mg, 3mal täglich

Vitamin A, 25000 I.E., 1- bis 3mal täglich (an 5 Tagen nehmen, dann 2 Tage aussetzen)

Vitamin E (trockene Form), 200 bis 400 I.E. täglich

Wasser, 6 – 8 Gläser täglich
3 Acidophilus-Kapseln oder 1 – 2 Eßlöffel Acidophilus-Milch, 3mal täglich
1 Zinkpille, 15 mg, 3mal täglich

Geschlechtskrankheiten

Syphilis und Gonorrhöe sind immer noch die häufigsten Geschlechtskrankheiten, und es besteht die gesetzliche Regelung, daß sie einem Arzt angezeigt werden müssen. Es gibt hochwirksame Medikamente zur Behandlung, aber diese Mittel sorgen fast genauso für einen erhöhten Bedarf an Vitamin- und Mineralstoffpräparaten wie die Krankheiten selbst.
MVP (s. Seite 172)
3 Acidophilus-Kapseln oder 1 – 2 Eßlöffel Acidophilus-Milch, 3mal täglich
zusätzliches Vitamin C, 1000 mg, morgens und abends
Vitamin K, 100 Mikrogramm täglich, wenn mit Antibiotika behandelt wird

Häufig kommt es auch zu Herpes an den Genitalien. Wie Herpes vom Typ I, die zu Ausschlag und Bläschen am Mund führt (s. Seite 186), scheint auch der Typ II an den Genitalien gut auf lysinreiche Kost zu reagieren. Zur Vorbeugung sollten Sie daher mehr Hüttenkäse, Flundern, Thunfisch, Erdnüsse und Sojabohnen zu sich nehmen. Zusätzlich empfehle ich: Lysin, 500 mg täglich (mit Wasser oder Saft, nicht mit Protein) und Vitamin C, 1000 mg morgens und abends. Wenn der Virus schon in Ihnen steckt: Lysin, 3mal täglich 3 g, zwischen den Mahlzeiten verteilt.
VORSICHT: Wenn sich Anzeichen von Herpes I oder II zeigen, vermeiden Sie Arginin oder Nahrungsmittel mit viel Arginin (s. Seite 110).

Geschwüre

Es gibt zwei Arten von Geschwüren im Verdauungstrakt, nämlich im Magen und im Zwölffingerdarm, und meistens steht das mit einem Übermaß an Säure in den Magensäften im

Zusammenhang (s. Seite 22–25). Bei beiden Erkrankungen haben sich folgende Präparate als hilfreich erwiesen:

Vitamin A, 25000 I.E., 1- bis 3mal täglich (an 5 Tagen nehmen, dann 2 Tage aussetzen)

Vitamin-B-Komplex, 100 mg (Langzeitwirkung), morgens und abends

Vitamin C mit Bioflavonoiden, 1000 mg (Langzeitwirkung), morgens und abends

hochwirksame Multimineralstoffe, morgens und abends

Aloe vera, 1–3 Kapseln oder 1–3 Eßlöffel Flüssigkeit täglich

Gürtelrose

Gürtelrose (Herpes zoster) wird durch einen Virus verursacht, der dem der Windpocken ähnlich ist. Aber während bei Windpocken ganz allgemein Hautausschlag auftritt, entsteht er bei der Gürtelrose nur entlang einer Nervenbahn. Von den Unterschieden abgesehen, das durch beide Erkrankungen verursachte Defizit in der Ernährung ist hoch.

Vitamin A, 10000 bis 25000 I.E. täglich (an 5 Tagen nehmen, dann 2 Tage aussetzen)

Vitamin-B-Komplex, 100 mg (Langzeitwirkung), morgens und abends

Vitamin C mit Hagebutten und Bioflavonoiden, 1000 bis 2000 mg, morgens und abends

Vitamin A, 1000 I.E. täglich (an 5 Tagen nehmen, dann 2 Tage aussetzen)

Hautausschlag

Verursacht von Keimen, die den Verursachern von Furunkeln sehr ähnlich sind – Staphylokokken und Streptokokken. Hautausschlag kommt bei Kindern häufiger vor als bei Erwachsenen, aber niemand ist dagegen immun. Meistens entsteht der Ausschlag, wenn Insektenstiche aufgekratzt und infiziert werden, die Keime also in die aufgerissene Haut eindringen können.

Kapseln mit Vitamin A und D, 10000 und 400 I.E., 1- bis 3mal täglich (geringere Dosierung für Kinder), 5 Tage lang nehmen, dann 2 Tage aussetzen

Vitamin E (trockene Form), 100 bis 400 I. E. täglich
Vitamin C mit Hagebutten, 500 mg, morgens und abends

Herzbeschwerden

Mit jeder Art von Herzbeschwerden sollten Sie in ärztlicher Behandlung sein. Obwohl die folgenden Vorschläge sich als sicher und hilfreich herausgestellt haben, sollten Sie dennoch mit Ihrem Arzt besprechen, ob nicht in Ihrem speziellen Fall eine Gegenanzeige vorliegt. Vitamin E kann bei manchen Menschen das Ungleichgewicht zwischen den beiden Herzseiten noch verstärken.
Vitamin B, 100 mg (Langzeitwirkung), morgens und abends
zusätzlich Niacin, 100 mg, 1- bis 3mal täglich
Vitamin E (trockene Form), 400 I. E. täglich
MVP (s. Seite 172)
3 Lecithin-Kapseln oder 3 Eßlöffel Körnchen, 3mal täglich

TAKTIK ZUR VERMEIDUNG VON HERZBESCHWERDEN

- Senken Sie die Aufnahme von Zucker und Salz
- Hören Sie auf zu rauchen.
- Bewegen Sie sich regelmäßig.
- Achten Sie auf Ihr Gewicht.
- Üben Sie Entspannungstechniken ein, beispielsweise Meditation oder autogenes Training, um den Streß abzubauen.
- Verringern Sie die Aufnahme von gesättigten Fettsäuren und cholesterinhaltigen Lebensmitteln.
- Essen Sie mehr Knoblauch, frisches Obst und Fisch.
- Nehmen Sie mehr Protein zu sich, ersetzen Sie tierisches Protein durch Soja, wann immer das möglich ist.
- Sorgen Sie dafür, daß Sie mit Ihrer Kost ausreichend Calcium und Magnesium bekommen. Zusätzliche Einnahmen von 1000 mg Calcium und 500 mg Magnesium sind ratsam.
- Achten Sie darauf, daß Sie genügend Vitamin C, B_6 und E bekommen.
- Nehmen Sie mit der Nahrung zusätzlich Lecithin auf.
- Lachen ist eine großartige Medizin, nicht nur, weil es aufgestaute Gefühle und Streß freisetzt, es macht einfach Spaß, und man fühlt sich gut dabei...

Mandelentzündung

Eine Mandelentzündung kann jede Altersgruppe treffen, obwohl sie bei Kindern häufiger vorkommt. Gute Ernährung und folgende Präparate haben sich als wirksam bei der Vorbeugung und Heilung erwiesen:

MVP (s. Seite 172), morgens und abends zum Essen

Vitamin A, 10000 bis 25000 I.E. (geringere Dosis bei Kindern), 1- bis 3mal täglich, an 5 Tagen nehmen, dann 2 Tage aussetzen

zusätzlich Vitamin-C-Komplex, 1000 mg, morgens und abends

Vitamin E (trockene Form), 200 bis 400 I.E. täglich

3 Acidophilus-Kapseln oder 1–2 Eßlöffel Acidophilus-Milch, 3mal täglich

Wasser, 6–8 Gläser täglich

Masern

Sie können in jedem Alter Masern bekommen, wenn die Krankheit auch bei Kindern häufiger auftritt. Von allen übertragbaren Krankheiten ist sie die ansteckendste. Es gibt eine vorbeugende Impfung, aber der Virus erwischt immer wieder noch ungeschützte Menschen. Die Krankheit kann leicht oder schwer mit starkem Husten verlaufen. Der Körper braucht Vitamine, um die Krankheit niederzukämpfen und sich von ihr zu erholen.

Vitamin A, 10000 I.E. (geringere Dosis für Kinder), 1- bis 3mal täglich, an 5 Tagen nehmen, dann 2 Tage aussetzen

Vitamin C von Hagebutten, 500 bis 1000 mg, morgens und abends

Vitamin E (trockene Form), 200 bis 400 I.E., morgens und abends

Menstruationsbeschwerden

Zwei bis zehn Tage lag, bevor die Menstruation einsetzt, leiden sehr viele Frauen unter den verschiedensten Formen von körperlichem Unwohlsein und Stimmungsschwankungen – Anschwellen des Bauchs, Schlaflosigkeit, Depressionen, schwere Schmerzen, unkontrollierte Wutausbrüche, Weinkrämpfe, sogar Selbstmordgedanken.

SPEISEN UND GETRÄNKE, DIE SIE VERMEIDEN SOLLTEN

- Salz und salzige Speisen (s. Seite 238).
- Lakritz (regt die Produktion von Aldosteron an, was zu größerer Speicherung von Natrium und Wasser führt).
- Kalte Speisen und Getränke (regen den Kreislauf im Bauch an und verschlimmern die Krämpfe).
- Koffein in allen Formen (s. Seite 215). Koffein steigert den Appetit auf Zucker, verschwendet Vitamin B, spült Kalium und Zink heraus und erhöht die Abgabe von Salzsäure, was zu Reizungen im Bauch führen kann.
- Verstopfenden schwarzen Tee (Tannin bindet wichtige Mineralstoffe und verhindert deren Aufnahme im Verdauungstrakt).
- Alkohol (wirkt schädlich auf den Blutzucker, senkt den Magnesiumspiegel, kann die richtige Leberfunktion stören, wodurch die Beschwerden nur noch größer werden).
- Spinat, Mangold und andere oxalathaltige Gemüsesorten (Oxalate erschweren die richtige Aufnahme von Mineralstoffen).

SPEISEN UND GETRÄNKE, DIE SIE VERMEHRT NEHMEN SOLLTEN

- Erdbeeren, Wassermelonen (essen Sie die Kerne), Artischocken, Spargel, Petersilie, Brunnenkresse (das sind natürliche harntreibende Mittel).
- Sonnenblumenkerne, Datteln, Feigen, Pfirsiche, Bananen, Kartoffeln, Erdnüsse, Tomaten (reich an Kalium).

Vorschlag für zusätzliche Mittel:

Vitamin B_6, 50 bis 300 mg täglich (mit 50 mg beginnen und langsam steigern)

MVP (s. Seite 172)

Magnesium, 500 mg, und Calcium, 250 mg, täglich
(Ja, bei diesen Beschwerden doppelt soviel Magnesium wie Calcium, weil ein Magnesiummangel zu vielen unangenehmen Begleiterscheinungen führt.)

Vitamin E (trockene Form), 100 bis 400 I.E. täglich

Pantothensäure (Vitamin B_5), 1000 mg, täglich

Nachtkerzenöl, 500mg, 1- bis 3mal täglich

Und Bewegung! Das verbessert die Zirkulation im Bauch, außerdem hilft Schwitzen bei der Beseitigung von überschüssiger Flüssigkeit. Zweimal täglich ein strammer Fußmarsch von dreißig Minuten und/oder Schwimmen sind sehr empfehlenswert.

Mumps

Es gibt dagegen eine Schutzimpfung, aber die Krankheit tritt immer noch recht häufig auf und schwächt den Patienten. Der Virus kann sich im ganzen Körpersystem ausbreiten, er befällt nicht nur die Speicheldrüsen, sondern auch die Hoden oder Eierstöcke, die Bauchspeicheldrüse, das Nervensystem und manchmal sogar das Herz.

Vitamin A, 10000 I.E. (geringere Dosis bei Kindern), 1- bis 3mal täglich, an 5 Tagen nehmen, dann 2 Tage aussetzen

Vitamin C von Hagebutten, 500 bis 1000 mg, 2mal täglich

Vitamin E, 200 bis 400 I.E. (trockene Form), täglich

Unterzuckerung des Bluts

Oft bleibt diese Erkrankung unerkannt. Wie bei Diabetes ist der Körper nicht in der Lage, für einen normalen Stoffwechsel bei Kohlenhydraten zu sorgen. Durch eine Überreaktion auf Zucker wird zuviel Insulin produziert. Um den Blutzuckerspiegel zu erhöhen, sollte man nicht Kohlenhydrate, bei denen der Stoffwechsel schnell einsetzt, essen, sondern mehr Protein.

Vorschlag:

Vitamin A und D in Kapseln (10000 und 400 I.E.), 3mal täglich, an 5 Tagen nehmen, dann 2 Tage aussetzen

Vitamin C, 500 mg, zu oder nach jeder Mahlzeit

Vitamin E, 100 bis 200 I.E., 3mal täglich

Vitamin-B-Komplex, 50 mg, 3mal täglich

Vitamin F, 1 Kapsel, 3mal täglich

Multimineralstofftablette, morgens und abends (Niacin, wie es gebraucht und vertragen wird, s. Seite 67 – 68)

Pantothensäure, 500 mg, 2mal täglich

2 Lecithin-Kapseln, 1200 mg, 3mal täglich

Verdauungsenzyme, wenn nötig
1 Kelp-Tablette, 3mal täglich
3 Acidophilus-Kapseln oder 1 – 2 Eßlöffel Acidophilus-Milch, 3mal täglich
Chrom mit Glucose-Toleranz-Faktor, 50 mg, 3mal täglich

Windpocken

Diese Kinderkrankheit wird von einem Virus ausgelöst, der dem der Gürtelrose sehr ähnlich ist. Fieber und Jucken zerstören einen großen Teil der Nährstoffe. Viele Mütter haben die Erfahrung gemacht, daß ihre Kinder schnell wieder auf den Beinen waren, wenn sie ihnen folgende Präparate zusätzlich gaben:
Vitamin C von Hagebutten, 500 mg, 3mal täglich
Vitamin E, 100 bis 200 I.E., 3mal täglich
Vitamin A, 1000 I.E. täglich (fragen Sie den Kinderarzt nach der richtigen Dosierung, entsprechend dem Alter und dem Gewicht des Kindes), an 5 Tagen nehmen, dann 2 Tage aussetzen
Multivitamin- und Multimineralstoffpräparate, morgens und abends

Noch Fragen zu Kapitel XIV?

»Wenn Sie vom Blutdruck reden – was ist dabei normal und was ist hoch?«

Sie liegen im normalen Bereich, wenn der systolische Wert zwischen 100 und 140 liegt, der diastolische zwischen 60 und 90. Ein gesunder junger Erwachsener hat mit 120/80 normale Werte.

XV
Es ist nicht alles nur Einbildung

Wie Vitamine und Mineralstoffe Ihre Stimmung beeinflussen

Daß Geisteskrankheit mit der Ernährung im Zusammenhang stehen kann, wurde zum erstenmal entdeckt und wissenschaftlich dokumentiert, als man herausfand, daß Pellagra (mit Depressionen, Durchfall und Schwachsinn) mit Niacin geheilt werden kann. Danach zeigte sich, daß eine Behandlung mit dem gesamten Vitamin-B-Komplex mehr gute Wirkungen zur Folge hatte als Niacin allein.

Die Anzeichen, daß geistige Störungen biochemische Ursachen haben, nehmen zu. Experimente haben gezeigt, daß die Symptome von geistigen Erkrankungen sozusagen ein- und ausgeschaltet werden können wie ein Lichtschalter, indem man den Vitaminspiegel im Körper verändert.

> Selbst normale und glückliche Menschen
> können zu Depressionen neigen,
> wenn ihnen Niacin und Folsäure fehlen.

Dr. R. Shulman berichtet im British Journal of Psychiatry (Fachzeitschrift für Psychiatrie), daß er festgestellt hat, daß 48 von 59 Patienten der Psychiatrie unter Folsäuremangel litten. Andere Forschungen haben ergeben, daß der Mehrheit der geistig oder gefühlsmäßig Kranken ein oder mehrere Vitamine aus dem B-Komplex oder Vitamin C fehlten. Selbst bei normalen und glücklichen Menschen hat man festgestellt, daß sie zu Depressionen neigen oder andere emotionale Störungen durchmachen, wenn ihnen Niacin oder Folsäure fehlen.

An der Stanford Universität in Kalifornien/USA leitete Dr. Linus Pauling eine Reihe von Tests, um die individuellen Vitaminbedürfnisse zu bestimmen. Im Rahmen dieser Reihe gab er schizophrenen Patienten hohe Dosierungen an Vitamin C (bis zu 40 g) und entdeckte, daß wenig oder gar nichts davon mit dem Urin wieder ausgeschieden wurde. Da der Körper das wasserlösliche Vitamin wieder abgibt, das er nicht benötigt, zeigte der Test deutlich, daß Geisteskranke mehr Vitamin C brauchen als andere Menschen.

Vitamine und Mineralstoffe gegen Depressionen und Angstzustände

Die folgenden Vitamine und Mineralstoffe haben sich in vielen Fällen bei der Behandlung von Depressionen und Angstzuständen als wirksam erwiesen:

Vitamin B_1 (Thiamin) – große Mengen scheinen deprimierten Menschen neue Kraft zu geben und Menschen mit Angstzuständen zu beruhigen

Vitamin B_6 (Pyridoxin) – wichtig für die Funktion der Großhirnrinde

Pantothensäure – wirkt erleichternd bei Spannungen

Vitamin C (Ascorbinsäure) – wichtig gegen Streß

Vitamin E (Alpha-Tocopherol) – hilft den Gehirnzellen, damit sie richtig mit Sauerstoff versorgt werden

Zink – überwacht die Prozesse im Körper und greift bei der Gehirnfunktion ein

Magnesium – wichtig für die Funktion der Nerven, bekannt als Mineralstoff gegen Streß

Calcium – macht Sie weniger sprunghaft, wirkt entspannend

Medikamente und Drogen können Ihre Probleme noch verschlimmern

Alkohol wirkt dämpfend auf die Nerven. Wenn Sie ein Beruhigungsmittel nehmen und Alkohol trinken, kann die Kombination aus beidem zu schweren Depressionen führen – sogar zum Tod.

Wenn Sie die Pille nehmen und unter Depressionen leiden, ist das nicht verwunderlich

Wenn Sie ein Beruhigungsmittel zusammen mit einem Antihistamin nehmen, kann es zu Zittern und geistiger Verwirrung kommen.

Die Pille entzieht dem Körper Vitamin B_6, B_{12}, Folsäure und Vitamin C. Wenn Sie die Pille nehmen und unter Depressionen leiden, ist das nicht verwunderlich. Ihr Bedarf an Vitamin B_6, das für einen normalen Stoffwechsel von Tryptophan notwendig ist, liegt fünfzig- bis hundertmal höher als bei einer Frau, die die Pille nicht nimmt.

MITTEL, VON DENEN SIE VIELLEICHT GAR NICHT GLAUBEN, DASS SIE DEPRESSIONEN VERURSACHEN KÖNNEN – ABER SIE KÖNNEN ES

- Adrenocorticoide
- Beta-Blocker
- Mittel gegen Bluthochdruck
- Östrogen
- Mittel gegen Arthritis
- Kaliumpräparate
- Procainamide
- Propoxyphene
- Sexualhormone
- Trimethobenzamide

Noch Fragen zu Kapitel XV?

»Ich leide immer mal wieder an Depressionen, auch wenn da nichts in meinem Leben ist, das dazu Anlaß geben könnte. Ich bin 29 Jahre alt, männlich, glücklich verheiratet, und ich weiß nicht, woher diese Depressionen kommen. Könnte die Ursache in der Ernährung liegen?«

Aber ja! Vor allem, wenn Sie zuckerreiche Nahrung zu sich nehmen. Zucker, in welcher Form auch immer, kann dem Körper die Vitamine der B-Gruppe entziehen, vor allem Vitamin B_1, was zu Depressionen führen kann. Aminosäuren (s. Seite 103 – 116) wie Tyrosin, Tryptophan und Phenylalanin können alle dagegen eingesetzt werden. Sprechen Sie mit Ihrem Arzt; ich persönlich empfehle 500 bis 2000 mg einer Kombination aus diesen Aminosäuren, die Sie morgens oder abends mit Wasser oder Saft (nicht mit Protein) nehmen sollten.

XVI
Aufputschmittel

Beginnen wir mit Koffein

Es besteht kein Zweifel, Koffein ist eine wirkungsvolle Droge. Ja, richtig: eine Droge. Es besteht sogar die Möglichkeit, daß Sie Ihren Kaffee oder Ihr Cola-Getränk jeden Tag nicht einfach nur genießen, sondern daß Sie davon abhängig sind.

> Koffein ist die aktivste Droge der Welt,
> die auf die Psyche wirkt.

Koffein wirkt direkt auf das zentrale Nervensystem. Es führt fast sofort zu einem Gefühl von klarerem Denken und weniger Müdigkeit. Es regt auch die Freisetzung von in der Leber gespeichertem Zucker an, was zu dem ›Ruck‹ führt, den Kaffee, Cola-Getränke oder Kakao (die großen drei des Koffeins) Ihnen versetzen. Aber diese Vorzüge können von den Nebenwirkungen weit übertroffen werden:

- Die Freisetzung von Zucker stellt das endokrine System schwer unter Streß.
- Wer viel Kaffee trinkt, ist oft nervös und unruhig.
- Kaffeetrinkende Hausfrauen zeigten Symptome, die denen des Drogenentzugs sehr ähnlich waren, als man ihnen koffeinfreie Getränke gab.
- Prof. Dr. John Minton, Chirurg an der Staatsuniversität Ohio/USA und Krebsspezialist, hat herausgefunden, daß ein übermäßiger Genuß an Methylxanthinen (aktiven chemischen Stoffen im Koffein) zu bösartigen Brusterkrankungen und Prostataproblemen führen kann.
- Koffein kann dem Körper Vitamin B, besonders Inosit, entziehen, ebenso Vitamin C, Kalium und andere Mineralstoffe.

- Kaffee steigert den Säureanteil im Verdauungstrakt und kann zu Jucken am After führen.
- Viele Ärzte meinen, daß Koffein mit daran schuld ist, wenn es zu Herzerkrankungen und Bluthochdruck kommt.
- Die britische medizinische Zeitschrift ›Lancet‹ berichtete von einem starken Zusammenhang zwischen Kaffeekonsum und Krebs an der Blase und im unteren Harnbereich.
- Leute, die täglich fünf Tassen Kaffee trinken, haben 50 Prozent mehr Chancen, an einem Herzleiden zu erkranken, als Nicht-Kaffeetrinker.
- Das Fachblatt des amerikanischen Ärzteverbandes (›Journal of the American Medical Association‹) berichtet von einer Krankheit, die Koffeinismus genannt wird. Die Symptome sind Appetitverlust, Gewichtsabnahme, Reizbarkeit, Schlaflosigkeit, Hitzeaufwallungen, Frösteln, leichtes Fieber.
- Es hat sich gezeigt, daß Koffein die Reproduktion von Nukleinsäure beeinträchtigt.
- Schwangere Frauen sollten Koffein vermeiden. Tierversuche haben ergeben, daß die Menge Koffein, die in etwa vier Tassen Kaffee enthalten ist, zu Geburtsfehlern führen kann.
- Bei hohen Dosierungen von Koffein bekommen Tiere im Laborversuch Krämpfe und sterben.

Koffein kann sehr giftig wirken (die tödliche Dosis liegt vermutlich bei etwa zehn Gramm). Neuere Forschungen haben ergeben, daß etwa ein Liter Kaffee, in drei Stunden getrunken, sehr viel vom Thiamin im Körper zerstören kann.

Sie bekommen mehr Koffein, als Sie denken

Die folgende kleine Übersicht zeigt, wieviel Koffein Sie mit bestimmten Getränken zu sich nehmen.

Kaffee	
aus Röstkaffee	80 – 100 mg pro Tasse (150 ml)
aus löslichem Kaffee	60 – 80 mg pro Tasse (150 ml)
Espresso	80 – 90 mg pro Tasse (75 ml)
Tee	40 mg pro Tasse (150 ml)
Kakao	13 mg pro Tasse (150 ml)
Cola-Getränke	33 – 64,7 mg pro Dose
Limonaden	0,08 – 0,12 g pro Kilo des fertigen Getränks

Alternativen zum Koffein

Entkoffeinierter Kaffee ist nicht die beste Lösung des Koffeinproblems. Trichloräthylen, das früher zum Entzug des Koffeins benutzt wurde, hat in Tierversuchen gezeigt, daß es krebserregend sein kann. Die Hersteller sind inzwischen zu Methylchlorid übergegangen, was ungefährlicher ist, aber das ist dieselbe Substanz, die auch für Treibgas in Spraydosen benutzt wird, und das ist bekanntlich auch nicht gerade unumstritten.

Ginseng kann Ihnen einen richtigen ›Ruck‹ geben.

Regelmäßiges Teetrinken ist auch nicht die Antwort, denn schwarzer Tee enthält bekanntlich auch Koffein. Aber Kräutertee kann sehr belebend wirken, und er wird überall in großer Vielfalt angeboten. Ginseng kann Ihnen einen richtigen ›Ruck‹ geben, fast so wie der Kaffee, aber ohne die schädlichen Nebenwirkungen.

Cola-Getränke, ›light‹ oder normal, sind beliebt bei denen, die die Wirkung des Koffeins mögen. Versuchen Sie es stattdessen einmal mit Mineralwasser. Sie werden zwar nicht so angeregt wie durch das Koffein, aber Sie tun Ihrem Körper einen großen Gefallen.

Wie Alkohol dem Körper schadet

Alkohol ist die am weitesten verbreitete Droge in unserer Gesellschaft. Und weil er so leicht zu bekommen ist, halten die meisten Menschen ihn nicht für eine Droge. Aber er ist eine; und bei Mißbrauch kann er viel Schaden in Ihrem Körper anrichten.

- Alkohol ist kein anregendes Mittel, sondern in Wirklichkeit ein Beruhigungsmittel für das zentrale Nervensystem.
- Er wärmt Sie nicht auf, sondern führt dazu, daß Sie noch mehr frieren, weil Sie mehr schwitzen und der Körper Wärme verliert.

- Er zerstört Gehirnzellen, weil er ihnen das notwendige Wasser entzieht.
- Er kann dem Körper die Vitamine B_1, B_2, B_6, B_{12}, Folsäure, Vitamin K, Zink, Magnesium und Kalium entziehen.
- Vier Drinks am Tag können zu organischen Schäden führen.
- Er kann die Fähigkeit der Leber, Fett zu verarbeiten, beeinträchtigen.

Was Sie trinken und wann

Lassen Sie sich nicht täuschen, weil der Alkoholgehalt in verschiedenen Getränken unterschiedlich ist. Es stimmt, daß Bier nur zwischen vier und sechs Prozent Alkohol hat, Wein zwischen neun und dreizehn und Whiskey mindestens 40 Prozent; aber eine Flasche Bier, ein Glas Wein oder ein Schuß Whiskey haben dieselbe berauschende Wirkung; in anderen Worten, nach vier Flaschen Bier können Sie genauso beschwipst sein wie nach vier Gläschen Tequila.

> Eine Bloody Mary zum Frühstück
> kann mehr Schaden anrichten als ein Whiskey sauer
> zum Abendessen.

Erstaunlicherweise ist das, was Sie trinken, nicht so wichtig wie der Zeitpunkt, zu dem Sie trinken. Dr. John Palmer von der Universität Massachusetts/USA berichtet, daß die Zeitdauer, in der der Alkohol im Blut bleibt, im Tagesverlauf unterschiedlich ist. Das heißt natürlich, je länger der Alkohol im Blut bleibt, desto mehr Zeit hat er auch, auf die Gehirnzellen zu wirken. Die Stunden zwischen 2 Uhr morgens und Mittag sind die gefährlichsten, während die Stunden am späten Nachmittag und frühen Abend am wenigsten schädlich sind. Ein Cocktail, den Sie zum Abendessen nehmen, wird um 25 Prozent schneller verbrannt als eine Bloody Mary zum Frühstück, und der letzte Drink auf einer Party, den Sie nach Mitternacht nehmen, wird langsamer verbrannt als sein Vorgänger und führt zu einem länger andauernden Anstieg des Blutalkohols.

Vitamine verringern das Verlangen nach Alkohol

> Wer viel trinkt, kann davon loskommen.

Forschungen an der Universität von Texas haben ergeben, daß alkoholabhängige Mäuse, die nährstoffreich und mit vitaminhaltiger Kost gefüttert wurden, schnell das Interesse am Alkohol verloren. Das scheint sich auch beim Menschen zu bestätigen, denn Leute, die viel tranken, konnten davon loskommen und sogar das Interesse am Alkohol ganz verlieren, wenn sie sich richtig ernährten und angemessene Vitaminpräparate bekamen. Die Vitamine A, D, E, C und alle aus der B-Gruppe – besonders B_{12}, B_6 und B_1 – zusammen mit Cholin, Inosit, Niacin und einer Kost, die sehr reich an Proteinen ist, haben zu den besten Ergebnissen geführt. Der New Yorker Arzt Dr. H. L. Newbold, der mit Alkoholikern gearbeitet hat, empfiehlt eine langsame Steigerung bis zu fünf Glutamin-Kapseln (200 mg) – nicht Glutaminsäure – dreimal täglich, um das Trinken unter Kontrolle zu bekommen. Und er rät, sich mit einem Arzt zu besprechen, der auf Ernährungswissenschaften spezialisiert ist, um einen passenden Speiseplan auszuarbeiten.

Bei anderen Versuchen hat sich herausgestellt, daß ein Zusatz an Tryptophan in größerer Konzentration als in normaler Kost Alkoholikern geholfen hat, zu einem gesunden Schlafverhalten zurückzufinden. Weil Serotonin, eine natürliche beruhigende Substanz im Gehirn, bei Alkoholismus reduziert ist, kann Tryptophan (500 mg bis 3 g vor dem Schlafengehen sind empfehlenswert) Alkoholikern helfen, trocken zu bleiben, denn es schwächt einige der alkoholbedingten Symptome für Störungen der chemischen körperlichen Abläufe ab.

Die Wahrheit über Marihuana und Haschisch

Marihuana und Haschisch stammen von der Hanfpflanze *Cannabis sativa*. Marihuana besteht aus den zerhackten Blättern und Stengeln der Pflanze, während Haschisch von dem Harz der blühenden Pflanze stammt.

Beide Drogen können sowohl geraucht als auch gekaut werden. Beim Rauchen hält die Wirkung im allgemeinen eine bis drei Stunden an. Beim Kauen kann sie vier bis zehn Stunden andauern, es vergeht jedoch auch längere Zeit, bis der Benutzer eine Wirkung spürt.

Anders als andere unerlaubte Drogen haben Marihuana und Haschisch die ungewöhnliche Eigenschaft der ›umgekehrten Toleranz‹, das heißt, daß gewohnheitsmäßige Benutzer weniger brauchen, um high zu werden, als ein Anfänger.

Im wesentlichen wirken diese Drogen als Rausch-, Entspannungs- und Beruhigungsmittel, Appetitanreger und leichte Halluzinogene, obwohl die Wirkungen individuell unterschiedlich sind.

Das Rauchen von einem Joint kann zum Ansteigen des Blutdrucks, stärkerem Herzklopfen und zu einem Absinken der Körpertemperatur wie auch des Vitamin-C-Spiegels im Blut führen.

Wenn Frauen während der Schwangerschaft Marihuana rauchen, kann das zu einem niedrigen Gewicht des Neugeborenen führen und das Risiko von Lungenkrebs steigern.

VORSICHT: Es kann zu einer toxischen Psychose kommen, wenn Cannabis gegessen wird und der Betreffende die Menge nicht richtig eingeschätzt hat.

Vitaminpräparate und Nahrungsmittel, die helfen können:

Essen Sie mehr Zitrusfrüchte und grünes Blattgemüse. So bekommen Sie bessere Kost als durch raffinierten Zucker oder Kohlenhydrate. Diese haben einen Mangel an den notwendigen Vitaminen der B-Gruppe.

Vitamin C (Langzeitwirkung), 1000 mg, morgens und abends

Vitamin E, 100 bis 400 I.E. täglich zum Schutz der Lunge

Kokain kostet viel mehr, als Sie denken – in mehr als nur einer Hinsicht

Kokain zieht die Gefäße zusammen, regt das zentrale Nervensystem an und steigert die Wirkungen der angeregten Nerven. Äußerlich angewendet, blockiert es Nervenimpulse und führt zu einem Gefühl der Betäubung.

Der falsche ›Verschnitt‹ kann töten.

Was Benutzer bekommen – ganz gleich, wieviel sie zahlen –, besteht selten zu mehr als 60 Prozent aus reinem Kokain. Der Rest ist ›Verschnitt‹, den die Dealer benutzen, um die Droge um des Profits willen zu verlängern. Einige Verschnitte sind relativ harmlos: Lactose, Dextrose, Inosit (aus der Vitamin-B-Gruppe). Andere Verschnitte wie Maisstärke, Talkumpuder und Mehl können gefährlich werden, weil sie sich nicht im Blut lösen und Klümpchen bilden können. Benzocain, das pharmakologisch aktiv ist, kann auch zu Blutklümpchen führen und so ernsthafte Komplikationen verursachen, wenn es als Verschnitt für Kokain genommen wird.

Da die Droge durch die Schleimhäute schnell absorbiert wird, ist das Inhalieren durch die Nase die beliebteste Form der Kokainaufnahme. Es wird aber auch oft unter der Zunge, unter dem Augenlid und im Genitalbereich örtlich angewendet. Außerdem kann es intravenös gespritzt oder geraucht werden.

Die kurzfristigen Wirkungen von Kokain (etwa eine halbe Stunde nach der Einnahme) bestehen im allgemeinen in Euphorie und Gefühlen von Selbstvertrauen und seelischer Kraft. Aber danach ist mehr von der Droge notwendig, um wieder high zu werden. Die seelische und psychologische Abhängigkeit ist sehr groß.

Kokain verursacht Nasenbluten, Herzklopfen, kalte Schweißausbrüche und in manchen Fällen ein Gefühl, als ob Mücken und Käfer über den Körper krabbeln; es kann auch zu Krämpfen, Erbrechen und sogar zu einem Eiweißschock führen.

Die größte Gefahr liegt darin, daß seine Giftigkeit nicht im voraus abzuschätzen ist, weil selbst eine kleine Dosis mit dem verkehrten Verschnitt zu ernsten Schwierigkeiten führen kann. Sofortiger Tod kann die Folge einer Kokainvergiftung sein, meistens dadurch verursacht, daß die Droge nach einer intravenösen Injektion zu schnell absorbiert wurde.

Präparate und Nahrungsmittel, die helfen können:
Hochwirksames Multivitamin- und Multimineralstoffpräparat, morgens und abends

Vitamin C, 1000 mg, Vitamin E, 200 bis 400 I. E. und Vitamin-B-Komplex, 100 mg, jeweils 1- bis 3mal täglich

Mittel gegen Kokainsucht

Tyrosin, eine Aminosäure, die im allgemeinen in Fleisch und Weizen (s. Seite 115) vorkommt, lindert die Depressionen, Erschöpfung und Reizbarkeit, die es so schwer machen, vom Kokain wegzukommen.

Im Fair Oaks Hospital in Summit, New Jersey/USA, nahmen Abhängige die Aminosäure zwölf Tage lang in Orangensaft. Sie nahmen außerdem Vitamin C, die Vitamine B (Thiamin, Niacin, Riboflavin) und das Enzym, das dem Körper hilft, Tyrosin zu verwerten. Die Ergebnisse waren bemerkenswert gut; bei den Abhängigen verringerten sich die Depressionen um 70 Prozent.

Es gibt natürliche Alternativen zu Medikamenten

Bei uns werden viel zu viele Medikamente eingenommen. Statistisch gesehen kauft jeder Bundesbürger 1004 Pillen im Jahr. Sind sie alle nötig? Vermutlich nicht; aber wenn die Leute zum Arzt kommen, dann erwarten sie, daß sie mit einem Rezept wieder fortgehen.

Aber es gibt Alternativen, die manche Ärzte und ernährungsbewußte Patienten ausprobieren, bevor sie zu chemischen Mitteln greifen.

> Inosit und Pantothensäure
> anstelle von Schlafmitteln.

Dr. Robert C. Atkins, der auch die nach ihm benannte Diät entwickelt hat, läßt seine Patienten Pantothensäure und etwa 2000 mg Inosit als Schlafmittel anstelle von Barbituraten ausprobieren.

Bevor Sie also die nächste Tablette schlucken, denken Sie doch vielleicht einmal über natürliche Alternativen nach.

Medikament	Natürliche Alternativen
Gegen Säure	Papaya und mehrfache Verdauungsenzyme
Antibiotika und Antihistamine	Knoblauch, Vitamin C und (ja, das ist wahr) Hühnersuppe wirken bemerkenswert wie Antibiotika und Antihistamine. Weitere gute Bekämpfer von Infektionen sind Vitamin A, Pantothensäure, Folsäure
Gegen Depressionen (Psychoaufheller)	Cholin, Calcium, Magnesium; Vitamin B_1, B_6 und B_{12}, Tryptophan und Phenylalanin
Gegen Durchfall	Karotten, Niacin, Acidophilus-Milch bei Durchfall durch Antibiotika
Gegen Übelkeit	Vitamin B_1 und B_6 können die Übelkeit auf Reisen oder am Morgen (während der Schwangerschaft) lindern. Niacin und Vitamin P können bei der Behandlung des Schwindels und der Übelkeit, die durch Erkrankungen des Innenohrs hervorgerufen werden, helfen
Harntreibende Mittel	Alfalfa (Luzerne) und Vitamin B_6 können als natürliche harntreibende Mittel wirken
Abführmittel	Vitamin C, Vitamin B_1, B_2, B_6 und B_{12}, Kalium, Acidophilus, Kleie und Wasser
Beruhigungsmittel	Cholin, Vitamin B_1, B_6, B_{12}, Niacin, Calcium, Magnesium, Mangan, Zink, Pantothensäure, Inosit, Tryptophan

Medikamente als Räuber

Ständig werden irgendwelche Medikamente geschluckt. Was die meisten Leute aber nicht wissen: viele dieser Medikamente, verschrieben oder frei gekauft, nehmen genauso viel wie sie geben, jedenfalls unter dem Gesichtspunkt der Ernährung. Allzuoft stoppen die Medikamente entweder die Aufnahme von

Nährstoffen oder sie stören die Fähigkeit der Zellen, sie zu verwerten.

Eine neuere Studie hat gezeigt, daß Zutaten in üblichen frei erhältlichen Mitteln gegen Erkältung und Schmerzen das Vitamin A im Blut verringern.

Da Vitamin A die Schleimhäute in Nase, Rachen und Lunge schützt und stärkt, kann ein Mangel daran dafür sorgen, daß die Bakterien sich vermehren und so die Krankheit verlängert wird, die durch das Medikament doch eigentlich bekämpft werden sollte.

Aspirin kann die Ausscheidung von Vitamin C verdreifachen.

Aspirin, das Wundermedikament in jedem Haushalt und die gebräuchlichste Zutat bei Schmerzmitteln und Medikamenten gegen Erkältung, ist ein Vitamin-C-Räuber. Selbst eine kleine Menge kann die Ausscheidung von Vitamin C verdreifachen. Das kann auch zu einem Mangel an Folsäure und Vitamin B führen, was wiederum Anämie und Verdauungsstörungen verursachen kann.

Corticosteroide (Cortison, Prednison), die bei der Behandlung von Arthritisschmerzen, Hautproblemen, Störungen im Blut, Erkrankungen der Augen und bei Asthma eingesetzt werden, senken den Zinkspiegel im Blut.

Nach einer Studie, die in der medizinischen Fachzeitschrift ›Postgraduate Medical Journal‹ erschien, haben bemerkenswert viele Leute, die Barbiturate nehmen, niedrige Calciumwerte.

Abführmittel und Mittel gegen Magensäure stören den Stoffwechsel von Calcium und Phosphor im Körper. Und jedes übermäßige Einnehmen von Abführmitteln kann dem Körper große Mengen an Kalium entziehen.

Harntreibende Mittel und Antibiotika sind auch Kalium-Räuber.

Es folgt eine Liste von Substanzen, die zu Vitaminmangel führen. Auch die Vitamine, die sie entziehen, werden aufgeführt. Werfen Sie einen Blick darauf, bevor Sie beim nächsten Mal zu einem Medikament greifen.

Medikament	Entzogene Nährstoffe
Abführmittel	Vitamin A, D, E, K, Calcium und Phosphor
Alkohol (auch alkoholhaltige Heilmittel)	Vitamin A, B_1, B_2, Biotin, Cholin, Vitamin B_{15}, Niacin, Folsäure und Magnesium
Ammoniumchlorid	Vitamin C
Antisäuremittel	B-Komplex und Vitamin A
Antigerinnungsmittel	Vitamin A und K
Antihistamine	Vitamin C
Aspirin	Vitamin A, B-Komplex, C, Calcium und Kalium
Barbiturate	Vitamin A, D, Folsäure und Vitamin C
Chloramphenicol	Vitamin K und Niacin
Clofibrat	Vitamin K
Colchicin	Vitamin B_{12}, A und Kalium
Diethylstilboestrol	Vitamin B_6
Diuretische Mittel	Vitamin-B-Komplex, Kalium, Magnesium und Zink
Fluoride	Vitamin C
Glutethimid	Folsäure
Indomethacin	Vitamin B_1 und C
Isoniazid	Vitamin B_6
Kanamycin	Vitamin K und B_{12}
Koffein	Vitamin B_1, Inosit, Biotin, Kalium, Zink; kann auch die Assimilation von Calcium und Eisen einschränken
Meprednison	Vitamin B_6, C, Zink und Kalium
Methotrexat	Folsäure
Nitrofurantoin	Folsäure
Penicillamin	Vitamin B_6
Penicillin (in allen Formen)	Vitamin B_6, Niacin und Vitamin K
Phenylbutazon	Folsäure
Phenytoin	Folsäure und Vitamin D
Prednison	Vitamin B_6, D, C, Zink und Kalium
Propanthelin	Vitamin K

Medikament	Entzogene Nährstoffe
Pyrimethamin	Folsäure
Sulfonamide	Folsäure, Vitamin K, B_2 und B_{12}
Tetracyclin	Vitamin K, Calcium, Magnesium und Eisen
Tabak	Vitamin C, B_1, Folsäure und Calcium
Triamteren	Folsäure
Trifluoperazin	Vitamin B_{12}
Verhütungsmittel (die Pille)	Folsäure, Vitamin C, B_2, B_6, B_{12} und E

Noch Fragen zu Kapitel XVI?

»Ich weiß, daß Kaffee nervös machen kann, deswegen habe ich mich auf koffeinfreien Kaffee umgestellt. Aber ich bin immer noch reizbar und Stimmungen unterworfen. Kann eine so geringe Menge an Koffein das bewirken?«

Koffein ist nicht die einzige Substanz im Kaffee, die sich auf das Verhalten auswirkt. Es gibt, obwohl sie noch nicht identifiziert ist, eine zweite Substanz in gewöhnlichem und koffeinfreiem Kaffee (nicht im Tee), die die normale Aktivität der Gehirnopiate blockiert, die dabei mitwirken, Schmerzen zu beheben und die Stimmung zu verbessern.

»Bei einigen mir verschriebenen Medikamenten wird davor gewarnt, während der Behandlungsdauer mit diesen Medikamenten Alkohol zu trinken. Wenn nicht ausdrücklich gewarnt wird, bedeutet das dann, daß es ungefährlich ist, einen Schluck Alkohol zu trinken?«

Nur, wenn Sie auch russisches Roulette für ungefährlich halten. Alkohol kann mit fast allen Medikamenten eine schädliche Wechselwirkung haben. In der Tat, jedes Medikament, das als Kapsel mit Langzeitwirkung genommen wird, kann gefährlich werden, wenn Alkohol dazukommt. Die Umhüllung, die dafür sorgen soll, daß das Medikament langsam innerhalb einer bestimmten Zeit freigesetzt wird (im allgemeinen acht bis zwölf Stunden), kann sich im Alkohol schnell auflösen und Ihnen eine unangenehme, möglicherweise giftige Dosis des Medikaments verpassen. Mein Rat: Werden Sie erst wieder gesund und trinken Sie dann einen Schluck!

»Worin liegen die Gründe für die Niedergeschlagenheit, die selbst einem maßvollen Kokaingenuß folgt?«

Das liegt vor allem daran, daß mit den Vorräten an Dopamin und Norepinephrin im Körper Raubbau getrieben wird. Das sind chemische Substanzen, die das Hirn normalerweise nutzt, um Energiebotschafen zu übermitteln. Sie fühlen sich mit Kokain high, weil diese Substanzen angeregt werden; gleichzeitig wird das Serotonin behindert, das ist die Chemikalie, die Sie beruhigen kann. Während ein Kokainschnupfer high ist, arbeitet das Gehirn mit halsbrecherischer Geschwindigkeit, und wenn die chemischen Substanzen dann abgebaut sind, bricht der Benutzer zusammen. So entsteht der Wunsch nach größeren Mengen von der Droge (s. Abschnitt auf Seite 221 zum Thema Aminosäure als Gegenmittel).

XVII
Schlankwerden – Diät pfundweise

Die Atkins-Diät

Bei dieser Diät wird den Kalorien keine Beachtung geschenkt, sondern sie konzentriert sich auf die Einschränkung von Kohlenhydraten; aber anders als bei anderen Diätformen, fordert Dr. Atkins, daß überhaupt keine Kohlenhydrate gegessen werden, wenigstens nicht in der ersten Woche. Dadurch fängt der Körper an, Ketone abzustoßen (kleine Kohleteilchen, die ein Nebenprodukt von unvollständig verbranntem Fett sind), und zwar in Mengen, die für einen bemerkenswerten Gewichtsverlust ausreichen. Nach Dr. Atkins ist das so, daß Kohlenhydrate der Treibstoff sind, den der Körper zuerst zur Energiegewinnung verbrennt. Und wenn keine aufgenommen werden, greift der Körper auf die gespeicherten Fette zurück. Wenn die Ketone abgestoßen werden, verschwinden Hunger und Pfunde.

Es gibt viel Pro und Contra bei dieser Diät, aber wenn Sie sie machen, dann empfiehlt Dr. Atkins, zusätzlich hochwirksame Vitamine zu nehmen. Ich rate, dem MVP (s. Seite 172) zu folgen und dazu noch 1000 mg Vitamin C mit Bioflavonoiden zu nehmen, wenn Sie keine Zitrusfrüchte essen. Nehmen Sie morgens und abends zum Essen auch mindestens 50 mg des Vitamin-B-Komplexes, 1 g Kalium (auf 3 Mahlzeiten verteilt) und 400 bis 800 Mikrogramm Folsäure täglich.

Die Wasser-Diät

Dr. Irwin Stillmans Diät zum schnellen Gewichtsverlust wird auch manchmal die ›Wasser-Diät‹ genannt, weil täglich acht Gläser Wasser dazugehören. Sie ist im wesentlichen ein

Protein-Programm – kein Fett, keine Kohlenhydrate. Nicht erlaubt sind Gemüse oder Obst, keine Milchprodukte oder Körner, und es heißt, so würden täglich bis zu 275 Kalorien mehr verbrannt als bei einer Diät mit gleicher Kalorienzahl, bei der aber auch Kohlenhydrate und Fett erlaubt sind. Sie zählen keine Kalorien, aber Sie sollten sich auch nicht vollstopfen, und es heißt, der durchschnittliche Gewichtsverlust läge bei etwa fünf Pfund in der Woche.

Selbst Dr. Stillman erkannte den Bedarf an ergänzenden Präparaten bei dieser Diät. Er empfahl eine Tablette mit Multivitaminen und Multimineralstoffen für jeden, der diese Diät macht, und eine hochwirksame Tablette mit Multivitaminen und Multimineralstoffen für alle, die über Vierzig sind oder sehr wenig essen.

Nach meiner Meinung sollte jeder, der Dr. Stillmans Protein-Kur macht, zweimal täglich eine Tablette mit hochwirksamen Vitaminen und chelatkomplexgebundenen Mineralstoffen nehmen, dazu 1000 mg Vitamin C (Langzeitwirkung) und eine hochwirksame Tablette mit chelatkomplexgebundenen Multimineralstoffen. Weil die reichliche Wasseraufnahme leicht die Vitamine B und C schneller aus dem Körper schwemmt, wäre auch zur Einnahme von Vitamin-B-Komplex (Langzeitwirkung) zu raten, ebenso zu 400 bis 800 mg Folsäure und 1 g Kalium (auf drei Mahlzeiten verteilt nehmen).

Die Scarsdale-Diät

Diese Diät von zwei Wochen, bei der Sie bis zu zehn Kilo verlieren können, wurde von Dr. Herman Tarnower entwickelt und durch sein Buch ›The Complete Scarsdale Medical Diet‹ (Die vollständige medizinische Scarsdale-Diät) berühmt gemacht. Im Grunde ist sie eine Variation des Programms mit wenig Kalorien: wenig Fett, wenig Kohlenhydrate und viel Protein. Im Unterschied zu Dr. Stillman und Atkins läßt Dr. Tarnower keine Entscheidungsfreiheit. Anders gesagt, Sie müssen das, was für jeden Tag auf dem Speiseplan steht, auch essen. Keinerlei Veränderungen, mindestens zwei Wochen lang.

Dadurch, daß dem Esser alle Verantwortung abgenommen wird – außer der, den Anweisungen strikt zu folgen –, ist die

Scarsdale-Diät so beliebt geworden. (Anmerkung d. Ü.: In der Bundesrepublik Deutschland ist sie recht umstritten.)

Wie bei jeder Diät sind auch hier wegen der plötzlich verringerten Nahrungsaufnahme zusätzliche Präparate empfehlenswert. Ein MVP (s. Seite 172) sollten Sie immer nehmen, wenn Sie Scarsdale folgen. Ebenso empfehlenswert sind Vitamin E (trockene Form), 200 bis 400 I.E. täglich, und ein guter Vitamin-B-Komplex.

Weight Watchers

Das ist eine Langzeit-Diät mit drei Mahlzeiten täglich, bei denen die Proteine, Kohlenhydrate und Fette gemessen werden.

Obwohl das Programm ernährungsmäßig sehr abgerundet und ausgeglichen ist, haben die meisten Weight Watchers, die ich kennengelernt habe, mir gesagt, daß die Einnahme zusätzlicher Vitamin- und Mineralstoffpräparate dazu beigetragen hat, daß sie ihre Energie erhielten, während sie weniger Kalorien zu sich nahmen. Eine Multivitamin-Mineralstoff-Tablette, ein chelatkomplexgebundenes Multimineralstoffpräparat, ein Vitamin-C-Komplex, 500 bis 1000 mg ein- bis zweimal täglich genommen, sollten ausreichen.

Die Trinker-Diät

Dies ist eine Diät mit wenig Kohlenhydraten, viel Fett und viel Protein, aber Alkohol ist erlaubt. Angeblich basiert sie auf der Diät der amerikanischen Luftstreitkräfte (obwohl die Luftwaffe das bestreitet). Hier werden die Kohlenhydrate auf 60 g pro Tag beschränkt.

Die Diät ist besonders für gesunde Menschen bestimmt, und es wird ausdrücklich betont, daß mindestens 30 g Kohlenhydrate und ausreichend Vitamin C täglich genommen werden sollten.

Jeder, der diese Diät macht, ist gut beraten, wenn er zusätzlich Vitamin C, ein MVP (s. Seite 172) und einen Vitamin-B-Komplex dreimal täglich zu sich nimmt, weil Alkohol während der Diät erlaubt ist.

Die Cambridge-Diät

Die Cambridge-Diät schreibt drei flüssige, ›ernährungsmäßig ausgeglichene‹ Mahlzeiten täglich vor, die zusammen eine stark reduzierte Anzahl Kalorien haben. Dr. Sami Hashim, ein bekannter Experte bei der Behandlung von Fettleibigkeit, hat allerdings festgestellt, daß »jeder, der eine Diät von 600 Kalorien und weniger macht, in ein Krankenhaus gehört«.

Eine radikale Diät kann unter anderem zu anomaler Herzfunktion und schweren Mängeln an lebenswichtigen Mineralstoffen führen, weil es so extrem schnell zu Gewichtsverlust kommt. Ich kann hier nicht mit gutem Gewissen zusätzliche Mittel empfehlen, weil ich der Überzeugung bin, daß diese Diät nur unter strenger ärztlicher Aufsicht gemacht werden sollte.

Die Zen-Makrokost-Diät

Anders als man meinen sollte, hat diese Diät nichts mit dem Zen-Buddhismus zu tun, sondern sie wurde von dem Japaner George Ohsawa entwickelt. Folgt man ihr ganz streng, ist sie unter dem Gesichtspunkt der Ernährung gefährlich.

Bei dieser Diät gibt es zehn Stufen, und Milch ist verboten. Sie fangen damit an, daß Sie den Nachtisch weglassen, und arbeiten sich dann vor zu der höchsten Stufe, bei der Sie nur noch Körner essen, vorzugsweise unpolierten Reis. Diese Diät basiert auf der östlichen Philosophie des Yin und Yang. Sie schränkt die Aufnahme von Flüssigkeit ein, was genauso gefährlich ist wie der Mangel an Nährstoffen, der entsteht, wenn man nur unpolierten Reis ißt.

Anhänger dieser Diät glauben, daß sie Vitamine, Mineralstoffe und Protein im eigenen Körper herstellen und eine Substanz in die andere verwandeln können, wenn sie nur die richtigen Gedanken haben.

Für den Fall, daß Sie wirklich diese gefährliche Diät halten wollen, sollten Sie ebenso wie bei strenger vegetarischer Kost zusätzliche Mittel nehmen. Ein hochwirksames Präparat mit Multivitaminen und Multimineralstoffen zweimal täglich zusammen mit einem guten Präparat des Vitamin-B-Komplexes mit Folsäure ist empfehlenswert. Nehmen Sie außerdem Vitamin B_{12}, 100 Mikrogramm, ein- bis dreimal täglich.

Die Fruchtzucker-Diät

Diese zweiwöchige Diät ist für Leute geeignet, die Heißhunger auf Süßigkeiten haben. Das Geheimnis dieser Diät liegt in der zusätzlichen Einnahme von Fructose, einem natürlichen Zucker, der nicht nur den Hunger stillt und die Energie erhält, sondern es auch ermöglicht, pro Tag ein Pfund zu verlieren.

Die Diät wurde von Dr. J. T. Cooper entwickelt und ist im wesentlichen ein Programm mit wenig Kalorien: Wenn Sie 36 bis 42 Gramm Fructose täglich zu sich nehmen, dann sollten Sie Ihren Heißhunger damit abbauen. Anders als bei anderem Zucker ist bei Fructose kein Insulin für die Aufnahme in die Körperzellen notwendig. Fructose wird direkt absorbiert, dadurch kommt es nicht zu den Unterzuckerungsreaktionen durch zuviel Insulin, die bei Leuten, die eine Diät machen, Hungergefühle entstehen lassen.

Fructose gibt es als Pulver und als Sirup.

Zehn Gläser Wasser täglich werden empfohlen, außerdem zusätzliche Mittel. Ein MVP (s. Seite 172) ist wichtig, ebenso Kalium, 99 g (elementar), dreimal täglich eine Tablette zu jeder Mahlzeit.

Mindells Vorschläge für eine Diät

- Bevor Sie mit einer Diät beginnen, beraten Sie sich mit Ihrem Arzt.
- Hüten Sie sich vor diesen Irrtümern bei einer Diät:
Nachtisch aus Speisegelatine macht nicht dick. – Pampelmusen helfen beim Abnehmen. – Obst hat keine Kalorien. – Proteinreiche Nahrungsmittel haben keine Kalorien. – Ein Pfund Steak macht nicht so dick wie eine Kartoffel. – Toast hat weniger Kalorien als Brot.
- Was immer Sie essen, setzen Sie sich dabei hin und essen Sie langsam. Sie verbrauchen zwar im Stehen vielleicht mehr Kalorien als im Sitzen, aber Sie essen auch leicht mehr. Lesen Sie nicht und sehen Sie nicht fern, bevor Sie Ihre Mahlzeit beendet haben.
- Bei der Auswahl von Obst denken Sie daran, daß nicht alle Früchte gleich sind, daß ein Apfel, eine Banane oder eine Birne mehr Kalorien und Kohlenhydrate haben als eine halbe

Melone, ein Schüsselchen frische Erdbeeren oder eine Mandarine.

- Wenn Sie Ihr Gemüse auswählen, nehmen Sie grüne Bohnen statt Erbsen (Sie sparen 44 Kalorien pro 100 g), Spinat anstelle von Schwarzwurzeln (Sie sparen 40 Kalorien pro 100 g) und Salzkartoffeln statt Pommes frites (Sie sparen 180 Kalorien).
- Wer sehr auf Kohlenhydrate achtet, sollte Zwiebeln nicht unterschätzen. Roh enthalten sie 8,1 g, getrocknet 69,1 g Kohlenhydrate pro 100 g.
- Wenn Sie jede Kalorie zählen, sollten Sie wissen, daß ein Eßlöffel Lecithinkörnchen 50 Kalorien hat, eine Lecithinkapsel etwa 8.
- Versuchen Sie, einen Tag in der Woche nur mit Wasser zu fasten (die alten Griechen machten das schon). Trinken Sie nur klares Wasser (ohne Eis) oder Kräutertee mit Zitrone. Nichts weiter. Das sollte Sie in Schwung bringen.

Mindells Diät mit ausgewogenen Vitaminen, bei der Sie abnehmen und mit der Sie leben können

Sie haben es sicher schon oft gehört, und es stimmt ja auch wirklich – das Frühstück ist die wichtigste Mahlzeit am Tag. Sie essen es nach der längsten Zeit, in der Sie ohne Nahrungsmittel waren, und Sie können es nicht durch ein gutes Mittagessen oder Abendbrot nachholen.

Wenn Sie eine Diät machen, ist es besonders wichtig, daß Sie Ihre Energien am Beginn des Tages aktivieren.

FRÜHSTÜCK

⅓ l fettarme Milch (oder Saft)
1 kalorienarmes, mit Geschmacksstoffen angereichertes Proteinpulver, das Hefe, Lecithin und Fructose enthält
4 Eiswürfel
Im Mixer eine Minute gut mischen. Ungefähr 150 Kalorien.

Diese Mischung kann auch eingefroren und als Nachtisch am Abend oder als kleine Zwischenmahlzeit gegessen werden, wenn die Kalorienzahl es zuläßt.

Das Mittagessen ist eine heikle Angelegenheit. Schnellrestaurants und Kantinen sind verführerisch, und nichts macht eine Diät schneller zunichte als ›ein paar Pommes frites‹ oder ›das bißchen Sauce‹ zum Fleisch. Wenn Sie wirklich abnehmen wollen, denken Sie mehr in diese Richtung:

MITTAGESSEN
Montag, Mittwoch, Samstag und Sonntag
Eine kleine Portion Fisch (85 bis 140 g), eine große Portion roher Gemüsesalat (mit Zitrone oder Essig angerichtet), ein Stück Obst.

Dienstag, Donnerstag und Freitag
2 Eier (ohne Fett zubereitet) oder Hüttenkäse oder Magerquark (nicht mehr als drei Eßlöffel voll), rohes Gemüse, eine Scheibe Brot, dünn mit Margarine bestrichen, ein Stück Obst oder Nachtisch. Häufig wird vor dem Verzehr von zuviel Eiern gewarnt, sprechen Sie darüber mit Ihrem Arzt.

Das Abendessen bedeutet im allgemeinen das Scheitern der Diät, aber das muß nicht so sein.

ABENDESSEN
An fünf Abenden in der Woche sollten Sie Fisch essen (Seezunge, Forelle, Lachs, Heilbutt und ähnliches) oder Geflügel – gegrillt, gekocht oder gebraten (entfernen Sie die Haut vom Geflügel); an zwei Abenden in der Woche können Sie Fleisch essen – auch gegrillt, gekocht oder gebraten; dazu gekochtes Gemüse, einen großen frischen Salat (nicht mehr als ein Teelöffel Öl in der Sauce), eine kleine gekochte oder gebackene Kartoffel zweimal die Woche und ein Stück frisches Obst zum Nachtisch.

Vermeiden Sie Alkohol, versuchen Sie es statt dessen mit Mineralwasser. Was die Getränke angeht, so sind Kräutertees und einfaches kaltes Wasser am besten.

Nehmen Sie Ihre Vitamin- und Mineralstoffpräparate an sechs Tagen in der Woche und setzen Sie am siebten aus. So brauchen Sie sich keine Gedanken über einen Überschuß an fettlöslichen Vitaminen zu machen.

ZUSÄTZLICHE MITTEL

Multivitamine (Langzeitwirkung) mit chelatkomplexgebundenen Mineralstoffen (mindestens 50 mg B_1, B_2 und B_6 pro Tablette), morgens und abends

Vitamin C (Langzeitwirkung), 1000 mg, mit Bioflavonoiden, 2 Tabletten morgens und abends

1 Multimineralstofftablette mit mindestens 500 mg Calcium und 250 mg Magnesium pro Tablette (muß auch Mangan, Zink, Eisen, Selen, Chrom, Kupfer, Jod und Kalium enthalten), morgens und abends

Trockenes Vitamin E, 500 I.E. – Alpha-Tocoperol mit Selen, Chrom, Vitamin C und Ascorbinaten, morgens und abends

RNS 100 mg – DNS 100 mg, 3 Tabletten täglich, an 6 Tagen in der Woche

SOD (s. Seite 248), 125 Mikrogramm täglich, an 6 Tagen in der Woche

DHEA (s. Seite 248), 3 Tabletten täglich, 1 Stunde vor den Mahlzeiten

Lecithin, 1200 mg (6 Kapseln) täglich. Wenn Sie zum Frühstücksgetränk Lecithinkörnchen nehmen, ist diese Ergänzung nicht notwendig.

XVIII
Sie glauben, daß Sie nicht viel Zucker und Salz zu sich nehmen

Zuckerarten

Mehr als hundert Substanzen, die süß sind, können als Zucker bezeichnet werden. Am häufigsten kommen wir in Berührung mit Fructose, einem natürlichen Zucker, der in Obst und Honig vorkommt; Glucose, dem Blutzucker des Körpers und die einfachste Form von Zucker; Dextrose, chemisch gleich mit Glucose; Laktose, Milchzucker; Maltose, dem Zucker, der sich durch das Einwirken von Hefe aus der Stärke bildet; und Sucrose oder Saccharose, dem Zucker, der aus Zuckerrohr und -rüben gewonnen und zu dem Produkt raffiniert wird, das wir als Streuzucker kennen.

Die Zuckersorten werden unterschieden nach ihrer Qualität (Raffinade, Weißzucker etc.) und nach ihrer Form (Kristallzukker, Würfelzucker, Puderzucker etc.).

Honig ist eine Mischung aus Fructose und Glucose.

Gefahren bei zu hohem Zuckerverbrauch

Ketchup hat acht Prozent mehr Zucker als Eiscreme.

Unser Problem mit dem Zucker liegt darin, daß wir zuviel davon essen (1984 waren es 40 Kilogramm pro Bundesbürger) und es oft gar nicht wissen. Viele zum Süßen verwendete Stoffe können als Zucker eingestuft werden, wenn sie auch anders heißen mögen. Wenn auf einem Karton mit Frühstücksflocken

Saccharose an dritter Stelle der Zutaten steht, Sirup an fünfter und Honig an siebter, dann macht man sich gar nicht klar, daß man etwas ißt, das aus rund 50 Prozent Zucker besteht!

Der Verbraucher bekommt heutzutage von den ersten Lebenstagen an Zucker. Medikamente für Babys werden oft mit Zucker gesüßt, genau wie manche Babynahrung. Weil Zucker auch als Konservierungsstoff wirkt und Feuchtigkeit absorbiert, ist er oft in Produkten enthalten, in denen wir ihn nie vermuten würden – in Gemüsekonserven und Bouillonwürfeln beispielsweise. Würden Sie wissen, daß das Ketchup, mit dem Sie so manche Speise würzen, knapp acht Prozent mehr Zucker hat als Eiscreme?

Tatsache ist, daß wir mehr Zucker essen, als unserer Gesundheit zuträglich ist. Es gibt keinerlei Zweifel, daß Zucker eine Hauptrolle beim Entstehen von Karies spielt. Auch am Übergewicht ist er beteiligt, und Übergewicht kann Herzerkrankungen, Diabetes, Bluthochdruck, Gallensteine, Rückenprobleme und Arthritis zur Folge haben. Nicht daß der Zucker allein das Übergewicht verursachen würde, aber sein Vorhandensein in der Nahrung verleitet Sie dazu, mehr zu essen, und wenn Sie die Kalorienzahl senken, ohne die Zuckeraufnahme gleichzeitig einzuschränken, dann verlieren Sie schneller Nährstoffe als Pfunde.

Zucker ist auch dort der Übeltäter, wo es um niedrigen Blutzucker geht, und er ist – auch wenn das kontrovers diskutiert wird – direkt oder indirekt ein Faktor bei der Entstehung von Diabetes und Herzerkrankungen.

Vorsicht vor verborgenem Zucker

Verborgener Zucker kommt da vor, wo Sie ihn am wenigsten vermuten. Wenn Sie sich als Zucker-Detektiv betätigen wollen, rate ich Ihnen, das Etikett immer zu studieren. Achten Sie auf Wörter, die auf ›-ose‹ enden; sie deuten auf das Vorhandensein von Zucker hin. Zucker bleibt Zucker, ganz gleich, wie er genannt wird. Und denken Sie daran, daß selbst Medikamente nicht frei von süßenden Zusätzen sind. Wenn Sie Zweifel haben über den Zucker- oder Saccharinanteil bei einem Medikament, fragen Sie den Apotheker.

Gefahren von zu hohem Salzverzehr

Wenn jemand nicht das Salz zum Brot hat, so mag das ein bedauernswerter Zustand sein. Der Ausdruck stammt aus früheren Zeiten und bezeichnete bittere Armut. Heute sind wir in dieser Beziehung viel zu reich, denn wir haben alle unser Salz zum Brot – allerdings mehr als wir brauchen. Der durchschnittliche Verzehr von Natriumchlorid (Speisesalz) liegt zwischen acht und achtzehn Gramm täglich, aber schon eine Aufnahme von mehr als sechs Gramm täglich wird als gesundheitsschädigend eingestuft. Und viele von uns nehmen übermäßig viel Salz zu sich.

Zu hoher Salzverzehr kann zu Bluthochdruck führen, was wiederum die Gefahr für Herzerkrankungen vergrößert. Selbst Migräneschmerzen kann Salz verursachen. Es hält außerdem Flüssigkeit im Körper zurück, was Benommenheit und ein Anschwellen der Beine zur Folge hat. Auch kann es die Ursache dafür sein, daß Kalium mit dem Urin verlorengeht. Außerdem kann viel Salz in der Kost schaden, wenn es die richtige Auswertung von Protein behindert.

Verborgene Salze

Wenn Sie keine Salzbrezeln und Salzstangen essen und keinen Salzstreuer auf dem Tisch haben, bedeutet das noch lange nicht, daß Sie nicht doch mehr Salz aufnehmen, als Sie eigentlich sollten. Die salzigen Fallen sind dem Blick ebenso verborgen wie die süßen.

- In vielen Suppen- und Saucenerzeugnissen ist Natriumglutamat als Geschmacksverstärker enthalten.
- Viele Abführmittel enthalten Natrium.
- Wenn Sie auf einem Etikett die Zutaten nachlesen, achten Sie auf die Angabe ›Salz‹ oder ›NaCl‹ (das ist die chemische Formel für Salz).
- Essen Sie kein gepökeltes oder gesalzenes Fleisch.
- Achten Sie auf das Mineralwasser, das Sie trinken, wenn Sie salzarm leben wollen, denn es hat zwar wenig Kalorien, aber oft viel Salz.

Salzgehalt einiger Lebensmittel

In der folgenden Übersicht finden Sie ein paar Beispiele für den Salzgehalt einiger gängiger Lebensmittel. Die Angaben gelten für 100 Gramm.

H-Milch, fettarm	48 mg
Magermilchyoghurt	57 mg
Tilsiter, 45% Fett i. Tr.	773 mg
Camembert, 45% Fett i. Tr.	1150 mg
Speisequark, mager	36 mg
Margarine	76 mg
Schellfisch, frisch	116 mg
Hering, frisch	117 mg
Karpfen, frisch	46 mg
Heringsfilet in Tomatensauce	526 mg
Krabben in der Dose	1000 mg
Brathähnchen	83 mg
Kalbsleber	80 mg
Corned beef	833 mg
Rindfleisch in der Dose	600 mg
Speck, durchwachsen	1770 mg
Bockwurst	700 mg
Dosenwürstchen	711 mg
Salami (deutsche)	1260 mg
Roggenbrot	520 mg
Weizenbrot	385 mg
Pumpernickel	569 mg
Salzstangen	1800 mg
Bohnen (in Dosen)	275 mg
Erbsen (in Dosen)	236 mg
Datteln, getrocknet	18 mg
Oliven, grün, mariniert	2250 mg

Noch Fragen zu Kapitel XVIII?

»Stimmt es, daß man bei großer Hitze zusätzlich Salz braucht, besonders bei körperlicher Anstrengung oder bei sehr starkem Schwitzen?«

Nein! Das ist nur ein Märchen, aber eins, das gefährliche Folgen haben kann. Die Wahrheit ist, daß Salztabletten Wasser entziehen. Wenn Sie sich körperlich anstrengen, setzt der Körper Mechanismen in Gang, um Salz zu konservieren, und da wir alle sowieso zuviel Salz essen, ist ein Mangelzustand unwahrscheinlich. In der Tat, zuviel Salz unter solchen Bedingungen kann sogar zu einem Hitzschlag führen. In den sehr, sehr seltenen Fällen von wirklich auftretendem Salzmangel kann es mit einer 0,1prozentigen Salzlösung ersetzt werden, die man dem Trinkwasser zufügt – aber da sollte der Arzt befragt werden.

XIX
So bleiben Sie schön und attraktiv

Vitamine für gesunde Haut

Wie man aussieht, hängt davon ab, was man innerlich für sich tut. Und was die Haut betrifft, so sind Vitamine und richtige Ernährung für sie wichtig.

Damit Sie gut aussehen, sorgen Sie dafür, daß Sie jeden Tag 55 bis 65 Gramm Protein zu sich nehmen. Trinken Sie täglich acht Gläser Wasser (es können auch ein paar Tassen Kräutertee sein), trinken Sie fettarme Milch und essen Sie Mageryoghurt. Lassen Sie die Finger weg von Schokolade, Nüssen, getrocknetem Obst, Gebratenem, Cola-Getränken, Kaffee, Alkohol, Zigaretten und übermäßig viel Salz. Benutzen Sie keinen Zucker, kleine Mengen von Honig süßen auch.

Ein guter Anfang für eine gesunde, strahlende Haut ist ein tägliches Proteingetränk. Es kann anstelle jeder beliebigen Mahlzeit genommen werden, eignet sich aber besonders gut zum Frühstück.

PROTEINGETRÄNK
gut ¼ l fettarme Milch
1 Eßlöffel Hefepulver (viel Vitamin B)
3 Eßlöffel Acidophilus (fördert die nützlichen Bakterien)
1 Eßlöffel granuliertes Lecithin (beseitigt Unebenheiten und Cholesterin unter der Haut)
1 Eßlöffel Proteinpulver
½ – 1 Eßlöffel Honig
zerstoßenes Johannisbrot, Bananen, Erdbeeren oder anderes frisches Obst als Geschmackszusatz
im Mixer mischen (wenn Sie mögen, geben Sie 3 – 4 Eiswürfel dazu)

ZUSÄTZLICHE PRÄPARATE

Multivitamin-Komplex mit Mineralstoffen – 1mal täglich
Nach irgendeiner Mahlzeit nehmen. Wichtig für die Spannkraft der Haut und die Gesundheit der Nerven.

Vitamin-B-Komplex, 100 mg (Langzeitwirkung) – 1mal täglich. Nach irgendeiner Mahlzeit nehmen. B_2 (Riboflavin) und B_6 (Pyridoxin) verhindern, daß die Haut fettet und sich Mitesser bilden.

Vitamin A (trockene Form), 25000 I.E. – 2mal täglich an 5 Tagen in der Woche
1mal nach dem Frühstück und 1mal nach dem Abendessen nehmen. Erhält weiche, sanfte, gesunde Haut. Steigert die Widerstandskraft gegen Infektionen.

Vitamin C, mit Hagebutten, 1000 mg, mit Bioflavonoiden – 3mal täglich
2mal nach einer Mahlzeit, 1mal vor dem Schlafengehen. Hilft bei der Vorbeugung gegen Akne. Fördert die Heilung von Wunden, blauen Flecken und spröder Haut. Beugt auch gegen geplatzte Äderchen im Gesicht vor.

Vitamin E (trockene Form), 400 I.E. – 1- bis 3mal täglich
Nach jeder Mahlzeit nehmen. Fördert die Durchblutung der kleinen Äderchen im Gesicht. Hilft bei der Heilung, indem es Zellen an der äußeren Hautschicht rasch ersetzt. Wirkt zusammen mit Vitamin C und macht die Haut weniger anfällig für Akne. Wenden Sie Vitamin-E-Öl (28000 I.E.) äußerlich an, damit Verbrennungen, Kratzer und Risse auf der Haut heilen.

Chelatkomplexgebundene Multimineralstoffe – 6mal täglich
2 Tabletten nach jeder Mahlzeit (oder 3 morgens und 3 abends). Dient der Erhaltung des Gleichgewichts der alkalischen Säuren im Blut, was für einen reinen Teint nötig ist. Calcium sorgt für weiches, elastisches Hautgewebe; Kupfer für die Hautfarbe; Eisen hilft gegen Blässe; Kalium ist gut bei trockner Haut und Akne; Zink wirkt auf die äußere und innere Wundheilung.

Cholin und Inosit, 1000 mg täglich nach einer großen Mahlzeit
Lecithinkörnchen, 2 Eßlöffel täglich, können anstelle von Cholin und Inosit genommen werden. Hilft beim Emulgieren von Cholesterin (fettige Ablagerungen oder Unebenheiten unter der Haut). Reinigt die Nieren, was der Haut guttut.

Acidophilus – 6 Eßlöffel täglich
2 Eßlöffel oder 6 Kapseln nach jeder Mahlzeit. Hilft gegen Ausschlag, der durch hautunverträgliche Bakterien im Körper ausgelöst wurde.

Chlorophyll – 3 Eßlöffel oder 9 Tabletten täglich
1 Eßlöffel oder 3 Tabletten nach jeder Mahlzeit. Verringert die Ansteckungsgefahr durch Bakterien. Hat antibiotische Eigenschaften. Eine ausgezeichnete Hilfe bei der Wundheilung.

Cystein – 1 g täglich, mit 3 g Vitamin C
Zwischen den Mahlzeiten mit Saft nehmen. Hilft bei der Erhaltung weicher, jung aussehender Haut.

Wenn das Gesicht schwer verletzt ist, sollte zusätzlich Zink (chelatkomplexgebunden) genommen werden, 15 bis 50 mg täglich. Hilft bei der Heilung von verletztem Gewebe.

Vitamine für gesundes Haar

Shampoo und Pflegemittel sind nicht genug, um sicherzustellen, daß Ihr Haar alles bekommt, was es braucht. Denn auch die Ernährung spielt eine große Rolle für ein schönes, glänzendes Aussehen des Haars. Anders als die Haut kann das Haar sich nicht selbst erneuern. Aber neues, gesünderes Haar kann nachwachsen.

Als erstes müssen Sie Ihre Ernährungsweise überprüfen. Stehen Fisch, Weizenkeime, Hefe und Leber auf dem Speiseplan? Das sollten sie aber in jedem Fall. Die Vitamine und Mineralstoffe, die diese Nahrungsmittel liefern, sind das, was Ihr Haar braucht – neben häufiger Kopfmassage, einem guten, proteinangereicherten Shampoo mit ausgeglichenen pH-Werten und zusätzlichen Mitteln.

Zusätzliche Mittel

Komplex von Multivitaminen und Multimineralstoffen – 1mal täglich
Nach einer Mahlzeit einnehmen. Wichtig für die allgemeine Gesundheit des Haars.

Vitamin-B-Komplex, 100 mg (Langzeitwirkung), 1mal täglich
Nach einer Mahlzeit einnehmen. Vitamin B ist wichtig für das Wachstum des Haars. Pantothensäure, Folsäure und PABS helfen, grauem Haar die natürliche Farbe zurückzugeben.

Vitamin A, 10000 I.E. – 1- bis 2mal täglich an 5 Tagen in der Woche
Morgens und abends nehmen. Wirkt zusammen mit Vitamin B, um das Haar glänzend zu erhalten.

Cystein, 1 g täglich, mit 3 g Vitamin C
Zwischen den Mahlzeiten mit Saft nehmen. Haar besteht zu 10 bis 14 Prozent aus Cystein. Dieses zusätzliche Mittel läßt das Haar glänzen.

Chelatkomplexgebundene Multimineralstoffe – 1mal täglich
Zum Frühstück nehmen. Mineralstoffe wie Silizium, Schwefel, Jod und Eisen beugen gegen Haarausfall vor.

Denken Sie daran, daß Sie Fett, Vitamin B und Cholin im Körper brauchen, damit Vitamin A absorbiert werden kann.

Vitamine für Hände und Füße

Ihre Hände werden oft mißbraucht. Waschmittel nehmen ihnen natürliches Fett, und Wasser und Wetter allein können schon zu spröder Haut führen. Gummihandschuhe sind eine gute Sache, aber wenn die Haut schon aufgesprungen ist, dann können Sie diese nicht direkt auf der Hand tragen. Ein Paar Baumwollhandschuhe unter den Gummihandschuhen nimmt den Schweiß auf und verhindert neue Infektionen. Wenn Sie die Feuchtigkeit aufsaugen wollen, streuen Sie reines, unparfümiertes Talkumpuder in die Handschuhe.

Was die Nägel an Fingern und Zehen angeht, ist die richtige Ernährungsweise das beste Heilmittel für sie. Gelatine wird oft als eine Hilfe gegen brüchige Nägel angesehen, aber das ist ein Irrtum. Nägel brauchen Proteine, und Gelatine ist ein schwacher Ersatz. Nicht nur daß ihr zwei essentielle Aminosäuren fehlen, Gelatine liefert auch eine andere Aminosäure, Glycin, in solchen Mengen, die Sie gar nicht benötigen. Schwefelreiche Nahrungsmittel wie Eigelb sollten ebenfalls zu Ihrer Kost gehören.

Zusätzliche Mittel

Komplex an Multivitaminen und Multimineralstoffen – 1mal täglich
Nach einer Mahlzeit nehmen. Fördert im allgemeinen die Gesundheit der Haut und das Wachstum der Nägel.

Vitamin-B-Komplex, 100 mg (Langzeitwirkung) – 1mal täglich
Nach einer Mahlzeit nehmen. Fördert die Widerstandskraft gegen Pilzinfektionen und ist wichtig für das Wachstum der Nägel.

Vitamin A, 10000 I.E. – 1mal täglich an 6 Tagen in der Woche
Nach einer Mahlzeit nehmen. Hilft gegen das Splittern der Nägel.

Vitamin E, 100–400 I.E. – 1- bis 2mal täglich
Morgens und abends nehmen. Notwendig für die richtige Verwertung von Vitamin A.

Chelatkomplexgebundene Multimineralstoffe – 1mal täglich
Nach einer Mahlzeit nehmen. Eisen hilft, splitternde Nägel zu kräftigen, Zink wirkt gegen weiße Flecken.

Natürliche Kosmetika – was ist darin enthalten?

Viele kosmetische Mittel werden heute als ›natürlich‹ angepriesen, aber wenn Sie sich die Zutaten ansehen, können Sie ins Staunen kommen. Damit Sie wissen, was Sie bekommen, lesen Sie das Etikett oder den Beipackzettel. Im folgenden eine Liste mit einigen kosmetischen Zutaten.

Ätherische Öle – Öl aus Pflanzenteilen, beispielsweise aus Blüten und Blättern

Avocadoöl – Pflanzenöl aus der Avocadofrucht

Balsam – pflanzliche Mischung aus Harzen und ätherischen Ölen

Benzoesäure – organische Säure, als Konservierungsmittel

Carrageenan – ein natürlicher Dickungsstoff aus getrocknetem Irischem Moos

Cetylalkohol – Bestandteil von pflanzlichen Ölen

Citrussäure – eine natürliche organische Säure der Zitrusfrüchte

Erdnußöl – ein pflanzliches Öl aus der Erdnuß
Kakaobutter – Nebenprodukt bei der Kakaoherstellung
Kaliumsorbat – aus der Sorbinsäure der Vogelbeeren
Kampfer – Pulver aus dem Kampferbaum
Kokosöl – wird aus den Kernen der Kokosnuß gepreßt
Lanolin – aus dem gereinigten Fett der Schafwolle
Mandelkleie – aus den Preßrückständen bei der Herstellung von Mandelöl
Mandelöl – aus den Samen der süßen Mandeln
Melissenöl – aus den Blättern der Melisse
Milchsäure – natürliche organische Säure in fast allen Pflanzen und in saurer Milch
Olivenöl – ein natürliches Öl, aus Oliven gewonnen
Sesamöl – Öl der gepreßten Sesamkerne
Sorbinsäure – natürliche Säure aus den Vogelbeeren
Stearinsäure – aus Knochenfett, Talg und Palmöl
Tocopherol – natürliches Vitamin E
Wasser – das universelle Lösungsmittel und Bestandteil von allen lebendigen Materialien
Weizenkeimöl – aus den Keimen der Weizenkeime

Medikamente können der Schönheit schaden

Das Verschreiben von Medikamenten ist in bestimmten Fällen notwendig. Aber die Ärzte vergessen häufig, die möglichen Nebenwirkungen zu erwähnen. Den Doktor gibt es selten, der seiner Patientin die Pille verordnet und ihr sagt, daß sie davon Hautausschlag oder Haarausfall bekommen kann; aber viele Frauen merken das von ganz allein sehr schnell. Zahlreiche Medikamente können Ursache für Hautprobleme oder andere kosmetische Schwierigkeiten sein. Lassen Sie sich daher immer gut vom Arzt und/oder Apotheker beraten.

Noch Fragen zu Kapitel XIX?

»Was halten Sie von Jojobaöl zur Schönheitspflege?«

Sehr viel, ich persönlich halte es sogar für eines der besten Schönheitsmittel überhaupt. Jojobaöl gibt es als Öl, Creme, Seife, Shampoo – und es bewirkt wahre Wunder.

Zum Beispiel, um die Haut vor dem Austrocknen zu schützen: Verwenden Sie einige Tropfen Jojobaöl, bevor Sie Ihr Make-up auftragen. Massieren Sie das Öl sanft ein, insbesondere an den Stellen um Ihre Augen, wo Falten sich gebildet haben. (Vorsicht, direkten Kontakt mit den Augen vermeiden, und falls eine Reizung auftritt, sofort das Öl absetzen!) Benutzen Sie das Öl nachtsüber, während Sie schlafen, um die Haut geschmeidig zu machen. Dabei ist es ausreichend, eine dünne Ölschicht auf dem Gesicht und im Nacken zu verteilen – nach deren gründlicher Reinigung, versteht sich.

Das Öl kann auch verwendet werden, um die Haut nach dem Duschen wieder weich zu machen (Sie benötigen dazu nur wenige Tropfen) und als luxuriöses Badeöl (ebenfalls nur einige Tropfen). Auf trockene, aufgesprungene oder frisch rasierte Haut sollte es direkt aufgetragen werden.

Reiben Sie nach dem Haarewaschen einige Tropfen des Öls in Ihr Haar und in die Kopfhaut ein (anschließend nicht ausspülen). Bei täglicher Anwendung verschaffen Sie so sogar dem sprödesten Haar wieder seinen natürlichen Glanz.

»Meine Nägel wachsen nicht. Ich habe schon alle möglichen Vitamine ausprobiert, aber sie wirken nicht. Was kann ich denn noch tun?«

Es ist möglich, daß Sie Probleme mit der Schilddrüse haben, gehen Sie deshalb zum Arzt und lassen Sie das überprüfen.

In der Zwischenzeit versuchen Sie es einmal mit Schachtelhalm (*Equisetum arvense*). Diese Pflanze hat einen hohen Gehalt an Kieselsäure, die schnell in leicht verwertbares Calcium umgewandelt wird, durch das Nägel, Haut, Haar, Knochen und Bindegewebe ernährt werden.

XX
Bleiben Sie jung, energiegeladen und sexy

Verzögerung des Alterungsprozesses

Das Altwerden wird dadurch verursacht, daß die Zellen degenerieren. Unser Körper besteht aus Billionen dieser Zellen; jede hat höchstens eine Lebensdauer von etwa zwei Jahren. Aber bevor die Zelle abstirbt, reproduziert sie sich selbst. Warum, fragen Sie vielleicht, sehen wir dann jetzt nicht mehr so aus wie vor zehn Jahren? Das liegt daran, daß die Zelle bei jeder der aufeinanderfolgenden Reproduktionen eine Veränderung durchmacht, im Grunde eine Verschlechterung. Und so wie sich unsere Zellen verändern und schlechter werden, werden wir alt.

> Sie können sechs bis zwölf Jahre jünger aussehen
> und sich auch so fühlen.

Dr. Benjamin S. Frank, Autor von ›Nucleic Acid Therapy in Aging and Degenerative Disease‹ (Behandlung mit Nukleinsäure bei Alters- und Degenerationserkrankungen), hat herausgefunden, daß alternde Zellen wieder verjüngt werden können, wenn sie Substanzen bekommen, die sie direkt ernähren, Substanzen wie Nukleinsäuren.

DNS (Desoxiribonukleinsäure) und RNS (Ribonukleinsäure) sind unsere Nukleinsäuren. DNS ist im wesentlichen eine Art chemischer Kochplatte für neue Zellen. Sie sendet RNS-Moleküle wie eine Mannschaft von gut ausgebildeten Arbeitern aus, um neue Zellen zu bilden. Wenn DNS keine Befehle mehr an RNS gibt, endet der Neuaufbau der Zellen – das Leben auch. Indem man den Körper gut mit Nukleinsäuren versorgt, so hat

Dr. Frank herausgefunden, kann man sechs bis zwölf Jahre jünger aussehen, als man ist, und man kann sich auch so fühlen.

Nach Dr. Frank brauchen wir 1 bis 1,5 Gramm Nukleinsäuren täglich. Obwohl der Körper seine eigenen Nukleinsäuren produzieren kann, meint Dr. Frank, daß sie zu schnell in weniger nützliche Bestandteile gespalten werden und deshalb aus äußeren Quellen ergänzt werden sollten, um den Alterungsprozeß zu verlangsamen, wenn nicht gar umzukehren.

Zu den Nahrungsmitteln, die reich an Nukleinsäuren sind, gehören Weizenkeime, Kleie, Spinat, Spargel, Pilze, Fisch (besonders Sardinen, Lachs und Anchovis), Hühnerleber, Hafermehl und Zwiebeln. Dr. Frank empfiehlt eine Diät, bei der siebenmal in der Woche Meeresfrüchte gegessen werden, dazu gibt es täglich zwei Gläser entrahmte Milch, ein Glas Gemüse- oder Obstsaft und vier Gläser Wasser.

Nach nur zwei Monaten Diät mit zusätzlichen RNS-DNS-Präparaten stellte Dr. Frank fest, daß seine Patienten mehr Energie hatten und daß es zu einer wesentlichen Verringerung von Falten und runzliger Haut kam, wobei die Leute gleichzeitig gesünder, rosiger und jünger aussahen.

Einer der jüngsten Neuankömmlinge in der Schlacht gegen das Altern ist SOD (Super-Oxid-Dismutase). Dieses Enzym stärkt den Körper gegen Einwirkungen freier Radikale, die den Alterungsprozeß beschleunigen, indem sie gesunde Zellen zerstören und das Kollagen (›Zement‹, der die Zellen zusammenhält) angreifen. Wenn wir altern, produziert der Körper weniger SOD, so daß zusätzliche Mittel – zusammen mit einer Ernährung, die die Bildung der schädlichen freien Radikale einschränkt – dazu beitragen können, unsere produktiven Jahre, in denen wir voller Energie sind, zu verlängern. Es ist wichtig anzumerken, daß SOD sehr schnell inaktiv werden kann, wenn essentielle Mineralstoffe wie Zink, Kupfer und Mangan nicht ausreichend vorhanden sind.

DHEA (Dehydroepiandrosteron), ein natürliches Hormon, das von den Nebennierendrüsen produziert wird, wird jetzt auch gegen den Alterungsprozeß eingesetzt, denn eine seiner Eigenschaften liegt darin, daß es die Prozesse im Körper ›abregen‹ kann, und dadurch wird die Produktion von Fetten, Hormonen und Säuren, die zum Altern beitragen, verlangsamt.

So bleiben Sie jung

Zusammen mit der richtigen Ernährung ist ein gutes Programm mit folgenden Vitamin- und Mineralstoffpräparaten wichtig dafür, daß Sie jung aussehen, sich so fühlen und es auch bleiben:

Hochwirksames Multivitaminpräparat mit chelatkomplexgebundenen Mineralstoffen (Langzeitwirkung), morgens und abends

Vitamin C, 1000 mg, mit Bioflavonoiden, morgens und abends

Vitamin E (trockene Form), 400 I.E., mit Antioxidantien, morgens und abends

RNS-DNS, 100 mg in Tablettenform, 1mal täglich einen Monat lang, dann im nächsten Monat 2mal täglich, danach 3mal täglich an 6 Tagen in der Woche

Vitamin-B-Komplex, morgens und abends

SOD, 125 Mikrogramm, 1mal täglich einen Monat lang, dann 2mal täglich im nächsten Monat, danach 3mal täglich an 6 Tagen in der Woche

DHEA, 1mal täglich, einen Monat lang eine Stunde vor dem Essen, im zweiten Monat 2mal täglich eine Stunde vor dem Essen, danach an 6 Tagen in der Woche 3mal täglich eine Stunde vor dem Essen

So erhalten Sie Ihre Energie

Ob Sie sich gut fühlen wollen oder nur gut aussehen wollen – Bewegung, Ernährung und die Einnahme der richtigen zusätzlichen Vitamin- und Mineralstoffpräparate sind in jedem Fall die Fahrkarten zur Erzielung großer Energie.

Wenn Sie nicht joggen, sich ›Turnschuhe nicht leisten können‹, nicht Tennis spielen, nicht gern schwimmen, wenn es kühl ist, und wenn Sie Freiübungen hassen, dann habe ich die perfekte Übung für Sie – Seilspringen.

Ein Springseil ist nicht teuer, es ist bequem (Sie können es überall mit hinnehmen) und macht viel Spaß. Und es funktioniert! Hinsichtlich des Kalorienverbrauchs kann ein Springseil mehr bringen als Radfahren, Tennis und Schwimmen. Ein Durchschnittsmensch von etwa siebzig Kilo Gewicht kann in einer Stunde Seilspringen 720 Kalorien verbrennen (120 bis 140 Schwünge in der Minute). Wenn Sie bedenken, daß eine Stunde Tennis nur 420 Kalorien verbraucht, dann können Sie sich vorstellen, wie gut Seilspringen für Sie sein kann.

Damit Sie sich viel Energie erhalten, denken Sie daran, eine Kombination aus zwei Protein-Nahrungsmitteln (oder ein Protein-Getränk) zu jeder Mahlzeit zu sich zu nehmen. Trinken Sie täglich mindestens sechs Gläser Wasser (eine halbe Stunde vor oder nach dem Essen); vermeiden Sie raffinierten Zucker, weißes und Auszugsmehl, Tabak, Alkohol, Tee, Kaffee, süße Getränke, konservierte oder gebratene Lebensmittel.

Ein Protein-Getränk, das Ihnen Schwung bringt:
1 Eßlöffel Proteinpulver
1 Eßlöffel Lecithinkörnchen
2 Eßlöffel Acidophilus-Milch
1 Eßlöffel Hefe
1 Eßlöffel Safloröl (nach Belieben)
Mit Milch, Wasser oder Saft im Mixer eine Minute lang vermischen. Geben Sie frisches Obst dazu, wenn Sie mögen.

Zusätzliche Mittel für die Energie

Zum Frühstück
Hochwirksame Multivitamine mit chelatkomplexgebundenen Mineralstoffen (vorzugsweise Langzeitwirkung)
Vitamin E (trockene Form), 400 I.E.
Hochwirksame chelatkomplexgebundene Multimineralstoffe
Acidophilus, 3 Kapseln oder 2 Eßlöffel Milch
Lecithinkörnchen, 1 Eßlöffel oder 3 Kapseln, 1200 mg
3 Calcium-Magnesium-Tabletten

Zum Mittagessen
Acidophilus, 3 Kapseln oder 2 Eßlöffel Milch
Lecithinkörnchen, 1 Eßlöffel oder 3 Kapseln, 1200 mg
Nach Belieben: Vitamin B_{12}, Verdauungsenzyme

Zum Abendessen
Vitamin E (trockene Form), 400 I.E.
Acidophilus, 3 Kapseln oder 2 Eßlöffel Milch
Lecithinkörnchen, 1 Eßlöffel oder 3 Kapseln, 1200 mg
Nach Belieben: Verdauungsenzyme

Vitamine und Sex

Es wurden vielfach Zusammenhänge zwischen Vitamin E und dem Sexualleben hergestellt. Studien haben tatsächlich gezeigt, daß dieses Vitamin die Fruchtbarkeit bei Männern und Frauen steigert und bei der Wiederherstellung der männlichen Potenz hilfreich ist. Daß es den Sexualtrieb bei Männern und Frauen stark beeinflußt, ist nicht bewiesen, obwohl ich viele Leute kennengelernt habe, die Vitamin E nehmen und davon überzeugt sind.

Ein weiterer bemerkenswerter Sexualnährstoff ist Zink. Das meiste Zink im Körper eines Mannes findet sich in der Prostata. Zinkmangel kann zu Verkümmerung der Hoden und zu Prostataproblemen führen.

Denken Sie daran, daß Vitamine, die Ihre Energie erhalten (s. die beiden vorhergehenden Seiten), auch viel für Ihr Sexualleben tun können.

Ernährung und Liebesleben

Austern (haben einen hohen Zinkgehalt), Schalentiere aller Art, Bierhefe, Weizenkleie, Weizenkeime, Vollkornprodukte, Kürbissamen. Wenn Sie diese Nahrungsmittel in ein Ernährungsprogramm einbeziehen, zu dem eine Kost aus viel Protein und wenig Kohlenhydraten gehört, sich viel bewegen und zusätzliche Präparate nehmen, dann tut das Liebenden genauso gut wie ein Aphrodisiakum.

Zusätzliche Mittel
MVP (s. Seite 172)
Vitamin E, 400 I.E., 1- bis 3mal täglich
Zink, 50 mg (chelatkomplexgebunden), 1- bis 3mal täglich
Ginseng, 500 mg, 3mal täglich, eine Stunde vor dem Essen

Noch Fragen zu Kapitel XX?

»Ich habe gehört, daß Octacosanol das Sexualleben beim Mann sehr anregen kann. Was meinen Sie dazu?«

Ich glaube, viel hängt von dem betreffenden Mann selbst ab. Octacosanol ist eine natürliche Substanz, die in sehr kleinen Mengen in vielen Pflanzenölen, Luzerneblättern, Weizen und Weizenkeimen enthalten ist, und es hat tatsächlich eine Energien freisetzende Funktion; es steigert Kraft und Ausdauer, und in Laborversuchen hat es anscheinend positiv bei Fortpflanzungsproblemen gewirkt.

Wenn Sie es ausprobieren, seien Sie nicht ungeduldig, es dauert oft vier bis sechs Wochen, bis man eine wohltuende Wirkung bemerkt.

Denken Sie auch immer daran, daß eine kräftigende Nahrung mit rohen oder nur leicht gekochten Lebensmitteln, die reich an Vitamin B und Aminosäuren sind, auch zu einem befriedigenden Sexualleben beiträgt.

XXI
Auch Haustiere brauchen eine gute Kost

Vitamine für Ihren Hund

Hunde brauchen genauso Vitamine wie Menschen. Ihr Bedarf ist natürlich ein anderer als bei uns, aber sie benötigen auch alle Nährstoffe.

Ein ausgewachsener Hund braucht 4,4 Gramm Protein täglich, dazu 1,3 Gramm Fett, 0,4 Gramm Linolsäure und 15,4 Gramm Kohlenhydrate. Welpen benötigen das Doppelte.

Proteine sind wichtig für Wachstum und Gesundheit des Hundes. Die besten sind die mit einem hohen biologischen Wert, wie Eier, Muskelfleisch, Fisch, Sojabohnen, Milch und Hefe. Wenn Sie Ihrem Hund Eier geben, dann bitte gekochte. Rohes Eiweiß enthält Avidin, das verhindert, daß Biotin aufgenommen wird. Milch, obwohl sie gut für Hunde ist, verursacht oft Durchfall, deswegen sind Yoghurt und Hüttenkäse geeigneter.

Kohlenhydrate verwerten Hunde für die Energie, aber sie sollten nicht mehr als 50 bis 60 Prozent ihrer Nahrung ausmachen.

Fette, die am höchsten konzentrierte Energiequelle, liefern essentielle Fettsäuren für gesunde Haut und gesundes Fell. Bei einem Mangel verlangsamt sich das Wachstum der Welpen und läßt ihr Fell stumpf und die Haut schuppig werden. Ein Teelöffel Safloröl oder Maisöl im Trockenfutter für den Hund kann Abhilfe schaffen.

Unausgeglichene Zusätze können Ihrem Hund schaden.

Calcium und Phosphor sollten in einem Verhältnis von 1,2:1 im Hundefutter enthalten sein. Wenn das Verhältnis nicht ausgeglichen ist, können sich Mineralstoffe in den Knochen des heranwachsenden Welpen oder des ausgewachsenen Hundes ansammeln. Damit diese beiden Mineralstoffe richtig absorbiert werden, muß auch genügend Vitamin D vorhanden sein. Weil das Gleichgewicht so wichtig ist, achten Sie auch darauf, daß die zusätzlichen Mittel, die Sie geben, ausgewogen sind. Zuviel Lebertran kann zu Problemen führen, die genauso schwerwiegend sind wie die, die Sie damit bekämpfen wollen.

Lebertran sollte nicht ständig gegeben werden; sonst kommt es zu einer zu großen Menge an Vitamin D.

Nicht alles Fleisch ist gut für Ihren Hund, weil das Verhältnis von Calcium und Phosphor falsch und nicht ausreichend Vitamin A, D und E vorhanden ist.

Bekämpfen Sie Flöhe mit Bierhefe.

Bierhefe, unter das Hundefutter gemischt, beugt Flöhen vor. Das gilt auch bei Katzen. Flöhe mögen den Geruch nicht, den der Hund abgibt, wenn er Bierhefe gefressen hat.

Geben Sie Ihrem Hund nicht zusätzlich Vitamin A, D oder Niacin. Sie können eine schädliche Wirkung auf das Tier haben (s. Seite 258, ›Vorsicht‹).

Spezielle Kost für Ihren Hund bei Arthritis und Gewebeschwäche

Anders als die Menschen stellen Hunde ihr eigenes Vitamin C her, aber neuere Studien haben gezeigt, daß zusätzliches Vitamin C wirkungsvoll bei der Behandlung von Arthritis und Gewebeschwäche sein kann. Ich empfehle jedoch, daß Sie mit einem Tierarzt sprechen, bevor Sie mit einer Vitamin-C-Behandlung anfangen. Fragen Sie nach diesem Programm:

Vitamin C, 300 mg
4 – 5 Alfalfa-Tabletten
Vitamin E, 100 I.E.
täglich unter das Futter mischen

Vitamine für Ihre Katze

Katzen brauchen Vitamine, genau wie Menschen und Hunde; aber über ihren Bedarf an Nährstoffen weiß man noch nicht allzuviel, festgesetzte Mengen gibt es nicht.

> Kuhmilch ist unzureichend für heranwachsende Kätzchen.

Der Proteinbedarf ist hoch bei Katzen, beachtlich höher als bei Menschen und Hunden. Und kleine Katzen brauchen ein Drittel mehr als ausgewachsene. Muskelfleisch, Innereien, Geflügel, Fisch, Käse, Eier und Milch sind gute Quellen dafür. Eier sollten gekocht sein, oder es sollte nur das Eigelb verfüttert werden. Wenn Sie einer Katze Milch geben, nehmen Sie Trokkenpulver in doppelter Konzentration wie für ein Menschenbaby; Kuhmilch ist nicht nahrhaft genug für ein kleines Kätzchen.

Kohlenhydrate sind im Katzenfutter nicht unbedingt notwendig, aber sie werden als Energiequelle genutzt. Wenn Fett und Proteine ausgeglichen sind, kann das Futter zu einem Drittel aus Kohlenhydraten bestehen.

> Geben Sie Ihrer Katze das Fett, das Sie selbst nicht essen sollten.

Fette sind die größte Energiequelle für Katzen. Anders als der Mensch kann eine Katze Futter mit bis zu 64 Prozent Fett aufnehmen, ohne daß sich Anzeichen für Gefäßprobleme einstellen. Nur weil Fette teurer als Kohlenhydrate sind, haben die meisten Sorten von Katzenfutter einen niedrigen Anteil davon. Sie können Ihrer Katze das Fett geben, bei dem Sie selbst sich zurückhalten sollten – Butter, tierische Fette. Was die Katzen angeht, so sind die mehrfach ungesättigten Fettsäuren nicht gut für sie. Zuviel davon beeinträchtigen die Aufnahme von Vitamin E.

Obwohl die Bedarfsmengen an lebenswichtigen Vitaminen für Katzen nicht festgelegt sind, sind bestimmte Vitamine im Katzenfutter wichtig. Beispielsweise brauchen Katzen mit ihrem Futter Vitamin A (ihr Bedarf ist viel höher als der der Hunde, denn anders als diese können sie das Vitamin A nicht selbst aus Karotin herstellen). Andererseits kann zuviel Vitamin A zu Knochenverformungen führen. Leber als Zusatz zur Nahrung (nicht als einziges Futter) ist empfehlenswert, ebenso ein ausgewogenes Präparat an Vitaminen und Mineralstoffen. Auch Fisch, Butter, Milch und Käse haben viel Vitamin A.

Die Vitamine des B-Komplexes sind wichtig für die Nerven, das Fell und die inneren Gewebe der Katze. Vitamin B_6 (Pyridoxin) hilft vorbeugend gegen Blasensteine, die ein ernstes Problem bei kastrierten Katern sind. Im allgemeinen brauchen Katzen doppelt soviel Vitamin B wie Hunde, und wenn Sie einer Katze über längere Zeit Hundefutter geben, kann das zu einem Mangel an Vitamin B führen. Sie sollten auch wissen, daß Vitamin B_1 (Thiamin) durch ein in rohem Fisch vorhandenes Gegenmittel zerstört werden kann (zum Thema Nahrungsmittel mit viel Vitamin B, s. Seiten 38 – 44).

Nur Fischfutter allein ist nicht gesund für Katzen.

Es kann zu einem Vitamin-E-Mangel kommen, wenn die Katze nur Fisch frißt. Appetitmangel, Fieber, Schmerzen und wenig Bewegungsdrang sind die typischen Folgen. Wenn das passiert, gehen Sie zum Tierarzt, und füttern Sie keinen Thunfisch mehr, wenn er keinen Zusatz an Vitamin E hat; und geben Sie keinen zusätzlichen Lebertran.

Das Verhältnis von Calcium und Phosphor sollte bei Katzenfutter etwa 1:1 sein, dazu muß ausreichend Vitamin D vorhanden sein.

Ein Multivitaminpräparat mit Eisen – speziell für Katzen hergestellt – wird oft gegen Katzenanämie gegeben. Diese Krankheit ist selten bei Katzen, die eine ausgeglichene Kost mit gekochtem und rohem Muskelfleisch, Innereien, Geflügel und Fisch, vitaminreichen Getreideprodukten und Gemüse bekommen.

Denken Sie daran, daß trächtige Katzen oder Katzen mit Jungen oft zwischen 300 und 425 Gramm täglich fressen und dreimal soviel Vitamine brauchen wie eine durchschnittliche Katze von fünf bis sieben Pfund.

Noch Fragen zu Kapitel XXI?

»Wenn Selen ein so wichtiges Antioxidans ist, sollte es dann nicht auch Hunden verabreicht werden, die in einer Stadt leben?«

Das würde ich bei Hunden und Katzen nicht empfehlen, es sei denn, der Tierarzt verschreibt es. Gelegentliche Zusätze zum Futter ohne genaue Überwachung können gefährlich sein, besonders wenn Ihr Tier alt und krank ist.

XXII
Vor- und Nachteile von Vitaminen, von denen Sie wissen sollten

Vorsicht

Obwohl wir alle wissen, daß Vitamine gut für uns sind, gibt es Zeiten, Bedingungen und Gegebenheiten im Stoffwechsel, bei denen besondere Regelungen ratsam sind. Ich empfehle, daß Sie die folgende Liste sorgfältig durchsehen, damit es Ihnen gutgeht und Sie soviel wie möglich von den Vitaminen profitieren.

- Eine chronische Hypervitaminose an A kann bei Patienten auftreten, die wegen Hauterkrankungen mit Megadosierungen behandelt werden.
- Ein Mangel an Vitamin A kann zu Verlust von Vitamin C führen.
- Eine Übermenge an Vitamin B_1 (Thiamin) kann die Schilddrüse und die Bauchspeicheldrüse (Insulinproduktion) beeinflussen und zu einem Mangel an Vitamin B_6 und dem Verlust von anderen Vitaminen der B-Gruppe führen.
- Die Langzeit-Einnahme eines Vitamins der Gruppe B kann dazu führen, daß viele von den anderen fehlen.
- Schwangere Frauen sollten mit ihrem Arzt reden, bevor sie Dosierungen von mehr als 50 mg Vitamin B_6 (Pyridoxin) einnehmen.
- Vitamin B_6 sollte nicht genommen werden, wenn die Schüttellähmung (Parkinson-Krankheit) mit Medikamenten behandelt wird.
- Große Mengen an Vitamin B_2 (Riboflavin) können zu einer Empfindlichkeit gegen Sonnenlicht führen, besonders wenn sie ohne zusätzliche Antioxidantien genommen werden.

- Weil Vitamin D die Aufnahme von Calcium fördert, kann zuviel gespeichertes Vitamin D auch zu zuviel Calcium im Blut führen.
- Essen Sie das Weiße vom Ei nicht roh. Es kann das Biotin im Körper inaktivieren.
- Es ist gut möglich, daß große Mengen Vitamin C die Antigerinnungswirkung des Blutverdünners Warfarin umkehren.
- Diabetiker und Herzpatienten sollten sich mit ihrem Arzt beraten, weil Vitamin C eine niedrigere Dosierung von Tabletten notwendig machen kann.
- Große Mengen von Vitamin C spülen B_{12} und Folsäure fort; achten Sie also darauf, daß Sie mindestens die empfohlene Tagesmenge von beidem zu sich nehmen.
- Megadosierungen an Cholin, über lange Zeit genommen, können zu einem Mangel an Vitamin B_6 führen.
- Wenn Sie eine Herzerkrankung haben, sprechen Sie mit Ihrem Arzt über die richtige Menge an Vitamin D.
- Vitamin E sollte mit Vorsicht von jedem genommen werden, der eine überaktive Schilddrüse, Diabetes, Bluthochdruck oder Herzerkrankungen hat. Wenn Sie davon betroffen sind, beginnen Sie mit einer sehr niedrigen Dosierung und steigern Sie nach und nach jeden Monat um 100 I.E., bis Sie bei 400 bis 800 I.E. angekommen sind.
- Wer rheumatische Herzbeschwerden hat, sollte wissen, daß zwischen den beiden Seiten des Herzens eine Unausgeglichenheit besteht. Fragen Sie deshalb vorher immer den Arzt, wenn Sie Vitamin E nehmen wollen.
- Vitamin E kann den Blutdruck bei Leuten mit Hochdruck noch steigern, aber wenn die Einnahme in kleiner Dosierung begonnen und dann langsam gesteigert wird, kommt es schließlich sogar zu einer Senkung des Blutdrucks, weil das Vitamin harntreibende Wirkung hat.
- Diabetiker konnten ihren Insulinspiegel mit Vitamin E senken; sprechen Sie darüber mit Ihrem Arzt.
- Auch die Verringerung der Dosierung von Vitamin E sollte schrittweise vor sich gehen.
- Ein übermäßiges Einnehmen von Folsäure kann die Symptome der bösartigen Anämie verdecken.
- Große Mengen an Folsäure über lange Zeit sind nicht zu empfehlen bei Leuten, die zu Krämpfen neigen.

- Folsäure und PABS können die Wirkung von Sulfonamiden beeinträchtigen.
- Große Mengen an Vitamin K können sich ablagern und die Zahl der roten Blutkörperchen verringern und Anämie verursachen.
- Patienten, die Blutverdünnungsmittel nehmen, sollten wissen, daß synthetisches Vitamin K eine Gegenwirkung zu dem Medikament haben kann. Umgekehrt verhindert das Medikament die Aufnahme von natürlichem Vitamin K.
- Zuviel Vitamin K kann zu Schweißausbrüchen und Hitzewallungen führen.
- Niacin sollte von jedem mit schwerer Zuckerkrankheit, grünem Star, Geschwüren im Verdauungstrakt oder unzureichender Leberfunktion vorsichtig genommen werden.
- Geben Sie Ihrem Hund oder Ihrer Katze kein Niacin; es führt zu Hitzeaufwallungen und Schwitzen und verursacht großes Unbehagen bei dem Tier. Geben Sie kein Vitamin A oder D zusätzlich ins Futter, wenn der Tierarzt das nicht ausdrücklich verordnet hat.
- Übermäßige Mengen an PABS können bei manchen Menschen negative Wirkungen auf Leber, Nieren und Herz haben.
- Eisen sollte nicht genommen werden bei Sichelzellenanämie, Hämochromatose und Thalassämie.
- Wenn Ihr Eisenpräparat ein Eisensulfat ist, geht Ihnen Vitamin E verloren.
- Große Mengen von Koffein können die Eisenaufnahme behindern.
- Wer unter schlechter Nierenfunktion leidet, sollte täglich nicht mehr als 3000 mg Magnesium nehmen.
- Zuviel Mangan verringert die Verwertung des Eisens durch den Körper.
- Große Mengen an Mangan können bei manchen Menschen motorische Störungen und Schwäche hervorrufen.
- Eine Kost mit viel Fett steigert die Phosphoraufnahme und senkt den Calciumspiegel.
- Wenn Sie Medikamente mit Cortison und Aldosteron nehmen, können Sie Kalium verlieren und Natrium speichern; sprechen Sie mit dem Arzt darüber.
- Übermäßiges Schwitzen kann zu einem Mangel an Natrium führen.

- Zuviel Natrium kann zu einem Verlust an Kalium führen.
- Übermäßige Zinkaufnahme kann zu Verlusten an Eisen und Kupfer führen.
- Wenn Sie zusätzlich Zink nehmen, achten Sie darauf, daß Sie ausreichend Vitamin A bekommen.
- Wer an der Wilsonschen Krankheit (erbliche Stoffwechselanomalie) leidet, kann gegenüber Kupfervergiftung anfällig sein.
- Zuviel Kobalt kann eine unerwünschte Vergrößerung der Schilddrüse verursachen.
- Wer Medikamente für die Schilddrüse bekommt, sollte wissen, daß Kelp diese Drüse auch beeinflußt. Wenn Sie beides eingenommen haben, ist es ratsam, daß Sie mit Ihrem Arzt reden und einen neuen Test machen lassen. Vielleicht brauchen Sie weniger Medikamente.
- Große Mengen von rohem Kohl können zu einem Jodmangel führen und die Thyroxin-Produktion bei Leuten mit niedriger Jodaufnahme beeinträchtigen.
- Wer viel Kaffee, Tee und Cola-Getränke trinkt, sollte wissen, daß große Koffeinmengen zu einem Mangel an Inosit führen.
- Informieren Sie Ihren Arzt, wenn Sie große Mengen an Vitamin C nehmen. Vitamin C kann die Ergebnisse von Labortests (Zucker in Blut und Urin) verändern und zu falschen negativen Resultaten bei Stuhlproben führen.
- Unternehmen Sie keine anstrengenden körperlichen Aktivitäten vier Stunden nach der Einnahme von Vitamin A; nur dann erreichen Sie eine optimale Absorption.
- Kupfer neigt dazu, sich im Blut anzusammeln und dem Gehirn Zink zu entziehen.
- Tryptophan sollte nicht zusammen mit Protein genommen werden; nehmen Sie Wasser oder Saft, wenn Sie die Tabletten schlucken, keine Milch.
- RNS-DNS-Präparate (Nukleinsäuren) steigern den Harnsäurespiegel und sollten nicht von Menschen genommen werden, die unter Gicht leiden.
- Tyrosin und Phenylalanin können den Blutdruck steigern und sollten nicht zusammen mit Beruhigungsmitteln genommen werden. Diese Aminosäuren sind auch verboten für Menschen, die unter bösartigen Melanomen leiden.

- PABS ist verboten bei Einnahme von Mitteln gegen Krebs.
- Folsäure schränkt die krampflösende Wirkung von Phneytoin ein.
- Antibiotika werden in ihrer Wirkung eingeschränkt, wenn Sie zusätzliche Präparate nehmen. Nehmen Sie Ihre zusätzlichen Präparate mindestens eine Stunde vor oder zwei Stunden nach den verschriebenen Antibiotika ein.
- Calcium kann die Wirkung von Tetracyclin beeinträchtigen.
- Hohe Dosierungen von Vitamin D oder Calcium-Ascorbinat sind verboten, wenn Sie das Herzmittel Digoxin nehmen.
- Breitband-Antibiotika sollten nicht zusammen mit hohen Dosierungen von Vitamin A genommen werden.
- Vitamin A sollte nicht mit dem Aknewirkstoff Isotretinoin genommen werden.
- Cholin ist nicht zu empfehlen in der depressiven Phase bei manischer Depression, denn es kann diese besondere Form der Erkrankung noch verschlimmern.
- Papaya und rohe Ananas sind nicht zu empfehlen, wenn jemand unter Geschwüren leidet.

Nachwort

Da immer mehr Leute sich bewußt werden, wie wichtig Vitamine für sie sind, wollen sie darüber auch klar und unkompliziert informiert werden. Und nachdem neuere Forschungen gezeigt haben, daß das Vorhandensein der richtigen Vitamine zum richtigen Zeitpunkt viel wichtiger ist, als wir je wußten, ist aus diesem Informationsbedürfnis eine Notwendigkeit geworden. Ich hoffe, daß dieses Buch die gewünschten Informationen gegeben hat, daß es die Märchen und Halbwahrheiten über Essen und Ernährung ausgeräumt hat und daß alle Unsicherheiten über Art, Wirkung und Ungefährlichkeit von Vitaminen vom Tisch sind.

Ob Sie das Buch nun von Anfang bis zum Ende durchgelesen oder nur dort nachgeblättert haben, wo es um Dinge geht, die Sie persönlich betreffen – ich glaube, sein Wert als Nachschlagewerk wird noch steigen, wenn Ihre Lebensumstände sich ändern. Meine Absicht war es, ein umfassendes Nachschlagewerk zu liefern, das nicht nur die gegenwärtigen Fragen in bezug auf Vitamine beantwortet, sondern auch die, die in der Zukunft noch auftauchen werden. Im Laufe der Zeit können Sie die Abschnitte über das Jungbleiben und die Verzögerung des Alterungsprozesses noch einmal nachlesen. Auch die Ernährungsvorschläge werden wieder interessant, wenn Sie in eine neue Lebenssituation kommen. Mit anderen Worten, die Informationen, die ich hier aufgeschrieben habe, sind dazu bestimmt, eingehend gelesen zu werden. Sie gelten nicht nur für den heutigen Tag, sondern für viele, viele glückliche und gesunde Tage in der Zukunft.

Earl Mindell, R.Ph. Ph.D.

Beverly Hills, Kalifornien, USA
30. August 1984

Glossar

Absorption Prozeß, durch den die Nährstoffe in den Blutkreislauf übergehen

Acetat Salz der Essigsäure

Acidophilus-Milch auch Reformyoghurt genannt. Wird wie Yoghurt hergestellt, jedoch mit dem *Lactobacillus acidophilus* anstelle der Yoghurtkulturen

Alzheimer Krankheit eine Krankheit mit fortschreitenden Verfallserscheinungen, wozu auch Gedächtnisschwund gehört. Eine wirkungsvolle Heilmethode ist noch nicht bekannt

Aminosäuren organische Bausteine der Proteine. Über zwanzig Aminosäuren sind am Aufbau der natürlichen Eiweiße beteiligt. Es gibt a) essentielle (lebensnotwendige) Aminosäuren, die in der Nahrung enthalten sein müssen, weil der menschliche Organismus sie nicht selbst herstellen kann; b) halbessentielle Aminosäuren; c) nichtessentielle Aminosäuren, die der Körper bilden kann

Antibiotikum verschiedene Substanzen, die Bakterien in ihrer Entwicklung hindern oder sie zerstören können

Antihistamin Wirkstoff gegen das Histamin, das zu Allergien, Heuschnupfen und anderen Überempfindlichkeitsreaktionen führen kann

Antikörper Schutzstoffe im Blut, die sich bilden, wenn artfremdes Eiweiß, Bakterien oder Toxine in die Blutbahn eindringen. Antikörper machen diese unschädlich und bauen sie ab

Antioxidans natürlicher oder synthetisch hergestellter Stoff zum Schutz vor dem Verderb durch Oxidation; verhindert beispielsweise das Ranzigwerden von Fetten

Assimilation Umwandlung von aufgenommenen Nahrungsstoffen in Körperstoffe

Avidin Protein in Eiweiß, kann Biotin inaktivieren

Beriberi Mangelerkrankung, schon Ende des 19. Jahrhunderts in Japan und auf Java als Folge von einseitiger Ernährung mit poliertem Reis erkannt

Bioflavonoide kommen in den Schalen von Orangen und Zitronen vor. Auch Vitamin-P-Komplex genannt. Notwendig für gesunde Wände der Blutgefäße

B-Zellen weiße Blutzellen, die im Knochenmark entstehen. Sie produzieren auf Befehl der T-Zellen, die in der Schilddrüse hergestellt werden, Antikörper

Calciferol geruchlos, geschmacklos, nicht wasserlöslich, aber fettlöslich. Stellt die synthetische Form des ›Sonnenschein‹ Vitamin D dar

Chelatkomplex besondere Struktur einer Metall- und Nichtmetallverbindung, nicht so fest wie andere chemische Verbindungen. Chelatkomplexe werden vom Körper genutzt, um umkehrbare Bindungen zwischen Metallen und chemischen Verbindungen des Körpers herzustellen

diuretisches Mittel harntreibendes Mittel

Divertikel kleine Ausbuchtung an der Wand von Hohlorganen; krankhafte Divertikeln kommen manchmal am Verdauungstrakt und an Harnblase und Harnröhre vor

DGE Deutsche Gesellschaft für Ernährung, e. V., Feldbergstr. 28, 6000 Frankfurt 1. Vereinigung von Naturwissenschaftlern und Medizinern

DNS Desoxiribonukleinsäure. Bestandteil des Zellkerns, übermittelt genetische Informationen zum Aufbau von Chromosomen und Genen. Spielt bei der Vererbung eine Rolle

Emphysem krankhafte Ansammlung von Luft in Lücken eines Organs oder Körperteils oder aber von Gasen unter der Haut

emulgieren vermengen von zwei Stoffen, die sich nicht mischen; meistens handelt es sich hierbei um Fett (Öl) und Wasser

endogen von innen kommend

Endorphin körpereigenes Opiat

Enzym Stoff, der in geringen Mengen biochemische Reaktionen ermöglicht. Eiweißstoff, der in den lebenden Zellen erzeugt wird. Für alle Stoffwechselvorgänge notwendig

freie Radikale chemische Verbindungen, die die Zellwände angreifen und zerstören, wenn Vitamin E als Antioxidans nicht vorhanden ist

Fructose natürliche Zuckerart, die in Obst und Honig vorkommt. Hat von allen Zuckerarten die höchste Süßkraft, wird unabhängig vom Insulin von der Leber schnell umgesetzt und hat kaum Einfluß auf den Blutzuckerspiegel

gesättigte Fettsäuren bei Raumtemperatur im allgemeinen fest. Kommen vor allem in Fetten tierischen Ursprungs vor. Können den Cholesteringehalt im Blut erhöhen

Glucose Blutzucker; entsteht dadurch, daß der Körper Kohlenhydrate assimiliert. Einer der wichtigsten Lieferanten von Energie

Glutamin reichlich vorhanden in Obst und Gemüse. Entgiftet zusammen mit Asparagin körperfremde Stoffe

Glutaminsäure eine der Aminosäuren, nützlich im Gehirnstoffwechsel. Wird im Organismus gebildet

Glycogen aufgebaut aus Glucose. Wird vor allem in der Leber, auch in der Muskulatur gespeichert

Halluzinogen chemischer Stoff, der Sinnestäuschungen hervorrufen kann

Hesperidin Teil des C-Komplexes

homogenisieren Verfahren in der Lebensmitteltechnologie, um zwei Stoffe eng zu vermengen, die an sich nicht mischbar sind. So wird beispielsweise Milch bei hohem Druck durch enge Düsen gepreßt, und dabei wird eine Zerkleinerung und Feinstverteilung der Fettkügelchen erreicht

Hormon Substanz, die durch eine Drüse mit innerer Sekretion in das Blut abgegeben wird und andere Organe in ihrer Tätigkeit beeinflußt. Drüsen und ihre wichtigsten Hormone (in Klammern): Schilddrüse (Thyroxin), Nebenschilddrüsen (Parathormon), Thymusdrüse (wachstumregelndes Hormon), Hoden und Eierstöcke (Geschlechtshormone), Nebennieren, Nebennierenrinde (Corticosteron, Cortisol, Cortison, Aldosteron u. a.), Nebennierenmark (Adrenalin, Arterenol), Langerhanssche Inseln der Bauchspeicheldrüse (Insulin), Hirnanhangdrüse (Prolan, Prolaktin, Somatotropin u. a.)

Hydrierung Anlagerung von Wasserstoff; wird angewandt bei der Fetthärtung u. a.

Hypervitaminose Überversorgung mit Vitaminen

Hypovitaminose Unterversorgung mit Vitaminen

I. E. Internationale Einheit, Maßeinheit für fettlösliche Vitamine

immun unempfänglich gegen Erreger ansteckender Krankheiten und gegen bestimmte Gifte

Insulin Hormon der Langerhansschen Inseln in der Bauchspeicheldrüse, wichtig für den Zuckerstoffwechsel

Kapillaren Haargefäße, feinste Verästelungen der Adern

Karotin Pigment, kommt in vielen Pflanzen vor und kann im Körper in Vitamin A umgewandelt werden

Katalysator Substanz, die chemische Reaktionen fördert, ohne daß sie sich selbst dabei verändert

Kelp Meeresalgen, in Reformhäusern als Parkelp erhältlich

Linolsäure die wichtigste der mehrfach ungesättigten Fettsäuren, Bestandteil von Lecithin; auch Vitamin F genannt; lebenswichtig; muß mit der Nahrung aufgenommen werden

Lipide Oberbegriff für Fette und fettähnliche Substanzen (Lipoide) wie Wachse, Phosphatide u. a.

Megadosierung massiver Einsatz in der Dosierung

mehrfach ungesättigte Fettsäuren Fette pflanzlichen Ursprungs; können dazu beitragen, den Cholesterinspiegel des Blutes zu senken

Melanom bösartige Erkrankung der Haut (Krebs)

Ménièresche Krankheit eine Erkrankung des inneren Ohrs mit Ohrensausen, Schwerhörigkeit und Anfällen von Drehschwindel

Nitrat Salz der Salpetersäure; Kalium- und Natriumnitrat dürfen in beschränktem Maß zur Herstellung von Fleisch- und Wurstwaren verwendet werden

Nitrit Salz der salpetrigen Säure, weil für den Organismus nicht ungefährlich, wird die Verwendung (beispielsweise zum Pökeln) durch Gesetz geregelt

Nitrosamine können in Lebensmitteln beim Zusammentreffen von Nitriten und Aminen entstehen; gelten zum größten Teil als krebserregend und leberschädigend

Oxalat organischer chemischer Stoff in bestimmten Nahrungsmitteln, beispielsweise in Spinat; kann sich mit Calcium zu Calciumoxalat verbinden, einer unlöslichen Substanz, die der Körper nicht verwerten kann

PABS Paraaminobenzoesäure; gehört zum B-Komplex

parboiled Behandlungsverfahren bei Reis. Dabei dringt ein Teil der Vitamine, die im Silberhäutchen enthalten sind, in das Korn ein. Beim anschließenden Schleifen und Polieren bleiben diese Vitamine (B-Komplex) erhalten

Pellagra eine Krankheit, die auf einen Mangel an Vitamin B_3 zurückzuführen ist; Störungen im Verdauungstrakt und Nervensystem; Hauterkrankungen, dazu psychische Veränderungen wie Depressionen und Verwirrungszustände. Kommt in südlichen Ländern bei einseitiger Ernährung mit Mais noch vor

ppm steht für engl. ›parts per million‹, Teile pro Million; Maß für die Angabe von Konzentrationen

Protein Eiweiß; Grundbaustein des Lebens, aus Aminosäuren zusammengesetzte Verbindung. Proteine können von Pflanzen und einigen Mikroorganismen aus anorganischen Verbindungen gebildet werden. Menschen und Tiere können nur wenige Aminosäuren aufbauen und müssen daher regelmäßig Protein zu sich nehmen

Provitamin Vorstufe des Vitamins

RNS Ribonukleinsäure; vorwiegend im Zytoplasma (eiweißhaltiges Stoffgemisch der Zellen) enthalten; beteiligt an der Biosynthese von Eiweißstoffen

Rutin Teil des C-Komplexes

Steroid Abkömmling der Sterine. Sterine sind organische chemische Verbindungen, die in allen pflanzlichen und tierischen Zellen vorkommen. Bekanntester Vertreter der Sterine ist das Cholesterin

Synthese Aufbau chemischer Verbindungen aus einfachen Stoffen

Thalassämie eine erblich bedingte, vorwiegend im Mittelmeerraum auftretende Form der Blutarmut

Tocopherole eine Gruppe von Bestandteilen (alpha, beta, delta, epsilon, eta, gamma und zeta), die das Vitamin E bilden. Werden durch Destillation unter Vakuum aus Pflanzenölen gewonnen

toxisch giftig, schädlich

Triglyceride Fettsubstanzen im Blut

T-Zellen weiße Blutzellen, die in der Thymusdrüse hergestellt werden. Sie schützen den Körper vor Bakterien und Viren, indem sie die Produktion der B-Zellen überwachen, die Antikörper herstellen

ungesättigte Fettsäuren kommen vor allem in Fetten pflanzlichen Ursprungs vor; haben einen tiefen Schmelzpunkt und sind flüssig bei Zimmertemperatur

Vitamin Bestandteil der Nahrung, liefert im Gegensatz zu anderen Nährstoffen (Eiweiß, Kohlenhydrate, Fett) keine Energie, ist aber für den richtigen Ablauf des Stoffwechsels unentbehrlich. Bedarf beim Menschen abhängig von Alter, Stoffwechsel, Klima, Umweltbelastung, körperlicher Belastung, Ernährungsform und Gesundheitszustand

Zellulose organische Verbindung, aus der die pflanzlichen Zellwände aufgebaut sind

Bibliographie

Ich bin vielen Naturwissenschaftlern, Ärzten, Ernährungswissenschaftlern, Professoren und Forschern großen Dank schuldig, deren mühsame und oft wenig beachtete und anerkannte Arbeit im Bereich der Vitamine und der Ernährung dieses Buch möglich gemacht hat.

Ihnen möchte ich meine Anerkennung und Wertschätzung zum Ausdruck bringen. Viele der Bücher sind jedoch sehr technisch und fachlich und für den Laien verwirrend. Sie wurden für die Fachleute geschrieben.

Mit herangezogene deutsche Bücher

Von Aal bis Zwiebel, Lexikon der Lebensmittel und Ernährung, Ceres-Verlag Rudolf-August Oetker KG Bielefeld, 1977

Die große Nährwerttabelle, Gräfe und Unzer, Neuausgabe 1986/87

Die große Vitamin- und Mineralstofftabelle, Gräfe und Unzer, 1984

Stephanie Faber, Das Rezeptbuch für Naturkosmetik, Verlag Fritz Molden, Wien – München – Zürich, 1974

Ulrich Rückert, Vitamine & Mineralstoffe, Ariston Verlag, Genf 1985

Register

Abführmittel 222 f.
Acidophilus-Milch 129 f., 242
Ältere Menschen, Vitaminprogramm 176 f.
Äpfel 163
Ärzte, Vitaminprogramm 180
AIDS 118
Akne 29, 36 f., 62, 129, 138, 152 f., 185
Alkali-Säure-Haushalt 27
Alkohol 22, 34, 90, 181, 208, 212 f., 216 ff., 225
– Geschmacksverringerung 218
– Körperschädigung 216
– Trinker-Diät 229
– was Sie trinken und wann 217
Alfalfa (Luzerne) 130 f.
Allergien 52, 90, 198 f.
Allicin 27
Aloe (Aloe vera) 136 f.
Alraune 141
Altersflecken 36
Alterungsprozeß 247 f.
Alzheimer-Krankheit 56, 74
Aminosäuren 24 f., 80, 100, 103 – 118, 134, 171
– Präparate 103
Ammoniak 113
Amygdalin, siehe Vitamin B_{17}
Amylasen 25
Anabolika 112
Anämie 43, 45, 60, 63, 72, 79 f., 83 f., 88, 130, 168, 259
Angina pectoris 47
Angst 104, 212 f.
Anis (Samen) 137
Anti-Baby-Pille 38, 40 f., 53, 86, 186
Antibiotika 50, 69, 129, 222 f., 262
Antihistamine 222
Antikörper 54
Antioxidantien 37
Appetit 63
Appetitlosigkeit 147 f.
Arginin 110 f., 113, 204
– persönlicher Ratschlag 111
– Quellen 110
– was es leisten kann 110
– zusätzliche Präparate 110 f.
Arnika 141
Arthritis 44, 89, 118, 130, 138, 199
Arteriosklerose 98, 119 f., 131
Ascorbinsäure, siehe Vitamin C
Asparaginsäure 113 f.
Aspirin 27, 53, 64, 223 f.
Asthma 47, 139, 199

Ataxie 87
Atem, schlechter 159, 192
Atemwege (Erkrankungen) 36
Atkins, Dr. Robert C. 48, 221, 227
Atkins-Diät 227
Aufputschmittel 214–226
Augen 36, 40 f.
Augenprobleme 148, 200
Azidose 115

Bananen 163
Bauarbeiter, Vitaminprogramm 179
Bauchspeicheldrüse 23, 25, 258
Beinschmerzen 186
Benommenheit 149
Beri-Beri 39
Beruhigungsmittel 222
Bienenstiche 186
Bierhefe 254
Bilsenkraut 141
Bindegewebe 111
Bindehautentzündung 57, 139
Bioflavonoide, siehe Vitamin P
Biotin, siehe Vitamin H
Bitterdistel 137
Bittersüßer Nachtschatten 141
Blaue Flecken 149
Blut 42
Blutdruck 68, 90, 130
– hoher 149 f., 200 f., 259
– niedriger 201
Blutzucker 77, 90, 115
Bouer, Frank 130
Bressler, Dr. David 105
Bronchitis 131, 202
Butter 163

Calciferol, siehe Vitamin D
Calcium 20, 26, 38, 44, 53, 57, 75 ff., 85, 88, 90, 125, 135
– Beschreibung 75
– Feinde 76
– Giftigkeit 76
– Mangelerkrankungen 76
– persönlicher Ratschlag 76 f.
– Quellen 76
– und Tiere 254, 256
– Vor- und Nachteile 259, 262
– was es leisten kann 75
– zusätzliche Präparate 75
Calciumfluorid 126
Calciumphosphat 126
Calciumsulfat 126
Cambridge-Diät 230, 234
Candida albicans 129
Chelate 30, 241
Chlor 77 f.
– Beschreibung 77
– Giftigkeit 77
– Mangelerkrankungen 77
– persönlicher Ratschlag 77 f.
– Quellen 77
– was es leisten kann 77
– zusätzliche Präparate 77
Chlorophyll 32, 131 f., 242
Cholesterin 24, 55, 61, 67, 95, 98, 120 ff., 168
Cholesterinspiegel 38, 47, 51, 62, 121 ff., 134
– hoher 155
Cholin 26, 54–57, 119, 241
– Beschreibung 55
– Feinde 56
– Giftigkeit 56
– Mangelerscheinungen 56
– persönlicher Ratschlag 56 f.
– Quellen 56
– Vor- und Nachteile 259, 262

– was es leisten kann 56
– zusätzliche Präparate 56
Chrom 78
– Beschreibung 78
– Giftigkeit 78
– Mangelerscheinungen 78
– persönlicher Ratschlag 78
– Quellen 78
– was es leisten kann 78
– zusätzliche Präparate 78
Cola 164
Cooper, Dr. J.T. 231
Corticosteroide 223
Cortison 67, 260
Cyanocobalamin, Cobalamin siehe Vitamin B_{12}
Cystin, Cystein 114, 117, 242

Darm 120
Darmflora 129
Darmkatarrh 202
Darmprobleme 156 f.
Depression 85, 104, 106 f., 113, 212 f., 222
Dermatitis (Hautentzündung) 153
Deutsche Gesellschaft für Ernährung 170
DHEA (Dehydroepiandrosteron) 248
Diabetes 44, 78, 202 f., 259
Dickdarm 24
Dill 143
DL-Phenylalanin 107 ff.
– persönlicher Ratschlag 108
– was es leisten kann 108
– zusätzliche Präparate 108
DNS-Desoxiribonukleinsäure 17, 97, 247 f.
– Nachteile 261
Drogen 212 f., 215, 218 ff.
Drüsenfieber 203
Dünndarm 23 f.
Durchfall 66, 150, 222

Eibe 141
Eier 121, 164
Eiscreme 164, 168
Eisen 20, 26, 51, 75, 83 ff., 125
– Beschreibung 83
– Feinde 84
– Giftigkeit 84
– Mangelerkrankungen 84
– persönlicher Ratschlag 84 f.
– Quellen 84
– Vor- und Nachteile 260 f.
– was es leisten kann 83
– zusätzliche Präparate 83
Eisenhut 138
Eisenphosphat 127
Ekzeme 50, 62, 71, 154
Ellis, Dr. John M. 145
Emulgatoren 171
Endorphine 107
Energie 46, 249 f.
Enzyme 24, 83, 109, 125 f.
Enzymsysteme 20
Erbrechen 72
Erdnußbutter 163
Ergosterol, siehe Vitamin D
Erkältung 57, 203 f.
Ernährung
– ausgewogene 144
– Maximum an Vitaminen 166 f.
– Tatsachen 27
Erschöpfung 54, 83, 87, 113, 130
Erschöpfungszustände 150
Etikett, lesen 169 f.
– Verpackungsangaben 169
– worauf zu achten 171

Faserstoffe 132 f.
Fernlastfahrer,
Vitaminprogramm 178
Fette 19, 23, 119–123, 253
– Haustiere und 254 f.
– wer sie braucht 119
Fieber 97, 198
Fingerhut 141
Fingernägel 40
Fleischgruppe 144
Fluor 26, 81
– Beschreibung 81
– Feinde 81
– Giftigkeit 81
– Mangelerkrankungen 81
– persönlicher Ratschlag 81
– Quellen 81
– was es leisten kann 81
– zusätzliche Präparate 81
Fölling-Krankheit 106
Folsäure, siehe Vitamin M
Fortpflanzung 40
Frank, Dr. Benjamin S. 247 f.
Frauen, Vitaminprogramm 173
– schwangere 174
– stillende 175
Fruchtbarkeit 251
Fruchtzucker-Diät 231
Frühstücksspeck 164
Füße 243
– kalte 188
Fußpilz 187

Gallenblase 25
Gallensteine 85, 119
Gamma-Linolensäure 139
Gedächtnis 56, 87
Gedächtnisschwund 151
Gefährliche Pflanzen 140–143
Gehirn 56, 120
Geruchssinn, Verlust 161
Geschlechtskrankheiten 204
Geschwüre 113, 204 f.
Getreidegruppe 145
Gewebesalze 126 f.
Ginseng 53, 130, 197, 216
Ginster 141
Glatze 187
– siehe auch Haare
Glucose 124
Glutamin, Glutaminsäure 113, 117
Glycin 115, 117
Glykogen 124
Goldregen 141
Golfer, Vitaminprogramm 181
Gonorrhöe 204
Grünalgen 135
Gummi 132
Gurken, eingelegte 164
Gürtelrose (Herpes zoster) 39, 205

Haar 40, 50, 61, 63, 82, 242
Haarprobleme 151 f.
Halsschmerzen 131
Hämochromatose 260
Hämoglobin 79, 83
Hämorrhoiden 66, 137, 187 f.
Hände 243
Harntreibende Mittel 222 f.
Haschisch 218 f.
Hashim, Dr. Sami 230
Haut 40, 61, 63, 67, 82, 246
– trockene 194
Hautausschlag 205 f.
Hautprobleme 152 ff.
Hefe 134 f.
Heißhunger 163 ff.
Heliotrop 141
Hemizellulose 132

Herpes, Typ I 109 f., 186 f., 204
Herpes, Typ II 204
Herz 75, 85, 119, 131, 138
Herzbeschwerden 206, 259
Herzklopfen 154
Hesperidin, siehe Vitamin P
Heuschnupfen 188
Hirnschaden 45
Hitzepickel 188
Hühneraugen 137
Hunde 254 f.

Immergrün 141
Immunsystem 47, 103, 110, 118
Infektionen 155
Insulin 67, 78, 97
Internationale Einheiten (I. E.) 170
Impotenz 113, 130
Inosit 26, 64 f., 119, 221, 241
– Beschreibung 64
– Feinde 65
– Giftigkeit 65
– Mangelerkrankungen 65
– persönlicher Ratschlag 65
– Quellen 65
– was es leisten kann 64
– zusätzliche Präparate 65
Isotretinoin 262

Jod 26, 81 ff., 135
– Beschreibung 81 f.
– Feinde 81
– Giftigkeit 81
– Mangelerkrankungen 81
– persönlicher Ratschlag 82
– Quellen 81
– Vor- und Nachteile 261
– was es leisten kann 81
– zusätzliche Präparate 81
Jojobaöl 245 f.
Joule 171
Jucken 188

Käse 163
Kaffee 65, 208
Kalium 26, 90 f., 125
– Beschreibung 90
– Feinde 91
– Giftigkeit 91
– Mangelerkrankungen 90
– persönlicher Ratschlag 91
– Quellen 90
– Vor- und Nachteile 260
– was es leisten kann 90
– zusätzliche Präparate 91
Kaliumchlorid 127
Kaliumphosphat 127
Kaliumsulfat 127
Kalorien 171
Kamille 138
Kater 189
Kelp (Meeresalgen) 133 f., 261
Kieselsäure 127, 246
Kinder, Vitaminprogramm 174
Kleie 132
Kleinkinder, Vitaminprogramm 174
Knoblauch 131, 143
Knochenbrüche 160, 189
Knochenerweichung 155
Kobalt 79
– Beschreibung 79
– Feinde 79
– Giftigkeit 79
– Mangelerkrankungen 79
– persönlicher Ratschlag 79
– Quellen 79
– Vor- und Nachteile 261
– was es leisten kann 79
– zusätzliche Präparate 79

Koffein 214 ff., 225, 260
Kohlenhydrate 19, 21, 23, 102, 124, 253
Kokain 219 ff., 226
Kollagenzellen 52
Konzentration, Gedächtnis 45
Kopfschmerzen 139, 189
Körpergeruch 156
Körpertemperatur 96
Kosmetika, natürliche 244 f.
Krampfadern 189
Krämpfe 43, 60, 116
Kräuter 136–143
Krankenpflegepersonal, Vitaminprogramm 180
Krebs, Krebserreger 92, 118, 262
Kropf 82
Kupfer 79 f.
– Beschreibung 79 f.
– Feinde 80
– Giftigkeit 80
– Mangelerkrankungen 80
– persönlicher Ratschlag 80
– Quellen 80
– Vor- und Nachteile 261
– was es leisten kann 80
– zusätzliche Präparate 80

Läufer, Vitaminprogramm 175
L-Carnitin 117
Leber 24, 46, 56, 94, 119 f., 260
Leberzirrhose 47, 56
Lecithin 32, 119 f.
Lehrer, Vitaminprogramm 183
Leinsamen 143
Lignin 133
Lipase 125
Lipoproteine 120, 122
Lippen, spröde 149
Lobelie 141
Lunge 59
Lysin 109 f.
– persönlicher Ratschlag 109
– Quellen 109
– was es leisten kann 109
– zusätzliche Präparate 109

Männer, Vitaminprogramm 173
Magen 22, 24, 67, 138, 204 f.
Magenprobleme 156 f.
Magnesium 26, 42, 44, 53, 75 f., 85 f., 104
– Beschreibung 85
– Feinde 86
– Giftigkeit 86
– Mangelerkrankungen 85
– persönlicher Ratschlag 86
– Quellen 85
– Vor- und Nachteile 260
– was es leisten kann 85
– zusätzliche Präparate 86
Maiglöckchen 142
Maisöl 253
Makronährstoffe 21
Manager, Vitaminprogramm 175 f.
Mandelentzündung 207
Mangan 86 f.
– Beschreibung 86
– Feinde 87
– Giftigkeit 87
– Mangelerkrankungen 87
– persönlicher Ratschlag 87
– Quellen 87
– Vor- und Nachteile 260
– was es leisten kann 87
– zusätzliche Präparate 87
Marihuana 218 f.
Masern 207
Maßeinheiten 170

Mayonnaise 165
Medikamente 212 f., 221 f., 245
Melanome 261
Menstruation 190
Menstruations-beschwerden 158, 207 f.
Methionin 114 f., 119
Migräne 67, 138
Mikro- oder Planktonalgen 135
Mikronährstoffe 21
Milch 165, 167
Milchgruppe 144
Mindell, Dr. Earl 231 f.
Mindells Diät 232 f.
Mindells-Vitamin-Programm 147, 172–183
Mineralstoffe 19, 30 f.
Minton, Prof. Dr. John 214
Minze (Flohkraut) 138
Mistel 142
Molybdän 88
– Beschreibung 88
– Feinde 88
– Giftigkeit 88
– Mangelerkrankungen 88
– persönlicher Ratschlag 88
– Quellen 88
– was es leisten kann 88
– zusätzliche Präparate 88
Monatsblutung 66
Morales, Betty Lee 146
Multiple Sklerose 46, 118, 138
Mumps 209
Mund 22, 41, 63, 149
– Ausschlag am 149, 186 f.
Muskeln 85, 87, 90, 111
Muskelkater 190
Muskelkrämpfe 76, 157
Muskelschmerzen 50
Myoglobin 83
Nachtarbeiter, Vitaminprogramm 178
Nachtblindheit 37
Nachtkerzenöl 138
Nägel 246
Nährstoffe 21
– Wirkung 21
Nasenbluten 158
Natrium 26, 85, 93 f.
– Beschreibung 93
– Giftigkeit 93
– Mangelerkrankungen 93
– persönlicher Ratschlag 94
– Quellen 93
– Vor- und Nachteile 260
– was es leisten kann 93
– zusätzliche Präparate 93
Natriumcarbonatchlorid 127
Natriumcarbonatphosphat 127
Natriumcarbonatsulfat 127
Nebennierendrüsen 54, 120
Nerven, Nervensystem 39, 85, 90
Nervosität 158 f.
Newbold, Dr. H.L. 218
Niacin, Nicotinsäure, siehe Vitamin B_3
Nierensteine 85
Nitrosamine (krebserregende Stoffe) 51
Nittler, Dr. Alan 126
Nukleinsäuren 247 ff.
Nüsse 164

Obst, saures 165
Obst-Gemüse-Gruppe 145
Octacosanol 251 f.
Ödeme 90
Ohrensausen 159
Ohsawa, George 230
Oliven 165

Ornithin 110, 112
Osteoporose 57, 76
Östrogen 64, 67

PABS
(Paraaminobenzoesäure) 26, 54, 71 f.
– Beschreibung 71
– Feinde 72
– Giftigkeit 72
– Mangelerkrankungen 71
– persönlicher Ratschlag 72
– Quellen 71
– Vor- und Nachteile 260, 262
– was es leisten kann 71
– zusätzliche Präparate 71 f.
Pangansäure, siehe Vitamin B_{15}
Panthenol, siehe Vitamin B_{15}
Pantothensäure, siehe Vitamin B_5
Pauling, Dr. Linus 211
Pektin 132
Penicillamine 44
Penicillin 72
Pepsin 23, 125
Peristaltik 22
Petersilie 139
Pfefferminze 139
Phenylalanin 105 f., 110, 115
– persönlicher Ratschlag 106
– Quellen 106
– Vor- und Nachteile 261
– was es leisten kann 106
– zusätzliche Präparate 106
Phneytoin 262
Phosphor 26, 38, 57, 75, 85, 88 ff., 125
– Beschreibung 88 f.
– Feinde 89
– Giftigkeit 89
– Mangelerkrankungen 89
– persönlicher Ratschlag 89
– Quellen 89
– Tiere und 254, 256
– was es leisten kann 89
– zusätzliche Präparate 89
Pille, siehe Anti-Baby-Pille
Piotrousky, F.G. 131
Pollen 30
Polypen 190 f.
Postoperative Heilung 190
Progesteron 67
Prostata 98
Prostataleiden 191, 251
Proteine 19, 21, 23 f., 27, 44, 97, 100–104, 119, 124, 240, 261
– Arten 102
– Bedarf 101
– Märchen über 102
– Präparate 103
– und Haustiere 253–255
Proteingetränk 240, 252
Pyridoxin, siehe Vitamin B_6
Psilose 66

Quetschungen 191
Quigley, Dr. Daniel T. 20

Rachitis 57
Randolph, Dr. Theron G. 30
Rapp, G.W. 131
Rauchen 27, 51
– abgewöhnen 191
Raucher, Vitaminprogramm 182
Reis 33, 35
Reisekrankheit 39, 192
Reisende, Vitaminprogramm 183
Renin (Labenzym) 23, 125
Retinol-Äquivalenten (Ret.-Ä) 170

Riboflavin, siehe Vitamin B_2
RNS-DNS-Präparate 17
RNS-Ribonukleinsäure 17, 247 f.
– Nachteile 261
Rosmarin 139
Roßkastanie 142
Rückenschmerzen 76

Safhoröl 253
Salz 165, 237 ff.
Salzsäure 23, 42, 125
Sänger, Vitaminprogramm 180
Sauerdorn 143
Scarsdale-Diät 228
Schachtelhalm 246
Schadstoffe am Arbeitsplatz 28
Schauspieler, Vitaminprogramm 179 f.
Schierling 142
Schilddrüse 37, 82, 246, 258 f., 261
– Überfunktion 37
– Unterfunktion 38
Schilfgras 142
Schlaflosigkeit 130, 160, 192
Schlafmittel 105, 221
Schmerzen 104, 107
Schmutz 165
Schuessler, Dr. W.H. 126
Schnittwunden 193
Schockzustände 54
Schönheit 240–246
Schuppenflechte 193
Schüttellähmung (Parkinson-Krankheit) 258
Schwarzwurz 139
Schwefel 94 f.
– Beschreibung 94
– Giftigkeit 95
– Mangelerkrankungen 94
– persönlicher Ratschlag 95
– Quellen 94
– was er leisten kann 94
– zusätzliche Produkte 94
Seidelbast 142
Selen 28, 74, 91 ff., 118
– Beschreibung 91 f.
– Feinde 92
– Giftigkeit 92
– Mangelerkrankungen 92
– persönlicher Ratschlag 93
– Quellen 92
– Tiere und 257
– was es leisten kann 92
– zusätzliche Präparate 92
Sex 251
Shulman, Dr. R. 211
Sichelzellenanämie 260
Skorbut 52
SOD (Super-Oxid-Dismutase) 248
Sodbrennen 40, 128, 193, 197
Sojabohnen 103
Sonnenbrand 72, 137, 193 f.
Sonnenstich 93
Speiseröhre 22
Sperma 110
Sportler, Vitaminprogramm 177 f.
Squash-Spieler, Vitaminprogramm 182
Stechapfel 142
Sterilisation 194
Stillman, Dr. Irwin 227 f.
Stoffwechsel 19 f., 110, 172
Streß, Streßsituationen 42, 85, 90, 104, 198
Studenten, Vitaminprogramm 176
Sulfonamide 64

Süßholzwurzel 140
Syphilis 204

Tänzer, Vitaminprogramm 178
Tarnower, Dr. Herman 228
Tennisspieler,
  Vitaminprogramm 181
Testosteron 67
Tetracyclin 262
Thiamin, siehe Vitamin B_1
Thymian 140
Thymusdrüse 112, 118
Thyroxin 67, 86
Tiere 253–257
– Hunde 253 f., 257
– Katzen 255 f.
Tocopherol, siehe Vitamin E
Tollkirsche 142
Trichloräthylen 216
Triglyceride 68
Trinker, Vitaminprogramm 181
Trinker-Diät 229
Tryptophan 104 f.
– Beschreibung 104
– persönlicher Ratschlag 105
– Quellen 104
– Vor- und Nachteile 261
– zusätzliche Präparate 105
Tyrosin 115 f., 261

Übelkeit 222
Unterzuckerung des
  Bluts 209 f.
Urin 33 f.
– Zurückhalten 162

Vaginajucken 160
Vanadium 95
– Beschreibung 95
– Feinde 95
– Giftigkeit 95
– Mangelerkrankungen 95
– persönlicher Ratschlag 95
– Quellen 95
– was es leisten kann 95
– zusätzliche Präparate 95
Verbrennungen 60, 194 f.
Verdauungssystem 22, 39, 67,
  85, 87, 130, 197
Verkaufspersonal,
  Vitaminprogramm 179
Verstopfung 96, 129, 161, 195
Vitamine
– Ausland 183
– bei Krankheit 198–210
– Bezeichnung 25
– Definition 18 f.
– fettlösliche 29
– Formen, verschiedene 29
– Füllstoffe, Bindemittel 32
– Frühwarntest 145
– Haustiere 253 f.
– Langzeitwirkung 31
– Lagerung, Haltbarkeit
  32 f.
– Mangelerscheinungen
  145 f.
– Maßeinheiten 170
– Maximum aus der
  Ernährung 166 f.
– natürliche 30
– richtige V. zur richtigen Zeit
  185–197
– Rhythmus der Einnahme
  33
– Sex 251 f.
– spezieller Bedarf 172–183
– Stimmungsschwankungen
  211 ff.
– synthetische 30
– Umwandlung 31
– Wirkung 19

Vitamin A_1 (Retinol, Karotin) 20, 24 f., 29, 36 ff., 57, 59, 73, 99, 118, 166, 241, 243
– Beschreibung 36
– Feinde 37
– Giftigkeit 37
– Mangelerkrankungen 37
– Quellen 37
– Tiere und 38, 254 ff.
– Vor- und Nachteile 258, 260 f.
– was es leisten kann 36
– zusätzliche Präparate 37
Vitamin B-Komplex 38–49, 56, 166, 241, 243
Vitamin B_1 (Thiamin) 20, 25, 27, 38 ff., 44, 114, 167 f.
– Beschreibung 38 f.
– Feinde 40
– Giftigkeit 39
– Mangelerkrankungen 39
– persönlicher Ratschlag 39
– Quellen 39
– und Katzen 256
– Vor- und Nachteile 258
– was es leisten kann 39
– zusätzliche Präparate 39
Vitamin B_2 (Riboflavin) 25, 40 ff., 44
– Beschreibung 40
– Feinde 41
– Giftigkeit 41
– Mangelerkrankungen 41
– persönlicher Ratschlag 41 f.
– Quellen 41
– Vor- und Nachteile 258
– was es leisten kann 40 f.
– zusätzliche Präparate 41
Vitamin B_3 (Niacin, Nicotinsäure) 25, 42, 67 ff., 105
– Beschreibung 67
– Feinde 69
– Giftigkeit 68
– Mangelerscheinungen 68
– persönlicher Ratschlag 69
– Quellen 68
– Tiere und 254, 260
– Vor- und Nachteile 260
– was es leisten kann 67 f.
– zusätzliche Präparate 68
Vitamin B_4 (Adenin) 26
Vitamin B_5 (Pantothensäure) 26, 39, 44, 54 f., 198, 221
– Beschreibung 54
– Feinde 55
– Giftigkeit 55
– Mangelerkrankungen 54
– persönlicher Ratschlag 55
– Quellen 54
– was es leisten kann 54
– zusätzliche Präparate 54
Vitamin B_6 (Pyridoxin) 26, 27, 42 ff., 52, 98, 145, 198
– Beschreibung 42
– Feinde 43
– Giftigkeit 43
– Mangelerkrankungen 43
– persönlicher Ratschlag 44
– Quellen 43
– und Katzen 256
– Vor- und Nachteile 258 f.
– was es leisten kann 43
– zusätzliche Präparate 43
Vitamin B_{10} 26
Vitamin B_{11} (Wachstumsfaktoren) 26
Vitamin B_{12} (Cobalamin) 17, 23, 26 f., 39, 42, 44 f.
– Beschreibung 44
– Feinde 45
– Giftigkeit 45

– Mangelerkrankungen 45
– persönlicher Ratschlag 45 f.
– Quellen 45
– Vor- und Nachteile 259
– was es leisten kann 45
– zusätzliche Präparate 45
Vitamin B_{13} (Orotsäure) 26, 46 f.
– Beschreibung 46
– Feinde 46
– Giftigkeit 46
– Mangelerkrankungen 46
– persönlicher Ratschlag 47
– Quellen 46
– was es leisten kann 46
– zusätzliche Präparate 46
Vitamin B_{15} (Pangamsäure) 26, 47 f.
– Beschreibung 47
– Feinde 48
– Giftigkeit 48
– Mangelerkrankungen 47
– persönlicher Ratschlag 48
– Quellen 47
– was es leisten kann 47
– zusätzliche Präparate 48
Vitamin B_{17} (Amygdalin, Laetrile) 26, 48 f.
– Beschreibung 48
– Giftigkeit 49
– Mangelerkrankungen 49
– persönlicher Ratschlag 49
– Quellen 49
– was es leisten kann 48
– zusätzliche Präparate 49
Vitamin C (Ascorbinsäure) 17, 20, 26, 30, 42, 44, 51 ff., 55, 57, 64, 69 f., 73, 80, 85, 106, 114, 118, 166, 198, 241
– Beschreibung 52
– Feinde 53
– Giftigkeit 52
– Mangelerscheinungen 52
– persönlicher Ratschlag 53
– Quellen 52
– Tiere und 254
– Vor- und Nachteile 258 f., 261
– was es leisten kann 51
– zusätzliche Präparate 52
Vitamin D (Calciferol, Sonnenscheinvitamin) 24, 26 f., 29, 38, 57 ff., 88
– Beschreibung 57
– Feinde 58
– Giftigkeit 58
– Mangelerkrankungen 57
– persönlicher Ratschlag 58
– Quellen 58
– Tiere und 58, 254
– Vor- und Nachteile 259 f., 262
– was es leisten kann 57
– zusätzliche Präparate 58
Vitamin E (Tocopherol) 17, 26, 29, 38, 47, 59 ff., 73, 91, 118, 198, 241
– Beschreibung 59
– Feinde 60
– Giftigkeit 60
– Mangelerkrankungen 60
– persönlicher Ratschlag 60
– Quellen 60
– Tiere und 255 f.
– Vor- und Nachteile 259
– was es leisten kann 59 f.
– zusätzliche Präparate 60
Vitamin F (ungesättigte Fettsäuren) 26, 61 f.
– Beschreibung 61
– Feinde 62
– Giftigkeit 62

– Mangelerkrankungen 62
– persönlicher Ratschlag 62
– Quellen 62
– was es leisten kann 61
– zusätzliche Präparate 62
Vitamin G (Riboflavin) 26
Vitamin H (Biotin) 26, 49 ff.
– Beschreibung 49
– Feinde 50
– Giftigkeit 50
– Mangelerscheinungen 50
– persönlicher Ratschlag 50 f.
– Quellen 50
– was es leisten kann 50
– zusätzliche Präparate 50
Vitamin K (Menadion) 26, 29, 65 ff.
– Beschreibung 65 f.
– Feinde 66
– Giftigkeit 66
– Mangelerkrankungen 66
– persönlicher Ratschlag 66 f.
– Quellen 66
– Vor- und Nachteile 260
– was es leisten kann 66
– zusätzliche Präparate 66
Vitamin L 26
Vitamin M (Folsäure) 26 f., 39, 44, 62 ff., 71, 115, 166, 198
– Beschreibung 62
– Feinde 64
– Giftigkeit 63
– Mangelerkrankungen 63
– persönlicher Ratschlag 64
– Quellen 63
– Vor- und Nachteile 259 f., 262
– was es leisten kann 63
– zusätzliche Präparate 63
Vitamin P (Bioflavonoide) 26, 69 ff.
– Beschreibung 69
– Feinde 70
– Giftigkeit 70
– Mangelerkrankungen 70
– persönlicher Ratschlag 70
– Quellen 70
– was es leisten kann 69
– zusätzliche Präparate 70
Vitamin T (wachstumsfördernde Substanzen) 26, 72
Vitamin U 26, 73
Vitaminkapseln 171

Wacholder (Beeren) 140
Wachstum 39 f., 45, 61, 78, 82 f., 89
– verlangsamtes 161
Wachstumshormon, Freisetzer 111 f., 117
Warfarin 259
Warzen 195
Wasser 19, 96 f.
– Beschreibung 96
– Giftigkeit 96
– Mangelerkrankungen 96
– persönlicher Ratschlag 96 f.
– Quellen 96
– was es leisten kann 96
– zusätzliche Präparate 96
Wasser-Diät 227 f.
Wechseljahre 61, 70, 195 ff.
Weight Watchers 229
Weiße Flecken auf den Nägeln 162
Wermut 142
Wilsonsche Krankheit 261
Winde 142
Windpocken 210
Wunden, schlecht heilende 160

Xerophthalmie 37

Zahnfleisch 70, 89
Zähne 39, 57, 75, 81, 85, 89
Zähneknirschen 196
Zahnerweichung 155
Zahnfleischbluten 196
Zellulose 132
Zeitumstellung nach
Langstreckenflügen 196
Zen-Makrokost-Diät 230
Zink 38, 97 ff., 118, 198, 251
– Beschreibung 97
– Giftigkeit 98
– Mangelerkrankungen 98
– persönlicher Ratschlag 98 f.
– Quellen 98
– Vor- und Nachteile 261
– was es leisten kann 97 f.
– zusätzliche Präparate 98
Zittern 162
Zucker 32, 235 f.
– Arten 235
– zu hoher Verbrauch 236
Zuckermelone 164
Zwiebeln 165
Zwölffingerdarm 23, 54,
204 f., 260